分水岭

金融科技热点解读

马晨明 著

企业管理出版社

图书在版编目（CIP）数据

分水岭：金融科技热点解读 / 马晨明著 .—北京：企业管理出版社，2021.12
ISBN 978-7-5164-2537-4

Ⅰ.①分… Ⅱ.①马… Ⅲ.①金融 – 科技发展 – 研究 – 中国 Ⅳ.① F832

中国版本图书馆 CIP 数据核字（2021）第 264799 号

书　　名：	分水岭：金融科技热点解读	
书　　号：	ISBN 978-7-5164-2537-4	
作　　者：	马晨明	
策划编辑：	赵喜勤	
责任编辑：	赵喜勤	
出版发行：	企业管理出版社	
经　　销：	新华书店	
地　　址：	北京市海淀区紫竹院南路 17 号	邮编：100048
网　　址：	http://www.emph.cn	电子信箱：zhaoxq13@163.com
电　　话：	编辑部（010）68420309　　发行部（010）68701816	
印　　刷：	河北宝昌佳彩印刷有限公司	
版　　次：	2022 年 2 月第 1 版	
印　　次：	2022 年 2 月第 1 次印刷	
开　　本：	170mm×240mm　　1/16	
印　　张：	16.5 印张	
字　　数：	218 千字	
定　　价：	68.00 元	

版权所有　翻印必究·印装有误　负责调换

自 序

2020年是我国金融科技发展史上的分水岭。

在此之前,互联网金融科技平台主导了我国金融科技行业的发展,助推我国金融科技行业取得了举世瞩目的成绩。同时,也带来了诸如监管套利、突破业务边界、风险传导日益复杂、数据安全与保护,以及行业发展不平衡、不充分等一系列依靠市场自身不能解决和修正的问题与挑战。

面对这种情况,我国金融管理部门的监管思路逐渐从包容、鼓励走向合规、审慎。以P2P行业清零、蚂蚁集团暂停上市为标志,金融科技行业的市场自由化、资本无序扩张阶段在这一年被正式画上句号。

这一年成为分水岭的另一个重大事件,是数字人民币试点的推出。数字人民币给处于关键时期的金融科技行业增添了新动力和新方向,进一步激发了市场活力,并将带来巨大增量发展空间。数字人民币是现阶段我国金融科技的最高形式,是一次具有世界意义的中国实验。

以上是我在本书中所要表达的主要观点。同时,我认为,第三方支付、移动支付、以P2P为代表的互联网金融、以互联网金融科技平台为代表的金融科技,再加上初具模样的数字人民币,构成了我国金融科技的全景版图和完整发展脉络。因此,我试图在书中从不同角度对这五种业态进行解读,结合行业其他热点问题及典型案例的分析,钩稽起落转折,淬炼利弊得失,其中尤以89例P2P词条着力甚多。美芹之献,希望可为读者与从业者提供有益的参考和借鉴。

  金融是为了赚钱，但金融不仅是为了赚钱；科技可以增进人类的福祉，但科技也可以诱发人类的贪婪。现代金融市场上交易的是代表财富的数字，也是人性。好的金融科技应该能够最大限度地抑制不良动机，实现科技向善，让金融进入每个行业、每个群体和每个需要的角落里。

  好的金融科技在帮助我们解决当下的挑战和问题，也在帮助我们探索未来的方向和能力。但未来不会凭空而来，未来取决于我们现在所做的事情。而且，这是一个渐进、并在渐进中不断妥协融合的过程，不存在颠覆性创新，更不存在割裂了历史与现实的未来。

2021 年 9 月

目 录

内篇 1

移动支付：移动支付异军突起溯源 1

 运营商，被遗忘的主角 2

 银联亦曾占有先机 5

 支付宝、微信支付扛起移动支付大旗 8

 清醒认识我国移动支付世界领先地位 16

P2P：P2P江湖纪事本末 23

 上卷："三无"阶段 24

 早期创业者 24

  一、拍拍贷 25

  二、红岭创投 27

  三、信而富 28

  四、人人贷 29

  五、微贷网 30

  六、陆金所 31

  七、宜人贷 32

  八、团贷网 33

  九、开鑫贷 34

余额宝与互联网金融 35
十、余额宝 35
十一、互联网金融 36
银行系平台 37
十二、小企业e家 38
第一次"爆雷"潮 38
十三、播音员坦克 39
十四、哈哈贷 39
十五、贝尔创投 40
十六、中宝投资 41
十七、乐网贷 42
十八、盛融在线 42
十九、网赢天下 44
二十、众贷网 45
二十一、东方创投 46
二十二、优易网 46
二十三、里外贷 47
二十四、贷帮网 48
二十五、淘金贷、恒金贷 49
二十六、旺旺贷 49
二十七、宿州易贷 50
二十八、鑫利源 51
引起政府部门关注 52
二十九、第一个关于P2P风险的监管提示 52
三十、两个底线 53

  三十一、两条红线 ·············· 53

  三十二、P2P行业催收第一案 ·············· 54

  三十三、四个要点 ·············· 55

  三十四、五条导向 ·············· 56

  三十五、六个原则 ·············· 56

  三十六、十项原则 ·············· 57

e租宝"爆雷"与宜人贷上市 ·············· 58

  三十七、泛亚 ·············· 58

  三十八、e租宝 ·············· 59

  三十九、大大集团 ·············· 60

  四十、央视广告 ·············· 61

  四十一、P2P第一股 ·············· 61

下卷：监管阶段 ·············· 63

前期 ·············· 63

  四十二、互联网金融基本法 ·············· 63

  四十三、互联网金融发展高地 ·············· 64

  四十四、借贷宝 ·············· 64

  四十五、惠卡世纪 ·············· 65

  四十六、P2P第一县 ·············· 66

  四十七、"1+3"制度框架 ·············· 67

  四十八、资金存管 ·············· 67

  四十九、备案登记 ·············· 68

  五十、互联网资管 ·············· 69

  五十一、校园贷 ·············· 70

  五十二、现金贷 ·············· 72

五十三、暴力催收 ·············· 73

　　五十四、上市潮 ················ 74

　　五十五、趣店 ·················· 74

第二次"爆雷"潮 ················ 75

　　五十六、善林金融 ·············· 75

　　五十七、投之家 ················ 76

　　五十八、钱宝网 ················ 78

　　五十九、唐小僧 ················ 78

　　六十、联璧金融 ················ 79

　　六十一、雅堂金融 ·············· 79

　　六十二、牛板金 ················ 80

　　六十三、礼德财富 ·············· 80

后期 ···························· 81

　　六十四、"三降" ··············· 81

　　六十五、"714高炮" ············ 82

　　六十六、魔蝎科技 ·············· 83

第三次"爆雷"潮 ················ 84

　　六十七、团贷网 ················ 84

　　六十八、捞财宝 ················ 85

　　六十九、米庄理财 ·············· 86

　　七十、小牛在线 ················ 86

　　七十一、微贷网 ················ 87

　　七十二、爱钱进 ················ 88

　　七十三、第一个清零公告 ········ 88

转型与清退 89

    七十四、信也科技 89

    七十五、开鑫科技 89

    七十六、嘉银金科 90

    七十七、51信用卡 90

    七十八、众信金融与彩麒麟 91

    七十九、中融金 91

    八十、SOS 92

    八十一、陆金所 93

    八十二、和信贷 93

    八十三、宜人金科 94

    八十四、道口贷 95

    八十五、有利网 95

    八十六、人人贷 96

    八十七、红岭创投 96

    八十八、明星代言 97

    八十九、归零 98

附录 2000年赤峰国际扶贫会议采访札记 100

金融科技：2020年，金融科技分水岭 103

  标志性事件：蚂蚁集团暂停上市 104

  互联网金融科技平台演化路径 108

  互联网金融科技平台的尽头是信贷 111

  蚂蚁集团的主业是金融，竞争力是生态 113

  分水岭：监管走向前台 115

数字人民币 119
数字货币的梦想与现实 120
DC/EP对支付行业的影响猜测 128
数字人民币,现阶段我国金融科技的最高形式 133

外篇 145
关于第三方支付行业的五个基本问题 146
数据要素价值论 168
降费不应该成为支付产业政策目标 183
监管科技、金融科技与监管沙盒辨析 185
GDPR实施两周年记 189
两因素或影响《非银行支付机构客户备付金存管办法(征求意见稿)》实施效果 194
京东数科"金融科技下半场"与京东技术布局简析 198
2018年,金融科技对支付行业的影响分析 203
消费者的知情权是用来被默认的吗 207
BAT金融科技反洗钱实践引起的一些思考 209
抓住机遇积极推动ATM业务转型升级 222
翼龙贷模式分析 226
正确处理创新与风险的关系 233
加强互联网金融行业自律管理 235
支付清算行业与普惠金融 237
对互联网金融的几点认识 239
加强支付行业创新顶层设计 241
支付创造价值 243

积极发挥行业协会的自律作用 ················ 245
未来取决于我们现在所做的事情 ················ 247

后记 ································ **249**

内 篇

移动支付：
移动支付异军突起溯源

移动支付[①]是中国金融科技走在世界前列的重要标志。我国移动支付行业已经成为全球最活跃的区域支付力量，对此，我们要有一个清醒的认识。

清醒认识我国移动支付的世界领先地位，还要正确分析我国移动支付实现弯道超车的根本原因和决定性因素，要清楚哪些因素带有时代阶段性特点，哪些因素是长期发生作用的，要守正创新，相信市场，营造公平竞争环境，走可持续高质量发展之路。

---

① 本书对移动支付的定义是，通过手机等移动通信设备实现货币资金转移的行为，又称手机支付。

移动支付是中国金融科技走在世界前列的重要标志。但从全球移动支付行业的发展进程来看，中国的移动支付在很长一段时间内处于探索、模仿和学习的阶段。从后来居上到实现弯道超车，中国移动支付的崛起之路并非坦途，其动力来自各行各业对移动互联网经济时代的憧憬和巨大商业利益的诱惑，而其中各方之间的竞争与妥协，更是带有鲜明的中国特色。

运营商，被遗忘的主角

2011年对我国支付行业来说是一个重要的节点，随着中国人民银行开始颁发《支付业务许可证》，"草根"出身的、以网络支付起家的第三方支付企业破茧成蝶，成为支付行业的新生力量。拥有大量手机用户的三大运营商中国移动、中国联通、中国电信闻风而动，先后成立了支付公司，均在2011年年底如愿获得了《支付业务许可证》，于是雄心勃勃地以正规军的姿态，意欲在新兴的移动支付市场施展拳脚。

彼时，日本和肯尼亚的移动支付发展模式已经较为成熟，吸引了世界各地同行的关注和学习。虽然这两国的经济发展程度差异较大，移动支付业务模式也有所不同，但其主要特点都是以运营商居于主导地位。

在日本，运营商通过整合终端厂商和设备提供厂商资源、收购银行信用卡业务和全国性大便利连锁商店的股份，推出手机钱包业务和移动信用卡业务。运营商掌控了日本移动支付产业链的每个环节，并基本实现了规模应用。

在肯尼亚，运营商Safaricom公司（外资）推出的移动支付业务M-PESA普及率极高，其将金融应用集成到用户手机的SIM卡中，不需要智能手机，不需要连接互联网，通过发送短信进行付款操作，收款人可持收到的支付短信到M-PESA服务网点取款，收款人和付款人都无须拥有银行账户，金融机构也未参与整个支付结算过程。M-PESA甚至提供手机储蓄服务，用户可获取存款利息，并能得到信贷和保险产品。当时大家普遍认为，M-PESA会成为肯尼亚薄弱银行业的有益补充，为落后地区借助移动支付业务提升基础金融服务树立榜样。但其最大的弊端在于，移动支付业务为外资所控制，一旦处理不当，将会对肯尼亚经济金融的独立自主发展带来隐患。

M-PESA的本质是手机短信支付，其推出的时间是2007年。横向比较，大致在同一时期，手机短信支付在中国的实验已经开展数年，并以失败而逐步退出市场，只不过当时被称为SP[①]计费。

1992年，世界上第一条手机短信在英国发送成功；1998年，中国移动开通手机短信业务；2000年，中国移动推出移动梦网，SP出现，填补了当时手机除了通话和短信以外的市场应用空白；2002年，中国移动推出GPRS上网业务，产生了中国最早的移动互联网，SP进入爆发式增长阶段。当年，以短信为主的非广告业务收入份额已经分别占到三大门户网站新浪、搜狐、网易总收入的30%、40%和50%。SP的高潮出现在2004年底2005年初，以SP为主要业务的灵通网、TOM在线、空中网与华友世纪四家公司在纳斯达克上市，海外资本市场一度出现SP概念股。

暴利使得运营商管理制度和SP业务规则的漏洞被无限放大，各种暗扣、欺诈开始大行其道，甚至催生了SP自消费[②]和专业投诉[③]两个特殊行当。而手机厂商也不甘落后，曾先后推出山寨机或者零利润销售手机，仅通过手机内置的各种SP业务，即可获取可观收益。而这些最后均体现在SP计费环节，

[①] SP为Service Provider的缩写，意为服务提供商，实指移动互联网内容服务提供商。其通过短信向手机用户提供铃声、图片、新闻和游戏等服务，然后通过短信在用户话费中扣除费用，本书称之为SP计费。

[②] 因分成比例高，SP通过购买一些打折充值卡，找专门的刷卡公司进行消费，获取差价，或者获得运营商更好的推荐位。

[③] 专业投诉非常熟悉运营商的各种规章条例，并且有自己的QQ群，当一个专业投诉发现某个SP有违规的业务时，会通知群里人一起消费，然后要求赔偿。专业投诉和SP几乎是个共存的生态系统。

受此拖累，SP计费成了过街老鼠，人人喊打。

从2006年开始，SP模式开始被严格监管。二次确认、动态密码、逻辑问答、三次确认、工业和信息化部拨测、运营商拨测、投诉排名淘汰等一系列措施陆续出台，整个行业逐渐缩水。同时，随着3G时代的来临，智能机的迅速普及和第三方支付的兴起，SP计费被运营商抛弃，移动互联网产业的收费从SP计费转变为WAP支付（手机钱包）和以第三方支付为主的模式，我国移动支付发展的第一阶段就此画上句号。

作为SP业务链条的组成部分，SP计费深受其害。实际上，中国移动对短信支付的探索并不止于此。早在1999年，即中国移动短信业务推出的第二年，中国移动就与工商银行、招商银行等展开合作，尝试在北京、广东等地进行移动支付业务试点。并于2002年在广州开始了小额移动支付试点，但受诸多因素制约，两个试点均发展缓慢、影响不大。

从支付产品角度来分析，短信支付分上行、下行两种通道，用户使用短信发送到指定特服号完成支付，运营商发送下行短信推送商品和服务，下行通道也是用户确认消费的通道。其优点是技术成熟，使用方便，缺点是面向非连接储存，信息量少，无法实现交互流程，因此，支付环节不透明、费用计算混乱等问题几近无解。

另外，从清结算的角度来看，SP计费从用户话费中扣除，类似于单用途预付卡的结算方式。在这场不成熟的移动支付实验中，制度漏洞和管理混乱使话费账户没有机会升级为金融账户，维护了银行账户的权威性，这也为运营商争夺随后的移动支付市场定下了基调。

替代了短信支付的WAP支付可以支持交易双方的互动，缺点是需要支持WAP的移动终端网站，交易成本较高。值得注意的是，WAP支付扣除的并不是手机话费，而是与手机号码绑定的银行卡内的钱，可以看作短信支付的升级版。有研究把WAP支付当作我国移动支付发展的第二阶段，本书认为不甚妥当。WAP支付是网络支付在手机端的翻版，存在感极低，仅是一个过渡性、补充性的移动支付产品，在很短时间内便被更有竞争力的NFC支付[①]替代。

国外移动支付模式的成功，给我国运营商带来极大的信心，但很快，运营商便迎来了强劲的对手——同为正规军的中国银联（以下简称银联），一场短兵相接势不可免。在2009年前后，中国的移动支付进入第二阶段，NFC支付阶段。

银联亦曾占有先机

银联涉足移动支付的时间并不晚，2003年左右，其就与中国移动有过这方面的业务接触，但没有取得实质性进展。进入2009年，随着3G在中国投入运营及其市场规模的不断扩大，以及手机支付技术的不断成熟，在政策层面，移动电子商务试点示范工程（移动支付）被国家列为《电子商务发展"十一五"规划》六大重点引导工程之一；在市场层面，由于银联的进入，运营商难以一家独大。双方相继投入重兵，但首先开战的却是一场为期三年的打着NFC技术标准名号的移动支付产业链主导权之争。

2009年，银联推出了在国外市场上发展得较为成熟的13.56MHz移动支付标准。13.56MHz移动支付标准是国际通用标准，13.56MHz频率也是当时国内金融机构唯一认可的可进行非接触金融支付的频率，适用于原有的POS终端机等金融基础设施，但知识产权与核心技术专利属于国外企业，随时有被"卡脖子"的隐忧。

几乎在同一时期，中国移动自主研发了2.45GHz技术标准。其优点是拥

[①] NFC是Near Field Communication的缩写，意为近距离非接触技术，其技术标准于2003年由诺基亚、索尼、飞利浦等企业制定，2007年欧盟委员会及信息社会技术（IST）项目共同投资，进一步推动了NFC技术研究和其在手机近场支付中的应用。日本运营商采用的即是此项技术。

有自主知识产权与核心技术专利,但难点是与原有的金融基础设施不兼容,需要大量改造现有的机具设备。2.45GHz 技术标准的另一个特点是,用户只需更换手机内置 RFID 的 SIM 卡,即可实现手机支付,而 13.56MHz 技术标准则需要更换成特制的手机,这是前者的便捷之处。

起初,中国移动对 NFC 技术标准之争踌躇满志。2010 年 3 月,中国移动斥资近 400 亿元入股浦发银行,时任董事长表示:"入股浦发银行,最主要的目标是大力推进移动电子商务,即移动金融。在手机支付上,中国移动未来的空间很广阔。"2010 年 11 月,中国移动与浦发银行正式签署协议,在手机支付领域开展合作,并在不同时段联手推出了"联名卡"和"NFC 手机"两种不同形态的产品。

与此同时,银联也加快了移动支付布局。有意思的是,中国移动在通信领域的两位竞争对手——中国联通和中国电信均选择了 13.56MHz 技术标准,加入了银联阵营。2010 年,银联联合工商银行、农业银行、建设银行、交通银行等 18 家商业银行,以及中国联通、中国电信两家运营商和部分手机制造商,成立了"移动支付产业联盟"。同年 6 月,交通银行宣布携手中国联通和银联,在上海推出太平洋联通联名 IC 借记卡,这是国内发行的首张 SWP-SIM 卡;同年 10 月,银联与中国银行、中国电信在宁波推出集手机 SIM 卡与芯片银行卡于一体的手机银行卡——银联标准"天翼长城卡"。除此之外,银联在终端方面布局频频,与大唐、TCL、HTC 等手机厂商建立了合作关系。

两相对比,银联显然拥趸众多,中国移动势单力薄。一个插曲是,2010 年 6 月,中国移动加入了以银联为首的移动支付产业联盟,并表示正在研制兼容 2.4GHz 和 13.56MHz 标准的 RF-SIM 卡。可见短短数月,中国电信的豪气已磨损甚多。

在 NFC 技术标准之争中,市场的态度主要分为四种:银联派、移动派、并存派与等待派。并存派的观点是,实行双标准运行,以市场实践来决定最终发展方向。而更多的商业银行和手机厂商则按兵不动，等待移动支付技术标准的落地，以免徒增研发和投入成本。鉴于此，当时移动支付的市场培育和场景建设反倒退居次位，较少有人关注。

NFC技术标准之争很快引起了金融管理部门的重视。自2011年来，中国人民银行按照"凝聚共识、谋求合作、统一标准、共同发展"的工作思路，积极研究规划移动支付标准体系，形成《中国移动支付技术标准体系研究报告》并正式对外发布。在此基础上，组织产、学、研各方采用"综合标准化法"，经过充分调研、技术攻关、标准研制、专家评审、广泛征求意见等环节，完成五大类35项《中国金融移动支付系列技术标准》（以下简称《标准》）的制定工作，经金融标准化委员会审核通过，于2012年12月颁布实施。

《标准》明确了近场工作频率采用13.56MHz，争论了三年之久的NFC支付工作频率至此有了定论，消除了移动支付产业发展方向的一个重大不确定性。《标准》覆盖中国金融移动支付各个环节的基础要素、安全要求和实现方案，确立了以"联网通用、安全可信"为目标的技术体系架构，是一部重要的移动互联网金融服务创新发展的技术纲要性法规。中国人民银行相关负责人曾撰文表示，金融行业支付标准主要强调了"三个关键点和两个理念"[1]。第一个关键点是指金融移动支付标准定位是全国联网通用，安全可信支付；第二个关键点是集成创新，利用现有设施，而不是推倒重来；第三个关键点是强调支付标准的开放特点，即要与国际标准接轨。两个理念即"联网通用"与"融合发展"。文章同时提到，"电信运营商逐步认识到我国移动支付业务具有监管要求高的属性，也不再一味追求主导地位和拥有自有账户来开展支付业务，而是以更为开放合作的态度谋求产业共创、共赢发展，扮演好'渠道运营'和'空间出租'的角色"。这或可以看成是金融管理部门对运营商在

---

[1] 李晓枫：金融移动支付标准与移动支付发展策略 [J]. 中国金融电脑，2013（6）：10-13.

移动支付产业链中的一个定位。

在NFC技术标准之争失去悬念之前，2012年6月，中国移动和银联在上海签署移动支付合作协议，中国移动表示将在13.56MHz标准下与银联共同探索手机终端支付功能应用，将在多个城市启动业务试点，并逐步建成100个近场支付服务商圈。银联时任董事长表示："移动支付发展了很多年，但还是进展不够迅速。中国移动与中国银联的合作，有可能加速移动支付产业的发展。"至此，双方握手言和。2013年11月，13.56MHz被国家标准化管理委员会确定为移动支付国家标准，于2014年5月1日起实施。

支付宝、微信支付扛起移动支付大旗

《标准》的颁布实施，宣告了运营商在移动支付产业链占主导地位的国外模式在我国并不可行，同时也让各方对确立了NFC技术标准的2013年移动支付市场充满信心。然而，占据了天时、地利、人和的银联，在2013年却表现平平，整个市场波澜不惊，依然处于预热待启动状态。

银联也许没有意识到，2013年是它在中国移动支付市场做大做强的最好机会，错过了这次机会，它和运营商一样，要拿着望远镜才能在后来誉满世界的中国移动支付版图中找到自己的位置了。此后搅浑移动支付一池春水的是银联在第三方支付时代的老对手支付宝，以及刚刚崭露头角的微信支付。2013年下半年，中国的移动支付悄然进入第三阶段——二维码支付[①]阶段。

支付宝早期在移动支付技术路线的选择上进行过多种尝试，包括短信支付、WAP支付、NFC支付、生物识别支付、声波支付与二维码支付等方案，

[①] 二维码支付，即应用二维码技术实现货币资金转移的行为，包括付款扫码和收款扫码。付款扫码是指付款人通过移动终端识读收款人展示的二维码完成支付的行为。收款扫码是指收款人通过识读付款人移动终端展示的二维码完成支付的行为。

而且这些方案没有停留在实验室里，均进行过多轮小范围测试。例如公司高层就曾在首批加入支付宝移动端的银泰百货商场，用手机支付购买了一双39元的袜子，当时使用的是声波支付技术。尝试的结果是，支付宝在技术上放弃了其他模式，开始着力推动2011年推出的二维码支付，并在2013年宣布将战略重心全面转向移动端。2014年1月，主营手机二维码支付的支付宝钱包品牌自立门户。

无独有偶，2013年8月，依靠财付通的技术支持，已经有两亿多用户的国民级应用微信，在5.0版本加入了支付功能，同样采用了二维码技术。第一版的微信支付以公众号的形式出现，只有支付功能，符合设计团队的极简风格。微信支付上线的最初两个月，虽然背靠流量和用户规模巨大的腾讯，但因缺乏应用场景，业务量并没有实质性的增长和突破。

但转机突然就出现了。

2014年1月上旬，投资了滴滴出行的腾讯，为了推广滴滴出行和微信支付，上线了一个短期补贴营销活动，在全国32个城市，使用嘀嘀出行软件的，每一单给司机和乘客各补贴10元，引起市场强烈反响。滴滴出行的竞争对手快的打车在与投资方阿里集团（支付宝）紧急磋商后，迅速做出反应，在滴滴出行活动结束的前一天也推出了相应措施，在活动开始的第二天，就把对司机的奖励增至15元。而此时滴滴出行的项目预算已经花完，正当微信支付犹豫是否要继续投入时，快的打车的应战使它骑虎难下，转身重新进入了战局。

打车软件"补贴大战"正式开始，这是一场计划之外的遭遇战。两军作战，狭路相逢勇者胜，只不过这时的"勇"，变成了挥金如土的烧钱之"勇"。

滴滴出行和快的打车的"地推"人员都争着给司机安装App，开始安装滴滴App送话费，安装快的打车就直接给现金。当年春节过后，受到微信红包刺激的支付宝和快的打车来势更加凶猛，而过山车式的"补贴大战"令人瞠目结舌：双方烧钱速度越来越快，从一天几百万元到几千万元，到高峰期时，一天能烧掉1亿元。滴滴出行补贴10元，快的打车就补贴11元；滴滴出行补贴11元，快的打车就补贴12元。快的打车喊出的口号是："永远比滴滴多1元"。

2014年5月中旬，滴滴出行和快的打车同时宣布取消乘客的打车补贴，近似疯狂的"补贴大战"至此结束。其中的原因本书不做揣测。滑稽的是，2015年2月，曾经拼得你死我活的双方，在西方情人节这天宣布合并，商战的翻云覆雨令看客大跌眼镜。

"补贴大战"中有两个值得深思的细节。一个是随着订单的急剧增长，双方的IT技术和服务器最先受到考验。滴滴出行的服务器挂机了，用户就会涌向快的打车；快的打车的服务器挂机了，用户就会再次涌向滴滴出行，如此循环往复，谁的服务器先稳定下来，谁的用户就会沉淀下来。坊间传言，当滴滴出行就此向腾讯求援时，腾讯一夜间准备了1000台服务器，并派出微信支付技术团队在滴滴出行驻场办公。另一个是从嘀嘀出行的后台数据来看，在活动最开始的一周内，约80%的出租车司机收到一笔车费立刻就提现，后来降成一天提现一次，再后来近90%的司机每三天提现一次。嘀嘀相关负责人的解释是，一开始司机不了解微信支付，担心这种支付模式的安全性，逐步了解后，对安全性的担忧减少了。当时的出租车司机基本上是两款软件都用，一个软件的奖励额度用完了，就换另一个。其实，这时候的出租车司机还兼任着二维码支付"地推"人员的角色，微信支付和支付宝并不在乎谁多赚了几十元补贴费，时间和机会成本才是最贵的，而且它们要的是用户基数。

"补贴大战"共烧掉了近30亿元，嘀嘀出行的用户从2200万增加至1亿，日均订单从35万增长至521.83万，通过微信支付的补贴是14亿元。按照新增7800万用户推算，单个用户获取补贴的成本约为18元，尚属适中。快的打车的具体成绩不详，应该大致与此持平。

30亿元制造了一个国民话题——真正的"烧钱"。但从另一个角度看,在2014年以前移动支付的场景,哪方都没有想清楚怎么做,基本上是一片空白,"补贴大战"才真正打开局面,用30亿元的资金,在几个月内,为移动支付培养了最初一批上亿的基本用户。

此战(包括微信红包)过后,成立仅一年的微信支付以14亿元的补贴为代价,将用户数拉升至一亿。而在5个月前,成立4年的支付宝手机用户数(从2011年支付宝推出二维码支付算起)刚刚达到这个成绩。也正是在此战过后,微信支付意识到,在移动支付领域,也许可以避免重蹈财付通在第三方支付时代的覆辙,与支付宝一较高下。而对支付宝而言,这是它在支付领域的领先地位第一次遭到威胁。

微信支付的底气还来自微信红包。如果说"补贴大战"是场遭遇战,那么微信红包就是一场奇袭战。虽然微信红包的推出并不是为了和支付宝打仗,但至少从效果上看,支付宝认为自己是被偷袭了。

2014年春节前几天,"补贴大战"正酣之际,微信红包公众号上线,用户可以向微信好友发送或领取红包。红包分两种,一种是"拼手气抢红包",设定总金额及红包个数后,可以生成不同金额的红包;另一种是普通的等额红包。一经推出,"拼手气抢红包"即呈刷屏之势,随着春节假期的到来,公众抢红包的热情被彻底点燃,腾讯提供的数据是:从除夕到初八,超过800万用户参与了抢红包活动,超过4000万个红包被领取,平均每人抢了4~5个红包。红包活动的高峰是除夕夜,最高时1分钟有2.5万个红包被领取。平均每个红包在10元内。微信红包成为移动支付领域的第一个爆款产品。

微信支付凭借微信红包一战成名。其实"红包"的创意来自支付宝,在多次淘宝"双11"的活动中,支付宝推出了抢红包、送红包、红包分裂等多种玩法。就在微信红包上线之前,支付宝还推出了功能类似的产品"发红包"和"讨彩头",但均没有引起广泛关注。其根本原因应该是两者的产品属性不同。支付宝红包的收发均在电商平台，红包始终留在了电商平台的消费系统中，而微信红包则在一个非常合适的时间点、非常恰当地利用了其移动端的社交平台，并且没有任何隐性成本、可以实现提现。这种简单直接的玩法精准拿捏住了用户心理，不经意间竟在支付行业挖掘出社交平台的无限潜能。

微信红包推出的初衷应该是希望在线上为春节添加一些好友互动的气氛和发送红包的乐趣，微信没有为红包投入任何市场资源。但从整个"补贴大战"的战局来说，它的确起到了轻骑兵"奇袭"的作用，震动了支付宝大营。

微信红包的另一个影响是催生了后来的移动支付春晚红包争夺战。2015年，微信投入5300万元成为央视春节联欢晚会（以下简称春晚）的独家互动合作伙伴（红包第一次在春晚亮相），当晚微信摇一摇互动总量达110亿次，其中互动的峰值达到8.1亿次/分钟。2016年，支付宝砸下2.69亿元成为春晚的独家互动合作伙伴，再加上除夕当晚发出的8亿多元红包，仅其一家投在春节红包项目上的资金就超过10亿元。从后来的统计数据看，支付宝也达到了要制造"史上最大规模春晚互动"的目标：当晚其"咻一咻"总参与次数达到3245亿次，是2015年春晚红包互动次数的29.5倍，峰值更是达到令人咋舌的210亿次/分钟。

时至今日，春晚红包已经成为移动支付新贵们轮番争夺的保留节目，它见证了移动支付双雄之间的博弈，也见证了移动互联网经济时代的流量变迁。虽然现在春晚红包的内涵外延与当初相比已经发生了很大的变化，但正是在"补贴大战"、微信红包、2015年和2016年的春晚红包争夺战中，移动支付完成了真正意义上的全民普及。

这还不是二维码之战的全景。当我们拉远镜头，会发现双方在另一个战场同样正在鏖战，这就是解决移动支付应用场景的线下商户争夺战。相较于遭遇战（"补贴大战"）、奇袭战（微信红包）来说，这更像是一场阵地战，山头林立、烽烟遍地，尤其考验双方的战略、战术、财力和耐力。

阿里巴巴和支付宝素有进军线下的企图。2013年3月，支付宝以铺设POS机形式布局线下商铺，未几，却突然宣布"因为众所周知的原因"，停止POS机业务。2014年，二维码支付的发展势头势不可挡[①]，借道二维码，O2O[②]概念大行其道，线上收单模式被大规模移植到了线下。

2014年年底，自2012年开始上线的阿里巴巴"双12"购物狂欢节首次将焦点放在线下。当天支付宝联合约2万家线下商户推出支付宝钱包付款打5折的活动，迅速引爆公众消费热情，一度造成上海、杭州等地的超市支付渠道多次瘫痪。截至当天15时30分的交易数据显示，支付宝钱包全国总支付笔数超过400万笔。这是二维码支付最早的一次大规模线下推广。据初步估算，支付宝在这一天发出的补贴金额在1亿元左右。

微信支付的加入使战局变得更加激烈，双方针锋相对、寸土必争。支付宝率先在2015年7月拿下了肯德基的独家合作权，两个月后微信支付就拿下了麦当劳还以颜色。面对实体商户的返利回佣，双方更是烧钱不眨眼，补贴不手软。"支付宝日""微信支付日"等营销手段[③]层出不穷。2015年年底，支付宝一次性投入10亿元，联合全球30万商户打造当年的"双12"购物狂欢节，创下当时当日烧钱金额的新高。

鹬蚌相争，渔翁得利。连接商户和支付机构的服务商这时开始崭露头角。当时在微信支付和支付宝向商户收取的费用中，几乎有一半补贴给了服务商。一批从事聚合支付的服务商借此迅速崛起，而聚合支付服务商后来也发展成移动支付产业链中的一股新生力量。

---

① 2014年3月，央行下发紧急文件《中国人民银行支付结算司关于暂停支付宝公司线下条码（二维码）支付等业务意见的函》，后支付宝等继续开展二维码支付业务，被市场解读为已得到金融管理部门默许。

② O2O是Online To Offline的简写，即商家通过网店将信息等展现给消费者，消费者在线上进行筛选并支付，线下进行消费验证和消费体验。

③ 为了吸引眼球，双方都曾喊出过"无现金日"的口号，后被金融管理部门以不得拒收人民币现金为由叫停。

2015—2016年，战事胶着之时，一向在支付行业鳌头独占的支付宝眼见微信支付气势如虹、步步紧逼，一度在战略上出现摇摆和失焦，一头闯入社交领域。随即"圈子"事件①爆发，在舆论重压之下，支付宝时任总裁被调离，蚂蚁金服（支付宝母公司）时任董事长公开道歉，并表示将彻底放弃社交。支付宝的声誉在那一刻跌入谷底。

社交业务的失败，反映出支付宝对竞争对手强社交属性的焦虑与渴望。当时它没有想清楚的是，消费者在有了微信支付后，还需要一个微信支付版的支付宝吗？或者说，消费者在有了支付宝后，还需要一个支付宝版的微信支付吗？幸好支付宝很快想清楚了问题的关键，它终于放弃了对社交、高频的执念，回归到自己的主战场，凭借对现代商业和金融的沉淀与理解，推动支付宝从一个纯支付工具继续向综合性的金融服务平台转型②。而与此同时，微信支付则在持续对产品和功能进行更新与迭代，并开放了一系列生态工具（包括公众号、卡包、朋友圈广告、小程序等）给商户，利用更友好和稳定的政策，在线下与渠道服务商联手拓展疆域。此时已经进入了二维码之战的尾声。

2016年3月和9月，微信支付和支付宝先后宣布对超出一定额度的提现收取0.1%的手续费，全面免费时代终结。提现收费，一方面表明培育用户使用习惯的工作完成；另一方面是希望通过规则调整引导用户使用行为，以

---

① 2016年11月，支付宝的社交产品生活圈上线了校园日记与白领日记：只有女大学生和白领女士能够发布动态，动态下设有"打赏"功能，用户可以对照片进行打赏，但只有芝麻信用分大于等于750分的用户才能对动态发表评论。结果就有不少人发布了大尺度照片。后被媒体概括为美色（照片）+金钱（打赏）+身份炫耀（芝麻信用），颠覆了公众对支付宝形象的认知。

② 2020年9月，蚂蚁科技集团回复上交所问询函中与微信支付之间的竞争关系时表示，在数字支付与商家服务领域，公司为用户提供全面的数字钱包解决方案，涵盖多种先进的数字支付功能，以及可以迅速、顺畅获取的数字金融和数字生活服务。在全球范围内提供支付服务的企业较多，国内市场由腾讯运营的微信支付也提供类似的数字支付服务，但这些企业提供的支付服务和公司数字支付与商家服务业务存在一定差异，并不具有可比性。本书对此不做评论，引用仅为了加强读者对支付宝定位的理解。

便沉淀更多资金在自身体系之内,提高商业利益。2016年年底,微信支付和支付宝先后宣布不再参与春晚红包,业务重心逐渐从获客拉新转向存量经营,打了三年的二维码之战结束了。

下面这组数据可以看作二维码之战的成绩单:从年度增长情况来看,2013年和2014年是移动支付增长最为迅猛的2年,增长率分别为800.35%和515.91%;从市场份额来看,支付宝和微信支付占据了2016年第4季度中国第三方移动支付市场91.12%的份额,其中支付宝占54.1%,微信支付占37.02%;从2015年起,移动支付交易规模就超越了互联网支付,成为支付行业发展的新引擎[①]。当然,比这些数字更令人惊喜的是人们对一种全新支付方式所展现出的热情和接受程度。在多种因素的综合影响下,低阶的二维码支付后发先至取代NFC支付,成为我国移动支付的主流模式。

从我国移动支付的进程来看,2016年是完成全面普及的一年。移动支付已经实现了在场景端和用户端的全面覆盖,用户对于移动支付的使用习惯已经基本建立。而经过了包括打车补贴遭遇战、微信红包奇袭战、春晚红包争夺战和拓展商户阵地战在内的二维码之战以后,支付宝和微信支付在线上、线下建立起的优势地位也越发牢固,两分天下的格局已定,双方实现了双赢。而它们联手构建的令世界瞩目的移动支付应用场景与体验的丰富实践,则成为中国数字经济与数字金融发展的重要基础设施之一[②]。中国的移动支付市场也从2016年开始正式进入了支付宝和微信支付双雄对峙的时代。

但也不是没有对手。2016年2月,苹果支付(Apple Pay,使用NFC支付)在中国高调上线,12小时内绑定银行卡的数量超过3800万。然而虎头蛇尾,因为缺乏高频、必须的应用场景承接这些流量,数千万的用户就像洪水一样,

---

① 李杨,孙国峰.中国金融科技发展报告2017[M].北京:社会科学文献出版社,2017.
② 2017年,高铁、移动支付、电子商务、共享单车曾被网民评为中国新四大发明,其中后三项都离不开移动支付的支撑,而乘坐高铁,绝大多数人使用的也是移动支付购票方式。移动支付在我国新经济格局中的基础性作用由此可见一斑。

来得猛去得也快，不到一年便逐渐籍籍无名了。

同年12月，银联贾其余勇，继推出基于NFC技术的云闪付产品后便公布银联二维码支付标准，携手各商业银行[①]和近两万家商户门店推出覆盖"双12"、元旦与春节前三大时点的超长优惠活动，进军二维码支付领域，但活动过后，反响平平。2017年5月，银联联合40余家商业银行卷土重来，正式推出银联云闪付二维码产品，成绩尚差强人意，但亦不足以撬动移动支付市场格局。

在中国的移动支付市场，支付宝和微信支付两分天下的局面也许还要持续一段时间了。

清醒认识我国移动支付世界领先地位

首先我们来看两组数字。

第一组，全球移动运营商协会（GSMA）2013年调查显示，世界共有9个国家的移动支付账户数量超过银行账户，这9个国家全部位于非洲。就非洲内部而言，英国《经济学人》的调查显示，截至2011年，非洲移动支付使用率最高的国家依次为肯尼亚、苏丹、阿尔及利亚和加蓬，这些国家使用移动支付的比例占到所有汇款或支付量的40%以上，其中肯尼亚的比例为68%，是当时世界最高的移动支付使用率。

第二组，普华永道的一份研究报告显示，截至2019年，世界前10大移动支付市场中有8个在亚洲地区，这10个市场（国家或地区）分别是中国、泰国、中国香港、越南、印度尼西亚、新加坡、中东、菲律宾、俄罗斯、马来西亚。其中，中国移动支付普及率达86%，位居第一。其次是泰国，在普

---

① 此前，工商银行、建设银行、民生银行、中信银行、招商银行等都推出了二维码支付产品。

及率上落后中国大约 20 个百分点。数据对比显示，中国的移动支付普及率是世界平均水平的 3 倍左右。

数年之间，世界移动支付格局变化之大出乎意料，非洲和亚洲似乎换了个位置。而中国的崛起速度之快同样出乎意料，似乎从学生变成了老师。如果透过表象看实质，我们会发现确实也只能用"似乎"两个字来形容。

近几年来，我国移动支付规模稳居世界第一，无论是处理效率、普及率，还是安全性、可靠性等方面，均稳居世界领先地位[①]。支付宝、微信支付亦随之成长为具有世界影响力的移动支付公司。而且我国的移动支付行业正在逐渐从应用场景创新，转向技术与解决方案创新。2016 年 10 月筹建的非银行支付机构网络支付清算平台（以下简称网联），全面采用分布式云计算架构体系，体现了全球金融基础设施最先进的信息化水平。2020 年"双 11"期间，网联单日处理资金类跨机构网络支付交易 19.98 亿笔，交易金额 1.42 万亿元，峰值交易并发量超过 9.35 万笔/秒，这种处理能力在世界上可谓遥遥领先。而如果按照交易笔数计算，网联已经是全球最大的清算机构。

移动支付是中国金融科技走在世界前列的重要标志。我国移动支付行业已经成为全球最活跃的区域支付力量，比以往任何时期都更有能力参与国际竞争。但对于我国移动支付居于世界领先地位，我们要有一个清醒的认识。居于世界领先地位，不等于具备了国际竞争力和影响力。在目前全球货币体系和支付体系以欧美国家为主导的框架下，中国移动支付行业的国际化程度还很低，在全球市场竞争格局中的优势不大，话语权不强，"走出去"面临诸多挑战。

2021 年 1 月，美国时任总统特朗普以保护美国人的隐私和数据安全为由签署行政令，禁止美国人使用支付宝和微信支付进行交易。此前，美国政府不断加强对本土商业环境的管控，一直未给支付宝和微信支付提供在美落地本地本币业务

---

① Paypal 是全球跨境交易中使用最广泛的在线支付服务商，其 2019 年资损率为 1.5‰；而支付宝资损率仅为 0.000064‰，领先 Paypal2.3 万倍。

的资质，甚至多次出台措施限制支付宝和微信支付。2017年，支付宝母公司蚂蚁金服收购全球第二大汇款服务公司速汇金（MoneyGram）的交易亦因此而失败。

以保护隐私和数据安全为由限制和排斥他国企业，是美欧等发达国家的一贯做法，也是我国金融科技企业走出去面临的主要挑战之一。另外，在发展中国家，我国支付企业也存在一些具体问题要解决。

2018年6月，越南政府宣布支付宝、微信支付等涉嫌"非法支付结算"，全面禁止使用，各大商户内部的支付宝、微信支付二维码及POS机被要求强制下架（此时距越南接入支付宝和微信支付尚不足1年）。此事的起因是，在越南某市发现有20多万元人民币款项绕过当地银行系统或越南支付中介，直接通过未经授权的POS机支付，当地主管部门认为此举导致越南税收流失。在东南亚，越南并非孤例。2019年5月，尼泊尔中央银行宣布禁止在尼泊尔使用微信支付和支付宝，称因中国游客非法使用这些支付应用，这笔钱从未经过尼泊尔的银行渠道，致使尼泊尔当局无法将中国游客的消费登记为海外收入。就尼泊尔禁用微信、支付宝一事，微信表示，微信支付跨境业务严格遵守各国相关法律法规，对于境外违规收款行为，一直在通过技术手段进行严厉打击与防范。境外商户应通过微信支付的合作伙伴合规接入微信支付收款服务。蚂蚁金服表示，支付宝在境外开展业务一贯遵循当地法律法规，也呼吁广大用户根据《支付宝收钱码协议》的约定规范使用条码支付服务。对于部分用户将境内二维码在境外使用的现象，支付宝已采取措施加强防范，并起到一定效果，对于违规使用服务者保留追究的权利。

此例为我国支付企业开展海外业务敲响了警钟。为走出国门的中国游客、中国企业、海外华人、华商提供支付服务，是我国支付企业开展海外业务的目的之一，但必须遵守所在国家的监管要求和法律制度，在发生于当地交易的移动支付结算中，尽可能使用当地法定货币，要开展本土化服务，避免和减少不必要的摩擦与纠纷。

由于当前各国有关贸易保护、市场壁垒和数据保护的法律法规不同，我国移动支付行业要主动将"走出去"融入国家发展战略，充分发掘和填补"一带一路"沿线国家移动支付领域的空白，加强跨境支付的服务供给，通过输出技术、外包服务、参股控股、独自经营等多种方式，合法合规地参与海外移动支付的发展。在此基础上，与海外机构加强合作，互联互通，争取逐步形成全球化的移动支付网络。

更重要的是，要积极参与到全球移动支付行业治理和国际支付领域规则制定与秩序建设之中，遵循国际惯例规则形成的规律，加强自主支付技术研发与成果转化，推动支付产业技术标准国际化，把中国的标准推向国际，发出中国声音，贡献中国力量，共同探讨移动支付企业未来的发展方向和发展模式，保持和提升中国移动支付行业的国际竞争力和影响力。

清醒认识我国移动支付行业在世界范围内的领先地位，还要正确分析我国移动支付实现弯道超车的根本原因和决定性因素。要清楚哪些因素带有时代阶段性特点，哪些因素是长期发生作用的，要守正创新[①]，相信市场，营造公平竞争环境，走可持续的高质量发展之路。

如果简单地把移动支付业务分为账户、载体和场景应用三个环节，那么，在我国移动支付市场，离账户最近的银联和离载体（手机）最近的运营商虽然占有先机，但却被更熟悉市场、离场景应用最近的做电商和社交出身的支付机构完胜，其中有必然因素，也有时代阶段性因素。本书对后者略做分析。

二维码之战烧钱无数，可谓是最昂贵的商战。支付宝和微信支付依托财力雄厚的母公司，利用交叉补贴方式抢占市场，同时为了留存用户，将支付与理财、投资、信贷等其他金融业务嵌套，形成交易闭环。这些做法与当时金融管理部门包容审慎的监管态度密不可分，带有时代阶段性特点。随着互

---

① 守正即合乎监管要求、遵守法律法规、社会良俗，创新包括技术创新、模式创新、应用创新等。

联网金融风险的爆发，金融管理部门遵循"同样业务同样监管"原则，落实穿透式监管，这些做法已被严厉禁止，支付宝和微信支付将不得不以更加平等的方式与其他市场主体展开竞争。

技术标准是行业发展的制高点。NFC技术标准之争结束数年后，二维码技术也开始面临同样问题。支付宝、微信支付与银联各有标准，三种标准相互独立、互不兼容，与之相伴的业务规则也各成体系。银行方面，只有民生银行采用了银联的二维码标准，体量较大的工商银行和建设银行各自推出属于自己的二维码标准；百度、京东等企业也拥有自成体系的二维码应用，国内市场上支持二维码的手机App超过400个，对应的是近10种二维码支付标准[①]。万"码"奔腾，用户和商户面临重复对接、运营复杂等问题，但也给适宜聚合的服务商留出了生长的土壤。

2019年8月，中国人民银行在《金融科技（FinTech）发展规划（2019—2021年）》中明确提出条码支付互联互通工作的具体要求和工作目标，银联和网联（以下简称两联）分别提出了互联互通技术方案，并组织有关单位在宁波、成都等地开展了技术验证和商用试点。两联方案在标记服务提供方和交易处理机制等方面存在差异，技术方案未统一，面临兼容性问题，而市场普遍预期的是统一的互联互通方案。两联相争的结果尚难推测，对移动支付行业的影响亦有待观察。

当前，我国移动支付市场在技术上形成了以二维码支付为主，NFC支付、刷脸支付等其他支付方式作为补充的格局。二维码技术在支付领域的广泛应用，是推动我国移动支付行业快速发展的关键因素之一。但毋庸讳言，相比其他支付方式，二维码技术的可扩展性已经很小，二维码支付的便捷性和安全性同样不具有明显优势，可替代性极强。因此，二维码支付一定不是未来最主要的支付方

---

① 杨涛，程炼，周莉萍，等. 中国支付清算发展报告2020[M]. 北京：社会科学文献出版社，2020.

式，也许 NFC 会卷土重来，也许是指纹、刷脸、虹膜、声音、指静脉等生物识别技术，也许是 DC/EP[①]。至于具体是哪项技术，现在还没有人能够确定。

什么是移动支付？本书开篇对此的定义是，通过手机等移动通信设备实现货币资金转移的行为，又称手机支付。这是从载体上区分的，将手机支付与移动支付等同起来。虽然目前看起来是这样，但也许在不久的将来，这个定义就会被改写，甚至被重新定义，也许那时候的移动支付已经与手机无关，现在同样还没有人能够确定。

2021 年 7 月

---

① DC/EP 是 Digital Currency/Electronic Payment 的简写，即数字货币和电子支付工具，现在普遍称为数字人民币，具体分析见本书其他部分。

P2P：P2P江湖纪事本末

　　P2P终究成了一个历史名词。这是金融科技在中国发展的一个特殊样本，也是金融科技在世界发展的一个特殊样本。

　　它曾经以普惠金融的名义，试图扛起中国互联网金融的大旗，但事与愿违，它用13年的时间和实践，将互联网金融污名化，令人谈之色变，唯恐避之不及。本文有意为之立传。

从2007年第一家P2P公司拍拍贷成立算起,到2020年银保监会宣布全行业清零结束,P2P在中国的存活时间为13年。

从市场自发出现,到被强制退市,P2P在中国,终究没有像第三方支付一样修成正果,自始至终处于逐利、贪婪、欺诈、暴力和混乱无序的状态之中,自始至终没有改变或者褪掉其江湖底色。

它曾经以普惠金融的名义,试图扛起中国互联网金融的大旗,但事与愿违,它用13年的时间和实践,将互联网金融污名化,令人谈之色变,唯恐避之不及。

这是一段失败的经历。这个渐行渐远正在消失的行业,是金融科技在中国发展的一个特殊样本,也是金融科技在世界发展的一个特殊样本。

本书有意为之立传,故以纪事本末体例,辑录时人、时事、时论,爬罗剔抉,提要钩玄,庶免琐碎堆砌之讥讽,或申文直事核之主旨,欲写善恶于既往,冀有裨益于将来也。

寥寥数语,权作开篇。

上卷:"三无"阶段

"三无",即无准入门槛、无行业标准、无监管部门。以《关于促进互联网金融健康发展的指导意见》公布的时间2015年7月为分界点,P2P在中国处于"三无"阶段的时间长达8年。考虑到政策传递的时滞和行业发展的惯性,本书将发生在2015年年底的宜人贷上市与e租宝"爆雷"等事件亦归入此阶段。同时,某些事件为保持叙述及阅读的完整与流畅,亦没有拘泥于时间分界,特此说明。

早期创业者

题解: P2P(Peer to Peer)原本是一个互联网技术名词,从字面上可以理解为对等计算或对等网络①，国内翻译成点对点或端对端。2005年，全球第一家P2P平台Zopa在英国上线，将这一名词引入金融行业，即通过网络实现个人对个人的资金撮合。

2007年，我国第一家P2P平台出现，最初几年并不引人注意。到2009年有9家，2010年有10家，2011年有20~30家，主要分布在上海、深圳一带，以信用借贷为主，用户规模小，社会影响力低。这一阶段P2P平台的创业者大多数是具有国际视野、留学经历、受过良好教育的互联网从业人员和连续创业者。

虽然数量不多，但这一阶段出现的几个标志性平台就像几粒正在萌芽中的种子，为这个还处于混沌状态的行业提供了可参照的样本和模板，也决定了这个行业"打擦边球"的基因和以后发展的基本方向。

一、拍拍贷

2007年6月，从微软全球技术中心技术主管岗位离职的顾少丰，在经过书签网站和播客聚合网站的短暂创业之后，决定和校友张俊、胡宏辉做一个网络借贷网站。2007年7月，拍拍贷上线②。三个人最初的分工是：张俊负责运营，胡宏辉把控法律风险，顾少丰负责后台。只有顾少丰是全职，其他两人是兼职。这就是我国第一家P2P平台。

为控制风险，拍拍贷最初做的是熟人借贷，而不是陌生人借款，用户需要邀请另外一个用户才可以在网站上注册。几个月后，因用户太少，业务范围从熟人扩大到陌生人，开放了注册，但只接受上海地区的借款人申请，以便实地了解借款人的实际情况，走的其实是线下风控的路子。半年后，因经营亏损被迫转型。

---

① 即网络的参与者共享他们所拥有的一部分硬件资源（处理能力、存储能力、网络连接能力、打印机等），这些共享资源通过网络提供服务和内容，能被其他对等节点（Peer）直接访问而无须经过中间实体。此网络中的参与者既是资源、服务和内容的提供者，又是资源、服务和内容的获取者。

② 因为是用"拍卖"的形式来决定借贷利率，所以取名拍拍贷。

2008年年初，拍拍贷全面开始以信用借款为主的线上借贷[①]和线上风控[②]模式。平台不兜底、不承诺本息保障，不参与到借贷之中，只是提供一个平台来实现信息匹配、工具支持等功能。建模初期，需要大量资金不断试错，公司很快陷入入不敷出窘境，办公地点从浦东汤臣中心搬到火车站附近的一栋廉价毛坯民房里；没有资金招本科生，只能把学历要求降低到专科。

2009年年初，张俊辞掉年薪40万元的工作，开始和顾少丰一起拿着3000元的工资做全职。同年4月，一直都不兜底的拍拍贷开启收费模式，并且开始邀请上海浦东新区的小企业来申请贷款[③]。同年5月，《福布斯》首次报道了拍拍贷的业务模式。同年8月，中央电视台（以下简称央视）新闻频道首次报道拍拍贷，平台注册用户量激增，突破10万。2010年8月，央视《经济半小时》再次对拍拍贷进行了报道和探讨，当天晚上，大量用户涌入网站，直接导致系统崩溃。同年10月，注册用户突破20万。

2011年8月，拍拍贷获得清华控股旗下金信资本的天使轮投资。2012年10月，获得红杉资本号称"千万美元级别"的投资。2014年，拍拍贷完成B轮融资，并于当年11月放弃坚持了4年的不兜底模式，上线了保障本息的

---

① 即借入者需要提供身份证复印件或其他相关身份证明、个人财务收支状况，向网站提出申请等待审核。审核通过后，可以发布借款信息，包括借款金额、最高年利率、借款用途、资金筹措期和还款期限等。借出人可以全额或者部分投标，在筹措期满后，如果投标资金总额超过借入人的要求，则全额满足其要求的利率最低的一项或几项资金中标；如果投标资金不能满足借入人的要求，则该项借款计划不成立。如果借款计划成功，网站自动生成电子借条，借入人按每月还款方式向借出者还款。

② 即先建立一个简单的信用评估模型假设，比如有房的加1分，没房的减1分，分值达到某个标准可以通过信审，再根据还款情况，不断修改信用评估模型，通过数据不断完善评判标准。该信用评级会根据借款人提供的基本信息资料，把借款人分为A、B、C、D、E、HR 6个等级，并根据不同的信用等级确定客户的最低贷款利率和贷款额度限制，借款人则在最低规定利率和最高限制利率之间自主选择适合自身的利率水平。这套模型后来升级成了"魔镜系统"，一直沿用至今。

③ 因为帮助小企业解决了融资问题，拍拍贷当时还获得了一些政府的奖励，上海浦东新区甚至会给拍拍贷推荐着急用钱的小微企业用户。

"彩虹计划"①。至此，P2P 几乎全行业处于刚性兑付状态。从信息撮合转向变相的保障本息，拍拍贷的选择，被认为是在自由市场竞争环境下，劣币驱逐良币的逆向淘汰结果。

二、红岭创投

2008 年夏天，拍拍贷早期的活跃用户周世平在深圳一个 18 平方米的民宅里，带着 4 个技术人员，熬了 8 个月，于 2009 年 3 月上线了红岭创投②。在此之前，高考落榜的周世平已有近 20 年的股市沉浮经历。

"葫芦娃"是周世平的微信昵称，"股市人生"则是他微信头像中的文字。"草根"出身的周世平在 P2P 行业中留下了多个"首创"。在运营上，红岭创投开创了平台本息垫付的模式，为平台积累了人气和信用，扩大了平台的影响力，并形成了较稳定的投资资金流入③。同时，相继推出"大额标"④和"净值标"⑤产品，并由担保公司为交易双方提供交易有偿担保（红岭创投是由平台控股的担保公司担保，可称为自担保，后被金融管理部门叫停），若借款人出

---

① 即用户可预约投资项目，投资资金只选择高评级标的，确保低风险。加入"彩虹计划"后，投资资金会通过自动交易系统，分散投资到债权组合中的所有资产，做到风险的绝对分散。同时所有加入"彩虹计划"的资金享受 100% 本金保障。

② 深圳市罗湖区有条红岭路，此即"红岭"二字的出处。

③ 当时仅有的几家 P2P 平台均模仿拍拍贷，只是为投资人和贷款人提供交易场所和融资配套服务，由投资人自担风险。而红岭创投提出，若出现风险，将根据会员等级进行不同额度的垫付，即"刚性兑付"。从此之后，不兜底的 P2P 平台逐渐被市场淘汰，兜底成了行业发展的标配。

④ 即承接更多大型公司、大型项目应收账款的融资标的。2014 年 3 月，红岭创投发布了其第一个亿元融资"大标"，随后超过亿元的"大标"频繁出现。

⑤ 类似于股票质押，即在平台上有待收余额的投资人，可以以平台上的待收账户为抵押发布借款标，满标后系统会自动复审。"净值标"加大了投资人的杠杆，放大了项目的风险。设计该产品的初衷是为解决投资人流动性需求，不过投资人从中看到了套利的机会，在平台上投资长期、高息标，再以较低利率发布短期借款标，以此获取利差。由此催生了许多"职业黄牛"。"职业黄牛"为平台贡献了漂亮的成交量数据，带来了活跃的人气，而平台也能借其之手将长期标转换成更受欢迎的短期标。2018 年 9 月，深圳市整治办联合检查组对"红岭系"平台"净值标"的高杠杆问题提出严厉批评，并限期在 2018 年年底之前完成清理工作。

现逾期，由担保公司垫付本金或本息还款，债权人转为担保公司。

依靠本息垫付、"大额标""净值标"和第三方担保等"创新"，红岭创投很快发展成 P2P 行业的头部企业，但也为自己挖好了坟墓。

三、信而富

芝加哥伊州大学统计学博士王征宇在 2011 年成立 P2P 平台信而富以前，就有 10 年在国内金融领域创业的经历，并受政策影响，进行过一次业务转型。

王征宇是 20 世纪 90 年代出国的 50 后留学生，曾长期在美国从事消费信贷风险管理工作。2001 年，他回国后在北京成立首航财务管理顾问有限公司（以下简称北京首航），拿下了当时中国人民银行个人征信体系建设中的一块项目，并以此为起点，拓展至依附于征信的个人信用评分及信贷业务。该项业务做了两年，最终没有持续下去。在当时做征信业务，不是没有机会，只是时间不对[①]。

2005 年，王征宇在上海创立信而富企业管理有限公司，抓住国内信用卡市场崛起的机会，将业务转型为为大型商业银行提供信用风险管理服务，与众多银行金融机构开展了合作，并逐步涉足代理信用卡营销服务业务。凭借在信用风险管理领域取得的成绩，信而富分别于 2005 年、2007 年获得 300 万美元和 2100 万美元的融资。但随着 2009 年金融管理部门全面停止商业银行信用卡营销业务外包政策的出台，王征宇面临第二次业务转型。这一次，他一脚踏进了刚刚兴起的 P2P 赛道。

2010 年，王征宇将北京首航、上海信而富等资源整合成为 P2P 个人小额信贷咨询服务平台信而富，和拍拍贷一起成为上海地区做得最早的两家 P2P 公司。

---

① 时至今日，在百行征信开业前，中国的个人征信市场由人民银行专管，民营资本很难进入。

信而富初期定位于大额、期限较长、线上与线下结合的信贷市场,内部称为"生活贷"(额度主要在 0.6 万~20 万元,期限在 3 个月至 3 年),主要通过线下获客。因盈利压力较大,2015 年 8 月,在获得 C 轮 3500 万美元融资后,信而富开始缩减生活贷产品的交易量,采取"低起步,稳成长"(Low and Grow)的策略,切入现金贷领域[①],内部称为"消费贷"(额度在 500~6000 元,期限在 14~30 天),并借助腾讯、百度等外部流量巨头迅速做大规模。

四、人人贷

2010 年 4 月,毕业于北京大学的杨一夫、李欣贺和毕业于清华大学的张适时在北京注册成立人人贷商务公司,启动资金 100 万元,杨一夫负责风控、安全,李欣贺负责外联、商务与市场,张适时负责产品、运营。同年 10 月,人人贷正式上线。

当时人人贷网站是一个只能搜集信息的网页,用户录入借款信息,杨一夫他们需要用办公室座机与对方取得联系,再通过人工完成审核、放贷等工作。最初一批出借人是他们 3 个人的同学、同事、朋友和家人,第一个借款人由一家合作的信用卡网站导流而来,第一笔交易到期后,借款人按约还款,出借人按约获得利息,平台按约抽取了佣金。

后来,他们在标的上进行优化,与担保机构合作,打出"人人贷信用认证标",进行高安全的标的推荐。同时借鉴同行的"线上+线下"模式,于 2011 年成立友信普惠,专注于线下借款客户开发和信用核验。2012 年,人人贷开始集团化运作,集团名为人人友信,人人贷则专注于线上用户的获取与运营,线上、线下业务齐头并进。

为解决风控问题,人人贷借鉴银行的风险准备金制度,运用 P2P 行业的风险拨备金垫付模式,即按一定比例从贷款金额提取资金建立风险拨备金账户,

---

[①] 2014 年 11 月,信而富在国内大型社交网络平台上试验性推出现金贷,依据其预测筛选技术(PST),事先批准客户,形成白名单,发放借款。这是国内第一个现金贷产品。

当借贷出现逾期或违约时，网贷平台会用风险拨备金来归还投资人的资金。这一模式后被众多同行效仿。2017年2月，北京市金融工作局提出禁止平台设立风险拨备金，拍拍贷将风险拨备金改为质保服务专款，用于规避政策风险。

在产品方面，其推出的"优选理财计划"[①]引领了行业理财端的产品创新，业务发展进入迅速扩张阶段。2013年，其线下服务覆盖全国2000多个地区，注册用户突破50万，线上成交金额超过20亿元，同比增长超过400%。

2014年1月，人人贷宣布已完成总额为1.3亿美元的A轮融资，领投方为挚信资本，创下当时行业最大单笔融资记录，也是当时世界上最大的一笔P2P风险投资。

三位联合创始人一时间名声大噪。2014年，张适时入选《福布斯》"中国30位30岁以下创业者"并成为封面人物；李欣贺在2013年入选"中国十大经济潮流人物"，在2014年入选"中国商业创新50人"；杨一夫于2016年入选《财富》"中国40岁以下的金融科技先锋"。

五、微贷网

2011年7月，拍拍贷和红岭创投的老客户姚宏在杭州成立了专注于车贷的微贷网。

中专毕业的姚宏起初销售IP电话卡，后来成为中国电信电话超市的首个代理商，承接了杭州地区电信欠费的催收工作，并将催收业务拓展到银行信用卡催收。

---

① 即加入理财计划的资金将优先于平台普通用户的资金，根据计划设定的分散投资原则对人人贷平台产品以实地认证标和机构担保标为主进行优先投资。投资标的产生的利息在每月指定日期自动提取，同时投资标的每月回款的本金部分将继续用于投资。理财人加入"优选理财计划"后，会进入锁定期。锁定期内，投资标的的回款本金将继续用于投资，直到锁定期结束，充分发挥复利投资的效应。锁定期结束后，理财人可以自由选择退出计划。如果选择退出计划，则理财人在该计划内的投资标的将优先进行自动转让。转让所得资金及投资回款所得将不再自动继续投资，理财人可自由支配。如果锁定期结束后理财人选择继续优选计划，则将延续之前的计划操作，理财人享有随时选择退出计划的权利。

国内首批 P2P 平台几乎全部从事信用贷款，微贷网是第一家转型做抵押贷款的平台，其抵押物为借款人的汽车。全国车贷业务的模式起于微贷网。

也不是没有做过信用贷款。微贷网成立之初，几乎所有借款人都是姚宏面对面谈过的，结果仅半年时间就净亏损达 600 万元，信用贷款模式被证明过于冒险。2012 年，从信用贷款改为车辆抵押贷款后[①]，交易量明显上升，第一个月就做了 1000 万的业绩，而做信用贷款时最好也就几百万。然后是大幅下降的坏账率——以前不打电话催，90% 的借款人都不会主动还款，即使打完电话，可能还有 50% 的人不想还，车辆抵押之后基本全都主动还款。截至 2016 年，微贷网在 27 个省份开设 350 多家线下店，是全国规模最大的车贷平台。

六、陆金所

2011 年 9 月，平安集团在上海注册成立陆金所，2012 年 3 月，其网络融资平台（Lufax）正式上线运营，成为国内首家拥有银行背景的 P2P 平台，被行业公认为 P2P 的正规军。

早期，P2P 是陆金所唯一的业务。2012 年年底，陆金所开通了债权转让业务，投资者可通过陆金所二级市场转让满足转让条件的债权。此业务不仅给投资者提供了提前退出和盘活资金的通道，也提升了资产和资金的流动性，为平台创造了稳定的收入来源。陆金所发布的投资产品，多由平安融资担保（天津）有限公司（隶属平安集团）进行担保。其 P2P 借贷业务实质上更接近于平安融资担保业务的网络化。

凭借产品模式创新和平安集团的支持（资产、获客、风控、信保等），陆金所很快成为 P2P 行业的绝对老大。2015 年第 3 季度，陆金所借贷额首次超过美国的 Lending Club，成为全球第一大 P2P 平台。

2014 年 6 月，平安集团董事长马明哲表示，陆金所将"逐步撤销担保"，

---

① 微贷网当时的风控手段主要包括两种：车辆抵押登记和给抵押车辆装 GPS。

这是 P2P 行业第一次正式提出"去担保化"。此前，陆金所相关负责人也曾表示，陆金所 P2P 业务的发展规划拟逐步取消第三方担保，采用个人信用评级的方式开展业务，并允许投资者根据自己的风险偏好自主选择投资产品。

2013 年下半年，陆金所针对机构投融资的金融资产交易平台（Lfex）搭建完成，主营业务包括金融机构之间的交易（F2F 模式），以及金融机构与企业之间通过互联网进行产品、服务及信息的交换（B2B 模式）。2015—2016 年间，陆金所一方面将 P2P 网贷业务拆分出来，由旗下独立品牌陆金服来承接；另一方面，成立固收部门，并引入银行、信托、证券等机构解决"上量"问题，同时着手搭建投资者适当性风险管理体系，用于评估用户风险承受能力、产品匹配等问题。至此，陆金所由最初单纯的 P2P 网络借贷平台逐步转型为"一站式"线上金融资产交易平台。

陆金所时任董事长兼首席执行官计葵生在"2015 年普惠金融 CRO 全球峰会"上透露，P2P 业务仅占陆金所整体业务的 10% 左右，保险理财产品、公募基金及其他固收资产占比 90%。

七、宜人贷

讲宜人贷就不能不讲宜信，讲宜信就不能绕开唐宁。

唐宁早年就读于北京大学数学系，后去美国南方大学攻读经济学，毕业后进入华尔街投资银行 DLJ 工作。2000 年，唐宁回国，成为国内最早的天使投资人之一。2006 年，唐宁在北京成立专注做早期投资的华创资本，同年 5 月，成立宜信公司，和华创资本一同办公。宜信起初从线下业务起家，主要为刚毕业的大学生提供培训贷款。

华创资本当时投资了一家主要做大学生就业前职业培训的公司——达内，唐宁在调研中发现对于还没进入工作岗位的学生而言，培训费用过于高昂，于是提出了"T-PET"模式，并做了一个实验班，16800 元的课程，学生只需要先交 3000 元就能来上课，等找到工作后再分期偿还剩下的学费。这件事在

2006年极大地帮助达内拓展生源。"T-PET"模式的效果越来越好，达内在全国开设了20多个分校，宜信也随之开了20多个网点，去达内的各个分校给学生提供借贷服务。以此为契机，宜信在全国各地建立了"地推"团队，并且逐渐拓展到学生以外更大的市场，唐宁也从华创资本淡出，全职做宜信。

2011年12月，宜信成立互联网部，开始进行宜人贷平台的搭建研发。2012年3月，宜人贷网站正式上线。2014年9月，宜信成立恒诚科技发展（北京）有限公司，独立运营宜人贷平台。宜人贷定位于"为城市白领人群提供借款咨询服务"。宜人贷对此的解释为：一是该类客户资质较好，有巨大的未被满足的资金需求；二是白领人群多用互联网，网上的数据较多，有利于线上授信。同时，宜人贷为投资人提供了有第三方担保公司担保的本息保障计划。因为定位明确，宜人贷吸引到城市较高收入人群的大量资金，很快就在当时同质化严重的一众P2P产品中脱颖而出。

宜人贷采取的是脱胎于宜信的线下交易债券转让模式，贷款人的资金并不直接转账给借款人，而是先以个人名义借给宜信负责人，再由宜信转给借款者[①]，其实质是将债权拆分和转让。宜信模式成为P2P最受争议的模式，但债权的拆分和转让几乎成为后来P2P产品的标配。宜人贷也是较早使用线上、线下相结合的平台，这一模式后来被无数家平台所沿用。

八、团贷网

2009年，在广西北海念大三的唐军无心读书，弃学来到东莞一家小额信贷公司做销售。2010年3月，唐军成立东莞市俊特信贷咨询有限公司，这是东莞市第一家由外来人开的信贷咨询公司，从事银行贷款业务服务。2012年7月，P2P行业风头渐起，唐军把线下业务挪到线上，主要提供小微企业融资服务的团贷网正式上线运营。

---

① 此模式也被称作超级债权人模式，被认为违反P2P平台信息中介的定位，存在期限错配、资金池、债权转让有效性等一系列潜在风险。

2012年12月，唐军以213.0915万元的价格，拍下了史玉柱的"天价午餐"，引发巨大关注。后来的事实证明，这笔投资的回报十分惊人。网站短短几天内吸引了数万用户，同时获得了袁地保（其于2011年拍下史玉柱午餐）2000万元的投资。更重要的是，唐军成功进入了史玉柱的朋友圈，并在其引荐下认识了民生银行时任董事长董文标、分众传媒创始人江南春等，打进了大佬们的圈子。

认识史玉柱后的短短几年，唐军和团贷网的知名度暴涨。截至2017年6月，团贷网获得4轮累计24.75亿元的投资，成为国内首家注册资金超亿元的P2P平台。资料显示，团贷网的重要股东除了史玉柱、王利芬、沈宁晨等名人，还包括九鼎投资、巨人投资、久奕投资等知名投资机构。

有了雄厚资本做后盾，唐军打起了第一次行业价格战。当时理财端平均收益率为24%，而团贷网一下子拉高到35%。自此，高回报率成为团贷网被众多投资者所追捧的卖点。团贷网官网介绍称，自动投标年回报率36个月最高可达11.5%+3.5%，而同类平台36个月年回报率平均为8.4%。

尝到甜头的唐军于2013年再次成功拍到史玉柱的"天价午餐"。2014年，唐军入选新华社经济参考报社主办的"2014中国经济人物"。

九、开鑫贷

开鑫贷是江苏省第一家P2P平台，也是全国第一家具有国资和地方政府背景的P2P平台。

2011年年底，国家开发银行（以下简称国开行）时任董事长陈元提出借鉴P2P理念解决中小企业融资难、融资贵的问题，并要求在江苏省率先试点。2012年1月，国开行江苏分行结合对小贷公司转贷款的经验，提出网贷O2O模式，即运用互联网将江苏省经过筛选的小贷公司联合起来，线上线下相结合，打造网贷平台，并引入首批30余家江苏省监管评级A级以上的小额贷款公司作为合作担保机构。国开行总行领导批示同意开展工作，同时向江苏省政府汇报，也得到了支持。

当时，国开行总行和江苏省提出了3个宗旨：第一个是民间借贷阳光化、规范化，对于民间借贷起引导作用；第二个是引导社会资金支持实体经济，避免资金投机空转；第三个是降低小微企业融资成本。后来又增加了一项：有效增加居民财产性收入。

江苏省人民政府金融工作办公室（以下简称江苏省金融办）专门批复同意江苏金农股份有限公司和国开金融成立开鑫贷。开鑫贷的"开"，即指国开行，"鑫"由3个"金"构成，指的是江苏省金融办、开鑫贷的股东国开金融和江苏金农股份有限公司。开鑫贷可以算作是体制内创业。尽管注册资金仅为1000万元，国开行仍然按照大型投资项目开展出资流程审批，2012年11月，经总行投委会审批通过。2012年12月24日，公司正式注册成立，拿到了营业执照。2012年12月28日，开鑫贷做了第一笔业务，到2013年年底，成交金额突破20亿元。

余额宝与互联网金融

题解：余额宝和P2P没有关系，但余额宝让互联网金融一跃变成时代的风口，处于"三无"阶段的P2P借风起势，成为互联网金融这条街上最靓的仔，并在随后几年迅速形成互联网金融大潮中最眩人耳目的浪花和泡沫。

十、余额宝

余额宝是支付宝推出的余额增值服务和活期资金管理服务产品，于2013年6月13日内部测试，17日正式上线。用户存放在支付宝的钱，在网购、转账的同时还可直接购买货币基金等理财产品。余额宝实际上是将基金公司的基金直销系统内置到支付宝PC端和移动端。支付宝和基金公司通过系统对接，为用户完成基金开户、基金购买[①]，用户如果选择使用余额宝内的资金进

---

① 2018年1月31日，支付宝发布《余额自动转入余额宝暂停公告》，2月1日起取消自动转入功能，且设置余额宝每日申购总量，当天购完为止。

行购物支付，则相当于赎回货币基金。余额宝首期支持的是天弘基金的增利宝货币基金。

截至2013年12月31日，余额宝的客户数达到4303万人，规模为1853亿元，而到了2014年2月，其基金管理人天弘基金的资产超过4000亿元，从2013年第1季度的第46位跃居第1位。当前，余额宝依然是中国规模最大的货币基金。

余额宝改变了第三方支付行业账户的基本功能（具体分析见本书相关章节），其操作简便、低门槛、零手续费、可随取随用的特点，使之迅速成为国民级应用的爆款产品，点燃了大众的投资理财热情，也彻底带火了互联网金融这一概念。

十一、互联网金融

互联网金融是中国独有的概念，在国际上没有对应的名词。

有两个人都说是自己最先提出这一概念的：一个是马云，他在不同场合多次提到"互联网金融"是很多年以前他在上海提出来的；另一个是谢平（本书采用谢平的说法）。2012年4月，谢平在"金融四十人年会"上公开提出"互联网金融"概念，在2012年第12期《金融研究》上发表的《互联网金融模式研究》一文中提出，互联网金融是可以跟银行间接融资和资本市场直接融资并列的第三种融资模式。2014年，他在与人合著的《互联网金融手册》（中国人民大学出版社2014年4月出版）中进一步提出，互联网金融是一个谱系概念，分为三大支柱和6种主要类型，并写道："互联网金融远没有发展成形，我们乐观地估计，互联网金融还需要20年才能成形。"

2014年，"互联网金融"被首次写进政府工作报告中，报告提出要"促进互联网金融健康发展"，此后连续4年被政府工作报告提及。2015年的政府工作报告回顾过去一年的工作时提到"互联网金融异军突起"，展望2015年工作时提到"促进互联网金融健康发展"；2016年政府工作报告提出"规范发展互联网金融"；2017年政府工作报告提出"对不良资产、债券违约、影子银行、互联网金融等累积风险要高度警惕"；2018年政府工作报告提出"健全对影子银行、互联网金融、金融控股公司等监管"。而从2019年开始，政府工作报告中未再提及互联网金融。

历年政府工作报告对互联网金融的态度，从促进发展、异军突起、规范发展到警惕风险，再到健全监管，可以从一个侧面反映出包括P2P在内的互联网金融行业的发展过程。

2017年左右，金融科技的概念从欧美进入中国，互联网金融逐渐被其替代。与P2P一样，互联网金融这个概念刚出现时并没有引起广泛关注，但余额宝的横空出世，让它突然变得炙手可热，而P2P也在随后几年持续爆发式增长，成为互联网金融的代表形态，并一度被与互联网金融等同起来，认为P2P就是互联网金融，互联网金融就是P2P。

银行系平台

题解：互联网金融风口爆发之际，风投基金集体出动，大肆加码P2P，与此同时，具有国资和上市公司背景的企业也不甘寂寞，觑准时机，频频涉足P2P业务[①]，以至于当时给P2P平台分类时就有一类以股东为标准，分为诸如创业系、风投系、国资系、上市系[②]和银行系等。

相对而言，银行系P2P平台（此处专指银行直营）出现的时间最晚，但退出的时间最早。从上线时间来看，银行系P2P平台主要集中在2014年，以城商行为主，共10家左右，例如包商银行的小马bank、兰州银行的E融E贷、江苏银行的融e信、苏州银行的融e信及齐商银行的齐乐融融E平台等，

---

① 当时风口所及，但凡和互联网金融沾一点边的概念股都大涨。例如2015年5月，A股上市公司、主业为房地产的多伦股份更名为匹凸匹，称将聚焦P2P业务，随后股价多次涨停。2017年7月，匹凸匹更名为岩石股份，称将脱离P2P业务，回归主业。

② 不少布局P2P的上市公司的主营业务天差地别，有做杀虫剂的、水泥的、地板的、烟花的、家电的等。

但到了2015年，基本都停止发标，也即实质性地停止运营。其中，齐乐融融E平台上线时间为2014年11月30日，停止发标时间为2015年1月8日，间隔仅40天。

全国性商业银行推出P2P平台的有两家，分别是招商银行（以下简称招行）的小企业e家和民生银行的民生易贷。民生易贷于2014年7月上线，2015年5月关闭了独立页面，导入民生电商的投资入口。

十二、小企业e家

招行的小企业e家是国内第一家直属银行的P2P平台，于2013年9月上线。其第一款产品为年化收益率6.1%，以1万元为最小投资单位，标的5000万元的"e+稳健"融资项目。

2013年11月，小企业e家停止投融资项目运行，招行人士解释为正常业务优化调整。2014年初，平台恢复交易，项目投资预期年化收益率为5.25%~6.4%。

2015年6月，招行发布公告表示，小企业e家近期将对"e+稳盈"融资项目进行优化，6月15日起，"e+稳盈"融资系列项目暂缓发布。网站恢复正常后，个人用户被导流至同样以P2P为主要业务的钱端App，而小企业e家的4款企业理财产品也可在钱端App找到。2015年10月，招行、第三方支付公司分别签署合作协议，正式运营钱端App，小企业e家网站停止运营[①]。

第一次"爆雷"潮

题解： 因管理粗放、风控缺失，P2P行业曾在2011年年底遭遇过一次借款人信用违约风险。后来，本息保障成为主流，资金池、期限错配、高息、

[①] 2019年，钱端与招行发生经济纠纷，双方分别发起诉讼。2019年11月20日，广州市天河区检察院对左创宏等4人做出批准逮捕的决定。左创宏曾是钱端项目的招行负责人。

自融、欺诈等违法违规行为，被蜂拥而上的P2P借互联网金融创新的名义大行其道，导致在2014年前后，出现了第一次挤兑、倒闭、"跑路"等风险集中爆发期。自此，这个行业中一边"爆雷"不断，有平台死掉；一边增长不断，有各色人等进入，成为常态。而"爆雷"也成为这个行业撕不掉的标签，P2P引发的人性之恶已经出现，在之后不过是屡屡被重复和放大而已。

十三、播音员坦克

播音员坦克是红岭创投一个用户的网名，也是红岭创投论坛早期的活跃分子。其本人在天津某电视台当播音员，为买播音设备，多次使用信用标借款。

2010年11月，红岭创投推出个人担保标[①]后，此人凭借人气和过往的借贷信誉，很快拥有了10万元的信用额度加90万元的担保额度，总计100万元的借款额度。于是他开始在多个P2P平台用个人担保标进行大额借款，借款总额高达500多万元。最终无力偿还，500多万元在各个平台全部逾期，成为坏账。个人担保标后来成为红岭创投赔付最多的标种，红岭创投不得不逐步将其取消，并只接受深圳地区本地的客户借款，以期控制风险，保障自身及投资者的利益。

播音员坦克事件是P2P行业早期臭名昭著的事件之一。当时，有一批借款人利用加杠杆借新还旧，或者跨平台借款，实施多头借贷和骗贷等，而损失大多由承诺本息兑付的平台承担。但是恶人自有恶人磨，随着中后期暴力催收的出现，借款人和平台的关系又走向了另一个极端。

十四、哈哈贷

2011年7月21日，自诩为"中国最严谨的网络互借平台"的哈哈贷发布

---

① 即借款人发标，投资人以自己账户的资金为借款人担保，还可以投标。当借款人逾期不还时，由担保人垫付本息给投资者；当借款人顺利还款时，投资者可获得约40%的预期年化预期收益。

关闭通告，停止新用户注册，已注册用户在9月1日前提取账户资金，正在交易的账户在交易完毕结算后不再提供服务。9月2日后全面停止服务。哈哈贷就此成为第一家倒闭的P2P平台。

2010年9月底上线的哈哈贷由嘻哈（上海）网络技术有限公司运营，注册地在上海市长宁区。其成立之初提出的服务宗旨是"贷给您快乐生活"，即贷入者提前享受由哈哈贷"贷"来的快乐生活；对于贷出者，哈哈贷为他们"贷"来高于银行普通存款4倍的利率，让钱赚钱"贷"来快乐。在业务模式上，哈哈贷效仿拍拍贷，不吸贷也不放贷，用竞标方式实现网络互助借贷过程，其收入的主要来源是会员交易时收取的2%的服务费。

在关闭通告中，哈哈贷称关闭网站的原因是"基于目前中国市场的信用问题及哈哈贷目前遇到运营资金的短缺"，此时，它已经积累了10万多用户。在发布关闭通告的第二天，哈哈贷对通告进行了更新，表示将提前垫付用户所拖欠款项，"截至2011年8月20日，借出者如依然有未收回的款项，哈哈贷将提前垫付，支付到借出者账户"。

十五、贝尔创投

2011年9月，江苏南通的贝尔创投成为第一家被以集资诈骗罪名向公安机关举报的P2P平台，涉案金额约300万元。2011年9月14日，红岭创投获悉贝尔创投经营者为红岭创投逾期会员"疯狂的牛牛"，随即向公安机关举报，9月15日，被举报人被抓。

贝尔创投自称成立于2010年，是"一家以开发和运营P2P金融电子商务平台为主的创新型科技公司"，"拥有一群资深的管理及操作人员，在严格遵守国家法律法规的同时，敦促其会员的信息发布和使用过程，打造网站投资者联盟、政府部门多方监管的管理模式"。从网站上看，平台的风控程序、垫付规则都像模像样。

后经调查，被举报人在多家网站借款恶意逾期后，在南通成立贝尔创投，用各种优惠条件诱惑投资者充值。投资者充值后,则以各种各样的理由限制提现。

据红岭创投介绍,"这个人在我们网站上欠款不还,我们会先垫付掉,投资者的债权就转让给我们。仅我们网站上就有9页,在别的几家网站上还有借款不还的情况。我们在监控逾期不还的借款人时,发现他用家人的名义注册了一个网站,诈骗投资者的钱"[①]。并表示,红岭创投将会帮助贝尔创投的投资人追讨欠款。

自贝尔创投以后,P2P行业主观恶意诈骗者逐渐增多。

十六、中宝投资

中宝投资隶属浙江省衢州市中宝投资咨询有限公司,网站于2011年2月上线,2013年4月进行了ICP备案。2013年12月13日,中国人民银行衢州市中心支行向衢州市公安局移送《关于周辉重点可疑交易报告》的线索,举报衢州市中宝投资法人周辉个人银行账户交易异常。接到报案后,衢州市公安局于2014年1月2日对周辉以涉嫌吸收公众存款进行犯罪立案侦查,并于3月13日依法对周辉采取刑事拘留强制措施,中宝投资网站停止运营。同时,衢州市警方冻结周辉个人账户资金约1.7亿元。

公安机关经侦查发现,自2011年5月以来,周辉陆续借用公司网站以虚构的34个借款人(发标人)和用自己身份信息注册的2个会员名隐瞒事实真相,虚构事实,大量发布宝石标、抵押标等虚假标的向投资人融资,并宣称年化收益率约20%,还有额外奖励的高额回报等,先后从全国1586名不特定对象处集资共计10亿余元,其中尚有1136名投资人的共计3.57亿余元集资款未归还。集资款由周辉一人掌控和支配,且所有集资款均未纳入公司进行财务核算,集资款主要以活期存款方式沉积在商业银行,用于归还前面投资人的本金和支付收益、购买房产、车辆及珠宝首饰等。

---

① 沈乎.涉嫌诈骗P2P贷款平台贝尔创投被调查[EB/OL].财新网,2011-09-18.

2015年1月19日，衢州市人民检察院向衢州市中级人民法院提起公诉，指控周辉犯集资诈骗罪。同年8月14日，衢州市中级人民法院对该案进行宣判，周辉犯集资诈骗罪，判处有期徒刑15年，并处罚金50万元；对其犯罪所得继续追缴，返还给被集资人。

这是一起没有被害人报案的集资诈骗案。与其他P2P"跑路"平台不同的是，中宝投资从成立到平台停运，未出现过投资人资金未兑付问题，整个案件审理过程中没有被害人报案。

十七、乐网贷

2014年1月23日，乐网贷相关负责人康刚、韩阳因涉嫌非法吸收公众存款罪被批捕。这是P2P网贷平台案件中第一次以涉嫌非法吸收公众存款罪批捕平台负责人。

2013年4月，康刚等通过成立莱芜万顺商务咨询有限公司运营乐网贷。2013年10月，公司突然停止正常提现，此时共拖欠全国各地近400位受害人的2600多万元。各地受害人纷纷赶到莱芜讨债。康刚声称：公司因一笔300万元的借款逾期导致提现困难，目前正加紧催收，同时表示其名下有450万斤大蒜等多项资产，通过在2014年春节前高价变现，可解决提现困难。

2015年9月28日，山东莱芜市莱城区人民法院对乐网贷案件做出判决，莱芜万顺商务咨询有限公司被判非法吸收公众存款罪，判处罚金30万元。公司实际控制人康刚因非法吸收公众存款罪被判处有期徒刑6年6个月，并处罚金20万元。乐网贷韩阳因非法吸收公众存款罪，被判处有期徒刑2年，并处罚金4万元。莱芜万顺商务咨询有限公司和康刚被责令退还投资人1988万元。

十八、盛融在线

盛融在线成立于2010年11月，是广州成立最早且规模最大的P2P平台。公司实际注册名称为志科电子商务有限公司（以下简称志科公司），注册资金为1000万元。

2015年年初，盛融在线传出3000万元坏账无法收回的消息，恐慌情绪导致大量投资者集中要求提现，因为投入到项目的资金尚未到期，导致提现困难。而按照当时的惯例，都是平台兜底，平台无法筹集到这么多资金，后企图通过债转股、线上债权转让等方式自救，均未见成效。同年5月，广州市公安局白云区分局对志科公司涉嫌非法吸收公众存款案进行刑事立案。

2017年12月，据广州市白云区人民法院通报，2012年5月至2015年2月，被告人刘某军、李某君在未取得银监会批准的情况下，利用其经营管理的志科公司架设的盛融在线网贷平台，通过网络宣传、注册会员、充值投资标的项目等方式，采取高息回报（年利息约20%）的手段非法吸收社会民众等大量不特定对象的款项，并投入了房地产、借贷等高风险行业，自2015年起致使大量民众投入的款项未能返还。经审计，志科公司通过盛融在线网贷平台吸收的款项达23亿余元。

另根据提取的盛融在线网贷平台服务器中的原始电子数据记录，审计发现该网贷平台共有投资用户1.2万余人，其中已报案用户为1492人，该1492人未收回金额为3.26亿余元。

法院依法判决：被告人刘某军犯非法吸收公众存款罪，判处有期徒刑9年3个月，并处罚金50万元；被告人李某君犯非法吸收公众存款罪，判处有期徒刑3年，并处罚金10万元；追缴被告人刘某军、李某君的违法所得、财物，追缴不足部分责令上述两被告人退赔，并按各投资人未收回金额比例发还各投资人。

实际上，盛融在线还存在自融、设立资金池、违规担保等诸多问题。据该公司后台数据，盛融在线董事长刘志军仅用tonyliu一个账号，从2010年11月19日至案发时，就已经发布了72笔借款，累计借入本金1.19亿元，尚有992.46万元未还,成为自家平台最大借款人。而且他拥有的账号远不止这一个,因此,在自家平台上的借款金额还不止这个数字[①]。

对于自融的质疑,刘志军曾在公开信中承认绝大多数资金是借给了关联公司广州联炬科技企业孵化器有限公司(以下简称联炬孵化器),但已经退出了关联公司。不过资料显示,刘志军是盛融在线创始人,亦是联炬孵化器执行董事,直到事发才紧急卸任。

除了自融,违规担保也一直伴随盛融在线。盛融在线初期由志科公司进行自我担保,后来改由刘志军担任过总经理的联炬孵化器(注册资本金为3333万元)担保,为其担保总额超过7亿元。工商资料显示,联炬孵化器不是融资性担保公司,不具备担保资质。

十九、网赢天下

2013年3月,深圳华润通实际控制人钟文钦成立P2P平台网赢天下;7月,在以20%左右的年化收益率吸引众多投资者之后,开始出现偿付危机;8月,该P2P平台宣布无法继续偿还投资者的借款;9月,网赢天下正式宣布停止服务,实际控制人钟文钦出逃。此后,网赢天下涉嫌集资诈骗案于2014年10月在深圳市中级人民法院开庭审理。

网赢天下在短短4个月内便迅速积累了7.9亿元成交金额。案发时,仍有1009位用户的1.67亿元借款未能收回,其中单人金额最高者达1200万元。案发后,数位投资人联合发了一封致"网赢投资人致华润通董事长及网赢天下实际负责人钟文钦总公开信",信中说:其中挪用资金,去向未明,只听说自购物业藏私,弄虚作假图上市。前有套利数亿,后有运营失序,胆大寡信,至有今日。网赢不仁,视网贷投资人为刍狗。公开信后还附有100个被欠款

---

① 按照盛融在线的规定,新用户注册后,系统默认初始借款额度为1500元。首次交易成功后,可以递交提额申请。不过用户在收到额度申请审批意见后,3个月内不能再次申请提额。但是tonyliu的第一笔借款就是3000元,在不到2年的时间里,累计贷款金额已经超过1亿元。可见这个规定对tonyliu形同虚设。

投资人的名字和律师已收件的列表。从投资人所在地来看，并不限于深圳，而是遍布全国各地。

2015年10月10日，此案在深圳市中级人民法院刑事庭开庭判决。判决书显示，法院以证据不足驳回了公诉机关指控的非法集资诈骗罪名，此案以非法吸收公众存款罪论处；主谋钟应钦仍然在逃，另外3位被告伍水军处罚金20万元，判处有期徒刑5年；钟杰处罚金15万元，判处有期徒刑4年6个月；龙兴国处罚金3万元，判处有期徒刑2年。

同时，除经侦未查封的8套房产外，剩下的23套房产中47.61%的资产被判给网赢天下受害投资人。后经测算，投资人有望挽回60%的损失。

二十、众贷网

2013年3月上线的众贷网，隶属于海南众贷投资咨询公司，总部在海口市，定位为中小微企业融资平台和P2P网络金融服务平台。同年4月，即发公告宣布破产。公告称："由于我们整个管理团队经验的缺失，造成了公司运营风险的发生，在开展业务的时候没有把控好风险这一关，如今给各位造成了无法挽回的损失。"

据该公司法人代表卢儒化介绍，破产是因为一个项目，借款人有一套位于海口的220余平方米的房子，需要300万元左右的资金。众贷网结合借款方的所有资产资质综合评估后确定其融资额度是350万元，但由于众贷网刚运行不久，只能先给200万元，分发3个借款标，每个标的50万~60万元。当时有36个人拍了这3个标。到了月底经核实，才发现这套房子同时抵押给了多个人，到众贷网这里已经是第三次抵押了。据他介绍，众贷网上线20多天，吸引了五六十位投资者，但真正投资的只有这36人，投资金额总计240万元。事发后已经归还了226多万元，还差10多万元，公司正在筹款。

众贷网对投资人承诺的月息回报是3.8%，换算成年利率为45.6%。

二十一、东方创投

东方创投是2013年6月成立于深圳的一家P2P平台，前期将投资款借给融资企业，但实际操作后坏账率超过6%，不能按时收回，后将资金转投公司负责人私人地产物业。上线3个月后，资金链断裂，出现兑付困难，投资者屡屡上门讨债。公司负责人于2013年年底向深圳市公安局罗湖分局投案自首。

2014年7月，深圳市罗湖区人民法院以"非法吸收公众存款罪"结案。法院最终认为东方创投法人邓亮是主犯，判处有期徒刑3年，并处罚金30万元；运营总监李泽明是从犯，判处有期徒刑2年，缓刑3年，并处罚金5万元。判决书显示，截至2013年10月31日，该平台吸收投资者资金约1.27亿元，其中已兑付7471.96万元，实际未归还投资人本金5250.32万元。此案成为P2P被判非法吸收公众存款罪的第一案。

该平台注册人数为2900人左右，真实投资人数为1330人，单笔投资为300~280万元。平台按不同借款期限向投资者承诺付月息：1个月期3.1%，2个月期3.5%，3个月期4%，对应的年化收益率分别为37.2%、42%、48%。

二十二、优易网

木某于2010年在南通注册优易公司，于2012年7月以优易公司名义开办优易网，进行网络集资，当年年底即关门"跑路"，被立案侦查。

2015年7月，江苏如皋市人民法院认定木某、黄某构成集资诈骗罪。判决书显示，木某、黄某通过其注册的优易公司及优易网，于2012年8月18日至12月21日期间，在如皋市某亿丰商城内，以从事中介借贷为名，在未取得金融业务许可的前提下，编造优易公司系香港亿丰公司旗下成员，谎称亿丰商城商户需要借款，在优易网上发布虚假的借款标，以高额利率为诱饵，向45名被害人合计非法集资2550万元。在借款人不知情且其无归还能力的情况下，被告人将绝大部分集资款通过某投资公司配资投资期货、炒股，最后共亏损1259万元。

根据案情及相关刑法规定，法院一审以诈骗罪分别判处木某、黄某有期徒刑14年、9年，并责令继续退赔违法所得人民币1517万元，发还相关被害人。此案成为P2P行业第一例以集资诈骗罪定性的案件。

一审宣判后，被告人不服，均提起了上诉。

二十三、里外贷

里外贷于2013年5月在北京正式上线，由北京众旺易达网络科技有限公司（以下简称众旺易达）投资运营。2015年1月，里外贷发布公告称，由于里外贷借款人高琴已被济南警方控制，公司暂停一切业务。1月26日，北京市公安机关正式对里外贷涉嫌非法吸收公共存款案立案调查。

里外贷是公认的高息平台，截至2015年1月21日，里外贷总成交量22.48亿元，待收本息共计9.34亿元；平均借款期限5.56个月，综合收益率39.77%。

在里外贷运营的2年时间里，借款人仅42位，每位借款人笔均借款额31.89万元，笔均借款额最高达200万元，前20位借款人借款总额占比高达99.66%。数据显示，在排名前3位的借款人中有2位借款金额超过了4.5亿元，一位达到了2.5亿元，借款总额超过了11.7亿元。涉案地区遍布全国。从平台数据看，里外贷是当时P2P行业待收金额最高的问题平台。

2017年8月16日，高琴被济南高新技术产业开发区人民法院判处有期徒刑6年，并处罚金20万元[①]。在刑罚执行期间，北京市朝阳区人民检察院发现漏罪，后高琴被解回再审。

---

① 2015年7月16日，济南市公安局高新区分局以犯罪嫌疑人高琴等4人涉嫌非法吸收公众存款罪向检察机关移送审查起诉。经初步查明，2013年12月至2015年1月，高琴等人注册山东上咸投资有限公司，通过在互联网开设上咸BANK网站，套用P2P网络借款形式，非法吸收公众存款2亿余元，根据现有证据，尚有8000余万元本金没有归还。该起非法吸收公众存款案的突出特点是，被吸款人地域分布广，遍布全国30个省（自治区、直辖市），其中山东省的不足20%。

2018年3月19日，北京市朝阳区人民法院查明，北京众旺易达实际控制人高琴利用P2P平台里外贷，以办理借贷高额回报为名，非法吸收多名投资人投资款共计3亿余元。法院判决高琴犯非法吸收公众存款罪，判处有期徒刑6年6个月，罚金30万元；与前罪判处的有期徒刑6年，罚金20万元合并执行，决定执行有期徒刑7年，罚金50万元。同时，责令高琴赔偿已报案投资人的全部经济损失。

二十四、贷帮网

2014年5月，选择P2N模式①的贷帮网宣布涉1280万元标的逾期，投资无法收回；11月，人人聚财宣布涉1296万元标的逾期。让这两家平台承受坏账的是同一家公司——前海融资租赁（天津）有限公司（以下简称前海租赁）。前海租赁是贷帮网的第二个合作对象。从2013年10月开始，贷帮网将前海租赁的批量债权做成优选债项目挂在网站上出售，居中向双方各收取年化1.5%的费用。贷帮网的1280万元坏账出自2013年10月后与前海租赁合作的100多个项目，其中单笔规模从最小的十几万到最大的几十万元。两家平台逾期标的均系该公司总经理袁琳杰私自挪用资金，未将投资款用到约定用途。

两家平台对逾期标的的处理截然不同：人人聚财表示对逾期标的全部进行兜底，并接手投资人所有债权；贷帮网则表示一不兜底，二不"跑路"，坚持走法律途径解决问题，并于事发后前往深圳市公安局经侦支队报案，称前海租赁的债权项目涉嫌合同诈骗，但因袁琳杰挪用资金用途并非挥霍、双方责任划定困难等原因，迟迟未能立案。

由此，贷帮网成为P2P行业第一家试图打破刚性兑付的平台，其不兜底的行为也引发了舆论热议。

---

① 即P2P平台通过与小贷、担保、融资租赁、保理等机构合作，由合作机构提供项目，并在产品到期后回购并提供担保，平台收取居间费用。

二十五、淘金贷、恒金贷

2012年6月3日，淘金贷上线。开业初即推出秒标[①]，吸引了大批投资者，3天内吸金上百万元。6月8日，淘金贷网站突然无法打开，官方QQ群解散、客服无法联系，其在环讯托管的账户资金已经全部被划走。随后，受害人成立了维权QQ群并向警方报案。6月12日，该网站负责人在甘肃落网。

从上线到卷款"跑路"，淘金贷用了5天，这还不是"跑路"速度最快的。

2014年，有上线3天就"跑路"的福翔创投和上线2天就"跑路"的银银贷、龙华贷。银银贷推出的产品最高收益率达22%，被骗投资者有几十人。他们也不是"跑路"速度最快的。

2014年，元一创投上线运营仅1天，平台老板就携投资人的30万元潜逃，全国各地受害者约30人，其中单笔损失最大的约10万元。18点亮贷、盛宇财富、鑫宝鼎投资、德亨在线、荣锦创投等平台的创始人均在上线第二天逃之夭夭。这同样不是"跑路"速度最快的。

2014年6月27日，浙江台州的恒金贷上线，宣称将举行连续3天的优惠活动，发布总金额为20万元的标的，年利率为8.8%，最低投资额为50元，当天下午网站便无法打开，负责人卷款逃跑。开业即"跑路"，可谓前无古人，后无来者了。

二十六、旺旺贷

2014年1月，旺旺贷在深圳上线，自诩"目前中国互联网金融中P2P信贷行业中最大、最安全的平台，为投资理财用户和贷款用户两端提供公平、透明、安全、高效的互联网金融产品"。2014年4月，网站即关闭，负责人涉嫌非法集资携款潜逃，涉及投资者600人、金额2000余万元。

[①] "秒标"是P2P网站为了招揽人气而发放的高收益、超短期限的借款标的。投资者拍下"秒标"后马上就能回款，网络上也聚集了一批专门投资"秒标"的投资人，被称为"秒客"。淘金贷发的50万元"秒标"，每笔投资最高限制3888元，投满后，即返还本金并支付8.88%的利息和0.28%的奖励金。

据公开信息显示，旺旺贷推出的各项理财项目年化利率均在18%~24%，并表示提供本息保障。同时，自称其产品担保公司为深圳纳百川担保有限公司，后查实为虚假消息。

旺旺贷案发后，为其提供流量入口的百度公司迅速报案，发出10万元重金悬赏令，向全社会悬赏寻求破案线索，协助警方追查诈骗分子，并采取了两个行动：一是启动对不良P2P网站的清理行动，二是决定凡是登录百度账户，通过百度搜索进入旺旺贷受害的网民，百度对其所受损失进行全额先行保障。

百度公司之所以先行赔偿，源于百度的一款名为"信誉V"的产品[①]，已经"跑路"的旺旺贷即带有这种"V"形标志。

2014年4月底，百度宣布开始清理不良P2P平台，几天之内，国内2000多家P2P机构被百度下线的超过800家。这是市场自发对不良P2P网贷平台开展的最严厉的一次清理行动。

二十七、宿州易贷

2015年8月，宿州易贷贴出清盘公告。根据这家平台制定的最终清盘方案，委托社会人员对不同投资金额的投资人按照3折、2折、1折的等级进行债权转让。其中，待收1万元（不含）以下，3折收购；待收1万~5万元，2折收购；待收5万元（含）以上，1折收购。根据测算，该平台现有200多万元待收，经过如此债权转让后，全部待收仅用最多50万元就能回收。

公告最后一段竟然说："忠告那些妄想报警的人员，按照此方案，你虽然只是暂时拿到一部分，但以后会拿到完全的本金甚至更多的利息，如果报警，一分钱也不会拿到，孰重孰轻自己考量。"

[①] 即企业向百度公司提交营业执照等文件并支付相应费用，经过百度公司认证后，用户在百度搜索中可以看到相应网站有蓝色"V"形标志。该标志代表百度公司对相应网站注册信息真实性的认可。

效仿此举者大有人在。例如P2P平台和诚德在线和福福金融在其官网发布同一篇清盘公告，表示因"个别用户到第三方发帖"令网站运营情况变得不好，"现在网站也不打算继续运营下去"，该公告同样称"如果报案了，就不能顺利清盘和处理提现"。

清盘看起来比"跑路"易于被投资者接受。但是，分期清盘、债权转股权及打折回购等操作，让人很难判断到底是平台预谋行为，还是对投资人的最后一次收割。而明目张胆地以不能回款作为报案的威胁，实在令人气愤。

二十八、鑫利源

2015年11月23日，山东日照P2P平台鑫利源通过其官网发布一则"跑路公告"，公告没有任何文字，仅为两张空无一人、空空荡荡的办公室照片，暗示平台已"跑路"。

鑫利源全称为山东日照鑫利源投资咨询有限公司，于2015年5月18日试运行，8月3日正式上线。根据全国企业信用信息公司系统的记录，这家公司成立于2014年12月26日，于2015年7月15日被列入经营异常名录。

鑫利源在上线之日曾发布公告："路漫漫其修远兮，吾将上下而求索，鑫利源会用良心去做平台，只跑步，不跑路。"可是仅过了3个月便"跑路"了。

蹊跷的是，2016年2月18日，鑫利源又在其网站发布公告称：本人刘永欣，高调宣布鑫利源正式"跑路"，老子就是来骗钱的，骗了你们又咋地？有本事来抓我呀[①]。

当天，日照市公安部门通过官方微博发布消息表示，经日照市公安局有关部门调查核实，鑫利源已于2015年10月停业，没有发现公司及其法人代表刘永欣的违法犯罪信息。经查，这家公司还欠部分员工3个月的工资。相关情况正在进一步调查中。

[①] 鑫利源表示，公告发布者是该公司已离职员工，由于劳资纠纷做出报复。该公司停业整顿期间，原员工及现员工网站后台权限没有收回。

2016年2月20日，日照市公安局东港分局通报称，东港公安经侦大队2月19日在青岛市黄岛区，将涉嫌合同诈骗罪的犯罪嫌疑人刘某抓获归案。经查，刘某在经营日照鑫利源投资咨询有限公司期间，伪造虚假合同，骗取投资人资金。刘某现已被依法刑事拘留，案件正在进一步侦办中。

引起政府部门关注

题解：从2007年6月第一家P2P平台出现，到2011年8月监管机构发出第一个和行业相关的风险提示通知，P2P用了四年时间引起监管机构的注意。随后，政府各部门负责人在公开场合对处于"三无"阶段的P2P行业的表态逐渐增多，从两个底线到十项原则，政府部门的监管思路已经逐渐细化，但大的方向是鼓励创新，促进行业朝更健康的方向发展。

二十九、第一个关于P2P风险的监管提示

2011年8月，银监会办公厅下发了《人人贷有关风险提示的通知》（以下简称《通知》），这是P2P行业第一个来自监管机构的风险提示通知。

《通知》站在防止民间借贷风险向银行体系蔓延的角度，提及P2P借贷业务主要存在七大风险：一是影响宏观调控效果。在国家对房地产及"两高一剩"行业调控政策趋紧的背景下，民间资金可能通过人人贷中介公司流入限制性行业。二是容易演变为非法金融机构。由于行业门槛低，且无强有力的外部监管，人人贷中介机构有可能突破资金不进账户的底线，演变为吸收存款、发放贷款的非法金融机构，甚至变成非法集资。三是业务风险难以控制。人人贷的网络交易特征，使其面临着巨大的信息科技风险。同时，这类中介公司无法像银行一样登录征信系统了解借款人的资信情况，并进行有效的贷后管理，一旦发生恶意欺诈，或者"洗钱"等违法犯罪活动，将对社会造成危害。四是不实宣传影响银行体系整体声誉。例如一些银行仅为人人贷公司提供开户服务，却被后者当作合作伙伴来宣传。五是监管职责不清，法律性质不明。由于当前国内相关立法尚不完备，对其监管的职责界限不清，人人贷的性质也缺乏明确的法律、法规界定。六是国外实践表明，这一模式信用风险偏高，贷款质量远远劣于普通银行业金融机构。七是人人贷公司开展房地产二次抵押业务同样存在风险隐患。近年来，房地产价格一直呈上涨态势，从而出现房地产价格高于抵押贷款价值的现象，一旦形势发生逆转，就可能对贷方利益造成影响。同时，人人贷中介公司为促成交易、获得中介费用，还可能有意高估房产价格，严重影响抵押权的实现。

《通知》要求银行业金融机构务必采取有效措施，做好风险预警监测与防范工作。首先，建立与人人贷中介公司之间的"防火墙"；其次，加强银行从业人员管理。防止银行从业人员涉足此类信贷服务，牟取不正当利益；最后，加强与工商管理部门的沟通，商请对"贷款超市""融资公司"等不实宣传行为进行严肃查处，切实维护银行合法权益，避免声誉风险。

《通知》中的"人人贷"泛指P2P网贷平台，但据说人人贷公司的知名度因此得到大幅度提高，交易金额大幅增加[①]。

三十、两个底线

2013年8月，人民银行时任某副行长在出席"2013中国互联网大会"时表示，"互联网是不存在线下的。P2P如果做成线下，脱离了平台操作功能之后，也就会演变成资金池，就出现了影子银行"。他提出，P2P有两个底线是不能碰的，或者不能击穿的，一个是非法吸收公共存款，另一个是非法集资。

他同时表示，自己支持大家的发展，欣赏大家的发展，配合大家发展的同时，不希望有的同志触犯法律，更多地支持大家在不违法的底线下寻找空间，这是法律风险。还有信用和操作风险。P2P平台内部已经出现了道德问题，所以有必要提醒大家，注意操作和信用风险。

三十一、两条红线

人民银行时任副行长吴晓灵在"2013中国金融创新论坛"上表示，P2P

---

① 陈文，王飞.网络借贷与中小企业融资[M].北京：经济管理出版社，2014.

和众筹解决了小额投融资的问题，但是一定要注意保护社会公众的利益，平台要做好信用评估和信息公开的服务。要做到这一点，一定要坚持小额、少数人，这个是为了避免引起社会问题。即使这个公司做得很大，客户成千上万，但是一笔业务必须是小额的和单个的。

吴晓灵说，P2P要注意金额和人数的限制。最高人民法院的解释是，如果一个人融资一笔款面对的人数超过30人，或者向多个人融资的一笔款超过20万元，那么就会触犯非法集资的上限。监管当局和国家不希望大金额和人数多引起社会动荡，所以这是两条红线，做P2P的一定要注意。互联网解决的不是大额的融资问题，而是小额的投资和融资问题，这个市场定位大家一定要清楚。

吴晓灵提出，对于现在的P2P和众筹这样的小额、涉及人数少的单笔业务，实际上应该用私人的秩序、行业自律来管理，如果出了问题，通过司法方式来解决对于社会的效用会更好一些。关键是要卡住20万元和30人这个上限。

此前，她曾在"中国发展高层论坛2014"年会上提出，P2P与众筹都是直接联通投融资双方的网络金融业务。其核心是融资平台能解决投融资双方信息不对称的问题，让投融资双方自主决策。因而征信能力、信用评估能力决定了融资平台的成败。中国没有成熟的个人信用评估系统，也没有成熟的小微企业信用评估系统，因而融资平台想把业务做大、覆盖经营成本是非常困难的，有长远发展的平台都在做这方面的努力。但那些急于求成的平台，为追逐利润需要在短时间内把业务做大，于是会偏离直接融资的信息平台的定位。用高额回报吸引客户，做起资金池业务，或将债务份额化转让，非法从事了须要金融牌照才能做的业务，触犯了"变相吸收存款"和"变相发行证券"的红线。

三十二、P2P行业催收第一案

2013年7月，李某某通过点融网与80多人达成了借款协议。双方约定以

21.99%的年利率、等额本息的方式还款，这80多人共借给李某某50万元。但仅支付了2个月的本息后，李某某就开始拒绝继续还款。点融网的催收团队在持续催收无效之后，将其告上法庭。

2014年9月，上海市黄浦区人民法院判决，被告除需全部偿还所拖欠的借款本金424045.81元，还需支付从2013年9月9日起计的、年利率21.99%的利息和日万分之五计的罚息。此外，被告还要向点融网支付违约金84809.16元，以及律师费用和其他全部诉讼费用。被告的担保人和担保公司负连带清偿责任。

此案例成为P2P行业催收第一案。此前，P2P平台一般只能通过电话或上门催收，以及公布黑名单的方式，来震慑逾期借款人，但效果一般。此案例还引发了业内关于P2P平台有无权利起诉借款人的争论。

三十三、四个要点

2014年3月25日，最高人民法院、最高人民检察院、公安部印发《关于办理非法集资刑事案件适用法律若干问题的意见》（以下简称《意见》）。《意见》在2010年《最高人民检察院、公安部关于公安机关管辖的刑事案件立案追诉标准的规定（二）》和《最高人民法院关于审理非法集资刑事案件具体应用法律若干问题的解释》规定的基础上，对非法集资的行政认定、"社会公众"及"公开宣传"的认定、共同犯罪的处理、涉案财物的追缴等问题做了明确的规定。

2014年4月21日，在国务院处置非法集资部际联席会议新闻发布会上，银监会处置非法集资部际联席会议时任办公室主任刘张君指出，P2P网络借贷平台作为一种新兴金融业态，在鼓励其创新发展的同时，有四个要点需明确：明确平台的中介性质、明确平台本身不得提供担保、明确不得将归集资金搞资金池、明确不得非法吸收公众资金。

三十四、五条导向

2014年8月2日，银监会创新部时任副主任杨晓军在"2014中国互联网金融发展圆桌会议"上表示，对互联网金融，监管原则总体是鼓励创新，P2P监管的主要导向是底线思维，并提出了P2P监管的五条导向。

一是必须明确P2P机构信息中介的定位。P2P机构是为出借人和借款人提供信息服务的机构，自身不承担信用转换、期限转换、流动性转换的职能，P2P公司应当"不碰钱"。

二是P2P机构应与客户资金严格隔离，实行独立第三方托管。

三是P2P机构要具备一定的从业门槛。

四是要求P2P机构进行充分的信息披露和风险提示。

五是鼓励P2P行业自律的规范，及时推广行业最佳实践。

三十五、六个原则

2014年8月22日，银监会业务创新监管协作部时任副主任李志磊在"2014年中国资产管理年会"上表示，P2P业务的发展，是互联网金融的一个重要组成部分，要遵循自己的业务发展原则，并提出了六个原则。

一是P2P机构是一个网上的信息中介平台，绝不是一个信用中介平台。

二是P2P公司的设立，要有一定的资金门槛，必须是实缴资本，而不是注册资本或者没有到位的资金。

三是作为P2P机构，不能经手出借人和借款人的钱，必须是纯粹的独立的中介，资金应该交给银行托管。

四是对于出借人、借款人双方应当有一定资金额度的明确的限制和一定的规模。

五是P2P机构要特别强调对于专业人才的要求，特别是对有金融工作经历背景的、互联网工作背景的专业人才的要求。

六是坚决打击假冒P2P机构。

三十六、十项原则

2014年9月27日，银监会创新监管部时任主任王岩岫在"2014互联网金融创新与发展论坛"上对P2P行业监管提出十项原则。

一是P2P监管要遵循P2P业务本质。所谓业务的本质就是项目要一一对应，P2P机构不能持有投资者的资金，不能建立资金池，中国的P2P不是经营资金的金融机构。

二是要落实实名制原则，投资人与融资人都要实名登记，资金流向要清楚，避免"洗钱"。

三是要明确P2P机构不是信用中介，也不是交易平台，而是信息中介，是为双方小额借贷提供信息服务的机构，应当明确界定其业务边界，与其他法定特许金融服务进行区别。

四是P2P应该具备一定的行业门槛，对从业机构应有一定的注册资本的要求，对于高管人员的专业背景和从业年限、组织架构也应有一定的要求，同时对风险控制、IT设备、资金托管等方面也应该有一定的资质要求。

五是投资人的资金应进行第三方托管，不能以存款代替托管，同时尽可能引进正规的审计机制。

六是P2P机构不得以自身为投资人提供担保，不得为借款本金或者收益做出承诺，不承担系统风险和流动性风险，不得从事贷款和受托投资业务，不得自保自融。

七是P2P机构应走可持续发展道路，不要盲目追求高利率的融资项目。

八是P2P行业应该充分进行信息披露、充分提高信息披露的程度、揭示风险。

九是P2P机构应该推进行业规则的制定和落实，加强行业自律的作用。

十是P2P机构必须坚持小额化、支持个人和小微企业的发展、项目一一对应的原则。

e租宝"爆雷"与宜人贷上市

题解： 泛亚和e租宝很难被定义为P2P平台，但又确实与P2P业务脱不了干系。大规模的社会群体恶性事件接连发生，给P2P及互联网金融行业带来巨大负面影响和信任危机。宜人贷登陆纽约证券交易所（以下简称纽交所），成为国内P2P平台独立上市第一股，是当时少有的提振行业信心和形象的正面典型。有的上市了，也有的进监狱了，我国的P2P行业就在这种割裂状态下结束了"三无"阶段，迎来了政府监管。

三十七、泛亚

2015年7月，泛融网的日金宝出现兑付危机，涉及全国20多个省（自治区、直辖市）的22万投资者的400多亿元资金。9月21日，数以千计的投资人聚集在北京金融街证监会门口讨要说法，形成社会群体恶性事件。这场恶性事件的背后，是号称世界最大的稀有金属交易所的昆明泛亚有色金属交易所（以下称泛亚），日金宝即是泛亚旗下的P2P产品。

2011年4月21日，泛亚在昆明成立[①]。2015年初，泛亚在深圳前海的P2P公司泛融网（全称为泛融互联网金融服务股份有限公司）上线，推出日金宝，面向全国募资。泛亚声称有很多稀有金属买家，需要向投资者借款完成稀有金属交易。投资者可获得13.68%的年化收益，且能够随时提现，同时，买家还会支付20%的押金作为担保。后被证实多为虚假交易。而就此引发的风险，则远远超出当地政府的处理范围。

2019年3月22日，云南省昆明市中级人民法院公开开庭，以非法吸收公众存款罪，对泛亚判处罚金10亿元，对云南天浩稀贵金属股份有限公司等3家被告单位分别判处罚金5亿元、5000万元和500万元；对被告人单九良（泛亚董事长）以非法吸收公众存款罪、职务侵占罪判处有期徒刑18年，并

[①] 泛亚的成立得到当地政府支持，昆明市政府在2010年颁布了《昆明泛亚有色金属交易所交易市场监督管理暂行办法》。

处没收个人财产 5000 万元，罚金 50 万元；对郭枫、张鹏、王飚、杨国红等 20 名被告人分别依法追究相应的刑事责任。

三十八、e 租宝

e 租宝全称为金易融（北京）网络科技有限公司，是安徽钰诚集团全资子公司，2014 年 7 月在北京成立。平台主打 A2P[①] 模式，6 款产品预期年化收益率在 9.0%~14.2% 之间，期限分为 3 个月、6 个月和 12 个月，赎回方式分 T+2 和 T+10 两种。

凭着烧钱营销和央视的广告，e 租宝迅速提高了知名度，获得了海量用户资金。仅 1 年左右，e 租宝就拥有了 90 多万投资人，平台成交总量超过 730 亿元，一举进入行业前五。

2015 年的 12 月 3 日，e 租宝深圳分公司被经侦突击调查，40 余人被警方带走。随后，e 租宝位于广东东莞、佛山、安徽、上海等地的多处办公地点接连被警方查封，负责人相继被捕。2015 年 12 月 16 日，e 租宝涉嫌犯罪，被立案侦查。2016 年 1 月，警方调查发现，e 租宝通过虚构融资项目，设立资金池，采用借新还旧、自我担保等方式构建庞氏骗局，非法集资 500 多亿元。

2018 年 2 月 7 日，北京市第一中级人民法院对被告单位安徽钰诚控股集团、钰诚国际控股集团有限公司和被告人丁宁、丁甸、张敏等 26 人犯集资诈骗罪、非法吸收公众存款罪、走私贵重金属罪、偷越国境罪、非法持有枪支罪一案立案执行。2019 年 7 月 2 日至 2019 年 8 月 30 日，对 e 租宝平台集资的全国受损集资参与人进行信息核实登记。

据北京市第一中级人民法院公告，e 租宝大部分集资款被用于返还集资本息、收购线下销售公司等平台运营支出，或用于违法犯罪活动，造成大部分集资款损失。e 租宝受害投资人遍布全国 31 个省（自治区、直辖市），涉案金

---

① A 指 ASSET，即资产。A2P，指资产对个人，即通过融资租赁债权转让实现资产与资金供给人的对接。

额巨大，造成的社会影响极其恶劣。

三十九、大大集团

大大集团是申彤集团旗下公司，申彤集团于2013年7月在上海浦东新区注册，法人代表及实际控制人均为马申科。

申彤集团此前的官网显示，截至2015年10月，大大集团已在全国开设23家省公司，4家直辖市公司，229家市公司，374家分公司，717家支公司；其线上产品大大宝被视为申彤集团"最赚钱的产品"。

从2015年11月起，各地大大集团子公司强制员工购买大大宝上的理财产品，期限为1年的有限合伙基金，预期年化收益率为9%，不买则被暴力裁员。因售卖的私募产品没有依法备案，大大集团因此东窗事发。12月15日，大大集团被警方立案调查。

2018年8月31日，上海市第一中级人民法院公开宣判上海申彤集团、大大集团及被告人马申科、单坤等12人集资诈骗、非法吸收公众存款案。判决显示，申彤集团、大大集团于2013年10月至2015年12月间，使用大大宝线上理财软件，或通过发布自用项目、虚假项目、盈利能力无法保障的项目，设立有限合伙企业招揽投资合伙人，销售各类包装而成的理财产品，并将募集资金交由申彤集团统一支配使用。144亿余元集资款中，大部分被用于返还集资本息、经营费用支出及员工薪酬支出，或用于个人挥霍。截至案发，造成6万余名被害人损失64.6亿余元。截至目前，相关银行账户、支付宝账户、房产、汽车、手表及股权等财产已被查封、扣押、冻结。现在追赃挽损工作仍在进行中，追缴到案的资产将移送执行机关，最终按比例发还被害人。

法院依法判决，对申彤集团、大大集团分别以集资诈骗罪判处罚金3亿元、1亿元；对马申科以集资诈骗罪判处无期徒刑，剥夺政治权利终身，并处罚金人2000万元；对单坤以集资诈骗罪判处有期徒刑12年，剥夺政治权利2年，并处罚金100万元。同时，分别以集资诈骗罪、非法吸收公众存款罪对陈尚坤等 10 人判处有期徒刑 11 年至 3 年不等刑罚，并处剥夺政治权利及罚金。

四十、央视广告

登央视，砸广告，一度成为 P2P 平台常用的营销手段。但登上央视砸完广告后出事的平台也不少，给央视和社会都带来极大的负面影响。

泛亚曾是央视的常客。单九良等高管曾被央视采访；泛亚日金宝曾被央视财经频道《财富好计划》《经济半小时》等报道；而从 2013 年 3 月 19 日起，泛亚现货商品价格登陆央视财经频道《第一时间》《交易时间》《环球财经连线》等多个栏目。

自 2014 年 9 月 1 日起，信和财富在央视一套天气预报播报中插播"信和财富说话算数"的宣传广告，后又陆续登陆江苏卫视、浙江卫视、东方卫视等地方卫视频道进行宣传推广。2015 年 7 月 24 日，大连市政府通过其网站发布了《涉嫌非法集资广告的通告》，包括信和财富在内的多家涉嫌非法集资的 P2P 平台被通报。

自 2015 年 1 月 1 日起，银谷财富的形象宣传片在央视《新闻联播》《朝闻天下》《第一精选剧场》《情感剧场》《精品节目》等数个栏目播放。2015 年 11 月 6 日，银谷财富辽宁营口鲅鱼圈分公司大门被当地公安局贴上封条，封条内容为"责令整改，停业整顿"。

2015 年 4 月，e 租宝登上央视《新闻联播》前的黄金广告时段，并曾在央视证券资讯频道《投资理财》栏目出现。

e 租宝"爆雷"还伤及央视新标王。2015 年 11 月 18 日，得到联想投资的翼龙贷以 3.6951 亿元夺得 2016 年央视黄金资源广告招标大会标王，在央视一套、二套、十三套等黄金位置及《新闻联播》后黄金时段为其品牌业务推广造势，后受 e 租宝"爆雷"影响停播。

四十一、P2P 第一股

2015 年 12 月 17 日 22 时，美国纽交所换上新装，大楼墙壁挂上了印有宜人贷 Logo 的巨型条幅。12 月 18 日，宜人贷一众高管在纽交所敲钟成功，宜人贷成为国内 P2P 平台独立上市第一股。其董事局主席、创始人唐宁称之为"中国互联网金融第一股"。

根据招股说明书，宜人贷收入主要来源为平台收取的来自借款端的交易费和来自投资端的服务费，其中来自借款端的交易费占大部分。2013 年亏损 834 万美元，2014 年亏损 450 万美元，2015 年上半年盈利 1700 万美元。截至 2015 年 9 月，平台累计注册用户超过 600 万。

招股说明书显示，宜人贷以每股 10 美元的发行价挂牌交易，发行 750 万股美国存托股票，募资总额为 7500 万美元，用于产品开发，销售及营销活动，技术基础设施升级，资本性支出，集团基础设施、综合行政升级，收购或投资，以作为自身的业务补充。

2014 年 12 月，Lending Club 在纽交所上市，成为全球第一个上市 P2P 平台。相比 Lending Club 的股价在首发日飙升 50% 以上，宜人贷以 10 美元股价开盘后即暴跌超过 10%，最低跌至 8.35 美元，收盘价为 9.1 美元，跌幅达 9%，按收盘价计算市值为 5.32 亿美元。

宜人贷的上市可谓一波三折。2015 年 3 月和 7 月，其两次向纳斯达克递交申请均铩羽而归，11 月改投纽交所，终于成功 IPO。

宜人贷上市成功，也可以从一个侧面看作国内 P2P 平台走出国门，得到世界资本市场的认可。P2P 平台走出国门此前还有两例影响较大：① 2014 年 12 月 24 日，小牛在线母公司小牛资本管理集团与美国职业篮球协会（NBA）在美国达拉斯签署战略合作协议；② 2014 年 12 月 25 日，金信网广告登陆纽约时代广场纳斯达克和路透社巨幅户外电子屏。

下卷：监管阶段

监管阶段分为前后两个时期。前期以《关于促进互联网金融健康发展的指导意见》发布及"1+3"[①]制度框架搭建完成为标志，后期以《关于做好网贷机构分类处置和风险防范工作的意见》发布及银保监会宣布全行业清零为标志，时间分界点为2019年1月。

我国P2P行业在监管阶段最大的特点是，一边监管、一边"爆雷"，头部平台天雷滚滚，行业信誉彻底破产，使得监管部门和公众彻底丧失信心，最终导致全行业百分之百死亡，整个社会为此付出了巨大的成本和惨痛的代价。

前期

题解： "1+3"制度框架基本搭建完成，从监管层面确立了包括P2P在内的网贷行业的监管体制与业务规则，初步形成了较为完善的制度政策体系。"鼓励创新、防范风险、趋利避害、健康发展"是这个时期监管部门的主基调，但层出不穷的"爆雷"事件慢慢使人们意识到，病在企业、更在行业，行业发展面临的不确定因素逐渐增多。

四十二、互联网金融基本法

2015年7月18日，中国人民银行、工业和信息化部（以下简称工信部）、公安部、财政部、国家工商总局、国务院法制办、中国银行业监督管理委员会、中国证券监督管理委员会、中国保险监督管理委员会、国家互联网信息办公室联合发布《关于促进互联网金融健康发展的指导意见》（以下简称《指导意见》），这是互联网金融的纲领性文件，被业内称为互联网金融基本法。

《指导意见》根据党中央、国务院部署，按照"鼓励创新、防范风险、趋利避害、健康发展"的总体要求，和"依法监管、适度监管、分类监管、协

---

① 指一个办法，备案、存管、信息披露三个指引。

同监管、创新监管"的原则，首次对互联网金融的主要业态从行政服务、税收、法律等层面予以制度性规范和支持，明确有关监管部门的监管职责，并在互联网行业管理，客户资金第三方存管制度，信息披露、风险提示和合格投资者制度，消费者权益保护，网络与信息安全，"反洗钱"和防范金融犯罪，加强互联网金融行业自律及监管协调与数据统计监测等方面提出了具体要求，设定了操作底线和业务边界。

《指导意见》指出，个体网络借贷机构要明确信息中介性质，主要为借贷双方的直接借贷提供信息服务，不得提供增信服务，不得非法集资。

按照监管职责划分，银监会负责包括个体网络借贷和网络小额贷款在内的网络借贷及互联网信托和互联网消费金融的监督管理。P2P 行业即属于个体网络借贷范畴。

2015年11月3日，《中共中央关于制定国民经济和社会发展第十三个五年规划的建议》发布，其中提到"坚持创新发展，着力提高发展质量和效益，规范发展互联网金融"。这是互联网金融首次被纳入国家五年规划。

2015年11月30日，互联网金融被纳入央行统计体系。

四十三、互联网金融发展高地

2015年9月13日，杭州市互联网金融协会成立。杭州市金融工作办公室负责人表示，杭州互联网金融发展迅速，创业气氛浓厚，总体水平居全国前列，形成了"一超多强，遍地开花"的大好局面。"一超"就是蚂蚁金服，"多强"包括挖财、微贷网、鑫合汇、盈盈理财等，代表了互联网金融细分领域的融合发展。杭州有各类互联网金融企业近200多家，要打造国内互联网金融发展高地。

四十四、借贷宝

2015年6月，借贷宝 App 在北京正式上线，主打熟人借贷模式。在此之前，国内已出现类似平台，如当年1月上线的熟信和4月上线的借点儿。

"烧钱"和"地推"是借贷宝的主要营销手段。根据其官网发布的活动规则,"如果甲成功邀请了100位新用户,可获得2000元。这100位新用户每个人再分别邀请100位用户,甲即能获得10万元"。一时间,邀请好友注册借贷宝的信息在熟人圈中广泛传播。

其"地推"手段则曾被质疑为类传销,例如新注册一个用户,大代理得55元,二级代理得50元,小"地推"得40元,层层分成。其"地推"团队一度成为街边一景,甚至深入到农村。

自风控据称是其风控模式核心。据平台相关负责人解释,无论借款还是投资,都基于平台上的好友关系发生,要自行判断借款人的信用风险,并决定是否出借,而借贷宝不为其提供担保,也不承担借贷项目的违约责任。

2015年年底,媒体曝光了借贷宝下线赚利差功能[①],而这一功能曾被认为是推动其交易额迅速上升的主要原因之一。

2016年,上线运营仅一年,借贷宝平台注册用户已达1.28亿,累计交易额800亿元,成长速度惊人。

四十五、惠卡世纪

2013年4月8日,惠卡世纪在深圳成立。

2016年2月,惠卡世纪官网上挂出一篇名为《恳请党和国家接收惠卡世纪投靠和庇护:让惠卡世纪变为国家控股企业,让我们为国家更高效的效忠奋斗》的长文,称恳请党和国家、政府不需投资一分钱接收惠卡世纪65%的股份,让惠卡世纪变为国家控股企业。

惠卡世纪主要负责人还在文中立下军令状,表示"惠卡世纪变为国企之后,在2023年12月31日前为祖国将惠卡打造成为营销及服务网络机构遍及

---

① 即"低息找人借钱,再高息借给别人"。用户通过借贷宝内朋友圈提供的消息,先通过低于借款人利息的借贷借入所需资金,再将该笔资金以更高利率借出,通过其中利息的差额赚取收益。

全球80%以上国家各大城市的世界100强科技及服务企业，全球最大的消费购物平台"。

2016年2月下旬，广东省公安机关根据监测发现，惠卡世纪集团P2P网贷平台出现限制提现问题并在互联网上被质疑涉嫌非法集资犯罪，主要犯罪嫌疑人存在潜逃境外的可能等异常问题。

2016年4月，广东省警方公布了四起涉嫌集资诈骗的典型案例，其中一例就是惠卡世纪的案件。根据公布的内容，惠卡世纪的主要负责人何某某已经被抓获，刑事拘留主要犯罪嫌疑人19名。

经查，惠卡世纪设立P2P平台惠卡贷，以高额回报为噱头，发布脱贫宝、农村宝等网贷理财产品，承诺年化收益率8.8%~14.6%，保本付息，向社会不特定对象吸收资金，设立资金池，是典型的非法集资犯罪行为，初步查明涉案金额约3亿多元，涉及广东、北京、上海、江苏等10多个省（自治区、直辖市）的3万多名投资人。

四十六、P2P第一县

2016年10月25日，湖南攸县政府出台文件，决定设立互联网金融创新中心，并出台一系列政策吸引网络借贷企业入驻。同年12月29日，攸县时任县委书记谭润洪在攸州互联网金融创新中心成立大会上表示，攸县将转型目光投向互联网金融行业，目标就是要打造互联网金融发展的区域巨头、全国样板。

之后一年，攸县用"对入驻企业全面提供配套办公用房，三年内免费""全程为入驻企业代办注册登记、金融监管部门备案等相关手续"等优惠政策，高峰时一度引进71家P2P企业落户，被媒体称为"P2P第一县"。

后因证照不齐、没法开展业务等原因，大多数P2P平台在2017年后陆续注销，剩下的20家平台均因业务不符合相关规定，在2019年10月被全部予以取缔。

四十七、"1+3"制度框架

2015年12月28日,银监会会同工信部、公安部、国家互联网信息办公室等部门研究起草了《网络借贷信息中介机构业务活动管理暂行办法(征求意见稿)》,并向社会公开征求意见。

2016年8月24日,《网络借贷信息中介机构业务活动暂行管理办法》正式发布,明确了自融、资金池、拆标、资产证券化等13条监管红线,明确和强化了"小额分散"的原则,明确了P2P信息中介的定位,要求平台方拥有3张牌照:地方金融监管部门的备案登记证、增值电信业务经营许可证及含有网络借贷信息中介经营范围的营业执照。

2016年11月28日,银监会、工信部、工商总局联合发布《网络借贷信息中介机构备案登记管理指引》,规定了新设机构备案登记申请,已存续机构备案登记管理特别规定、备案登记后管理等内容。

2017年2月23日,银监会发布《网络借贷资金存管业务指引》,对网贷资金存管从业务定义、操作流程、责任划分、办理条件、业务规范等方面进行了详细规定。

2017年8月25日,银监会发布《网络借贷信息中介机构业务活动信息披露指引》,对P2P网贷披露的内容做出详细规定。

至此,网贷行业"1+3"制度框架基本搭建完成。"1+3"制度框架贯彻了《指导意见》精神,是《指导意见》原则的细化和具体体现。"1+3"制度框架从监管层面确立了网贷行业监管体制及业务规则,初步形成了较为完善的制度政策体系。

四十八、资金存管

最先在P2P平台资金流转环节嗅到商机的是第三方支付公司。2013年年初,汇付天下上线了国内第一个第三方P2P托管账户体系,该体系打通了P2P平台和汇付天下自身的账户体系及身份验证体系,试图帮助P2P平台实现自有资金与客户资金的账户隔离，避免平台挤占、挪用投资者的资金。此举受到市场欢迎，资金托管成为投资者选择平台的重要依据。在数年间，汇付天下和易宝支付的P2P平台接入量均超过了千家。

2015年7月，《指导意见》基于行业可持续发展的角度，提出了P2P平台应当选择符合条件的银行业金融机构作为资金存管机构，商业银行开始进入资金存管市场，并衍生出直连（银行和P2P平台直接对接）和联合存管（由银行开设平台存管账户，同时开放结算通道接口给第三方支付）两种模式，联合存管模式一度占据市场主流。

2016年8月，《网络借贷信息中介机构业务活动管理暂行办法》发布，明确要求P2P平台选择符合条件的银行业金融机构作为出借人与借款人的资金存管机构，联合存管模式终结，银行直连成为P2P平台合规经营的标配。

2017年6月1日，上海市金融服务办公室发布《上海市网络借贷信息中介机构业务管理实施办法（征求意见稿）》，首次提出"网贷资金存管银行属地化"的要求。2017年7月3日，深圳市金融服务办公室发布相关文件，亦要求P2P网贷银行存管属地化。此前北京市金融监管部门表示，北京的网络借贷机构（以下简称网贷机构）原则上优先选择北京本地银行或在北京设有分支机构的银行进行资金存管。存管银行属地化管理成为各地监管机构的共识。

四十九、备案登记

备案登记是P2P平台依法合规经营的重要内容。

2016年11月28日，《网络借贷信息中介机构备案登记管理指引》公布，对备案登记工作给出了具体操作说明，提出备案登记将是新平台申请银行存管及增值电信业务许可的前置条件。这可以视为P2P平台备案登记工作的正式开始。

按照此前《网络借贷信息中介机构业务活动管理暂行办法》规定的给予网贷行业12个月的过渡期，实际上是将2017年8月24日定为最初的备案时限。但在实际工作中备案延期。

2017年12月，P2P网络借贷风险专项整治工作领导小组办公室（以下简称网贷整治办）下发《关于做好P2P网络借贷风险专项整治整改验收工作的通知》，指出各地要在2018年4月底之前，完成辖内主要P2P机构的备案登记工作，要在2018年6月底之前全部完成，备案不通过的P2P平台将被取缔或清退。

2018年6月，有关方面在公开发言中表示，行业累积的存量风险巨大，备案工作年内难以完成。备案再次延期。

2018年8月发布的《关于开展P2P网络借贷机构合规检查工作的通知》及《P2P网络借贷会员机构自查自纠问题清单》，将合规检查分成三个步骤：机构自查、自律检查、行政核查。按规划进度，三轮检查应于2018年12月底前完成。同时提出，经过一段时间运行检验后，条件成熟的机构可按要求申请备案。

2019年7月6日，在互联网金融风险专项整治工作领导小组办公室（以下简称互金整治办）和网贷整治办召开的座谈会上，提到"第四季度将整改基本合格机构纳入监管试点"。此后，官方文件中再未出现"备案"两个字。

五十、互联网资管

2018年4月，互金整治办下发《关于加大通过互联网开展资产管理业务整治力度及开展验收工作的通知》（以下简称《通知》），明确互联网资管业务属于特许经营业务，未取得金融牌照不得从事互联网资管业务。自此，P2P平台定向委托投融资、收益权转让等常见业务模式被明令禁止。

此前，国家四部委出台的《暂行办法》已提出P2P平台不得自行发售理财等金融产品募集资金、不得开展类资产证券化业务等。为规避监管，积木盒子、人人贷、陆金所、凤凰金融、玖富等平台均对网贷业务进行了分拆，将P2P业务独立运营，在类资管业务方面则抱有侥幸心理。但《通知》指出，对于网贷机构将互联网资产管理业务剥离、分立不同实体的，应当将分离后的实体视为原网贷机构的组成部分，一并进行验收。实际上是叫停了通过分拆保全互联网资管的操作。

《通知》明确提出，未经许可，依托互联网发行销售资产管理产品的行为，必须立即停止，存量业务应当最迟于2018年6月底前压缩至零。而对于未按要求化解存量的机构，应明确为从事非法金融活动，纳入取缔类进行处置。

五十一、校园贷

从2005年开始，多家商业银行在高校用"地推""扫楼"等方式推广银行信用卡，透支消费观念诱使大学生大量办卡，有人最多办了近10张不同银行的信用卡。对个人信用额度的滥用，致使随后几年大学生信用卡市场变得混乱不堪。

对此，2009年6月，银监会发布《关于进一步规范信用卡业务的通知》，明确要求银行业金融机构应遵循审慎原则向学生发放信用卡，向学生发放信用卡必须满足两点要求：一是满18周岁；二是第二还款来源方书面同意承担相应还款责任。这是大学生信贷消费市场的第一次启动，也可以说是校园贷的前身。

大学生信贷消费市场的第二次启动在2014年，校园贷粉墨登场。其推动主力变成了大大小小的P2P平台，在初期影响较大的是爱学贷、分期乐与趣分期三家创业公司。

这三家都采用以大学生为主要群体的分期购物模式，现在已经很难说清楚谁是此模式的首创了。三家平台仍沿用商业银行的"地推""扫楼"、招聘校园代理等传统线下营销手段。在风投资本的助推下，后两家抢到了大部分市场份额，爱学贷逐渐被边缘化。

但校园贷很快就走上了歧路。"裸条""砍头息"、高利贷、暴力催收、学生自杀等恶性事件频发，社会影响恶劣。

2016年4月，教育部与银监会联合发布《关于加强校园不良网络借贷风险防范和教育引导工作的通知》，开始整顿校园贷。2017年5月，教育部会同银监会、人力资源和社会保障部（以下简称人社部）共同下发《关于进一步加强校园贷规范管理工作的通知》，在鼓励商业银行和政策性银行为大学生提供金融服务的同时，要求网贷机构一律暂停开展在校大学生网贷业务。2017年9月6日，教育部举行新闻发布会，明确提出"取缔校园贷款业务，任何网络贷款机构都不允许向在校大学生发放贷款"。

整顿为期一年，校园贷被叫停。借开展此类业务完成原始积累的P2P平台，则转向了另一个后来被千夫所指的业务：现金贷。

但校园贷余毒未尽，在高校时有死灰复燃迹象。因此，2021年3月，北京银保监局在其官网提示广大学生远离不良校园贷，并总结出校园贷的七步套路。本书摘录如下：

第一步：设计圈套。设计手机贷、整容贷、培训贷、求职贷、创业贷等五花八门的产品，引诱涉世未深的在校学生过度消费。

第二步：抛出低利息、低门槛诱饵。

第三步：签订虚假合同。签订金额虚高的贷款合同或者阴阳合同，有的还会额外要求打欠条等。

第四步：制造银行流水。通常把贷款金额转入学生的银行卡，但会派人陪同学生去银行全部取出，再要求学生退一部分金额，表面形成了银行流水与借款合同一致的证据。

第五步：单方面制造违约，以收取高额违约金。

第六步：借新款还旧款。一旦学生无法偿还贷款和利息，就介绍学生去其他公司贷款来偿还此前的贷款。

第七步：恶意追债，即通过暴力催收、骚扰父母及亲友等各种手段追债。

五十二、现金贷

现金贷一般是指借款金额小（500~10000元）、借款周期短（30天内）的个人信用现金贷款，具有无场景依托、无指定用途、无客户群体限定、无抵押的"四无"特征。其本质是民间高利贷的互联网化。

2016年，被踢出高校的现金贷（校园贷可以算是高校里的现金贷）突然成为风口，在线上、线下同步肆意蔓延。其运营主体包括小贷公司、消费金融公司、P2P平台等，并迅速成为各类运营主体扭亏为盈和获取利润的主要来源。

自诩为"中国最大的在线小额现金贷款平台"的趣店（趣分期）公布的财务数据显示，2014年和2015年，均处于净亏损状态，2016年扭亏为盈，到2017年上半年，其净利润较2016年同期暴增698%，其中主要从事现金贷业务的来分期贡献了15.27亿元的营收，占总收入的83.3%。与此类似的还有拍拍贷、宜人贷、信而富等P2P平台。

畸高的利率、天价逾期费和暴力催收是现金贷牟取暴利的主因。高利率覆盖高风险，成为其堂而皇之的理由，其年化利率普遍在400%~600%，有些平台甚至推出过年化1000%以上的贷款产品。同时，行业内各种巧立名目的天价逾期费和带有涉黑性质的暴力催收，导致恶性事件频发，使现金贷成为继校园贷后又一个影响社会稳定的罪魁祸首。

2017年4月7日，《中国银监会关于银行业风险防控工作的指导意见》首次提出清理整顿现金贷；4月14日，银监会印发《关于开展"现金贷"业务活动清理整顿工作的通知》，在全国各省市开展现金贷业务清理整顿工作。4月15日，网贷整治办发布《关于开展"现金贷"业务活动清理整顿工作的通知》和《关于开展"现金贷"业务活动清理整顿工作的补充说明》，通知中附有整治名单，涉及429个App、72个微信公众号和117个网站。

2017年12月1日，互金整治办与网贷整治办联合下发《关于规范整顿

"现金贷"业务的通知》，对国内现金贷业务提出了较为详尽的监管要点，明确提出一切放贷业务要持牌经营，正式叫停P2P平台经营现金贷，在政策上终止了这种依靠高利息填补高坏账、创造高利润的畸形业务模式。

五十三、暴力催收

就像狼离不开狈一样，现金贷也离不开暴力催收。2017年1月19日，甘肃定西警方抓获一名"裸条"放贷者（以下简称"裸贷"），并以敲诈勒索罪对犯罪嫌疑人杨某进行刑事拘留。这是全国首例"裸贷"放贷人被刑拘。而"裸贷"不过是暴力催收这座冰山的一角而已。

以故意伤害、非法拘禁、侮辱、恐吓、威胁、骚扰、群发隐私、轰炸通讯录等非法手段暴力催收的行为，伴随着大学生自杀、卖房还债等，一次又一次的极端事件被媒体曝光，刺激着人们的神经，引起社会公愤。

暴力催收几乎是现金贷的核心风控手段。与之相比，一些现金贷平台重金打造的所谓大数据风控、线上风控模型等不过是个噱头而已。有些现金贷平台不直接进行暴力催收，而是雇用或者将债务卖给暴力催收团伙，但作为恶的源头，其已经成为恶的链条中的重要一环。

2018年1月，中共中央、国务院发出《关于开展扫黑除恶专项斗争的通知》，将暴力催收列入"扫黑除恶"专项斗争的打击范围。

2021年2月26日，《最高人民法院、最高人民检察院关于执行〈中华人民共和国刑法〉确定罪名的补充规定（七）》正式公布，其中明确《中华人民共和国刑法》第二百九十三条之一相应的罪名为"催收非法债务罪"，至此该罪名被正式列入刑法（此前套用寻衅滋事罪名打击暴力催收等犯罪行为）。

2021年3月1日，《刑法修正案（十一）》正式施行。3月5日，广东肇庆市端州区人民法院做出首个"催收非法债务罪"判例。随后，全国各地陆续出现了催收非法债务罪诉讼案件的判例。

根据《刑法修正案（十一）》新增第二百九十三条之一规定，有下列情形之一，催收高利放贷等产生的非法债务，情节严重的，处三年以下有期徒刑、拘役或者管制，并处或者单处罚金：①使用暴力、胁迫的方法的；②限制他人人身自由或者侵入他人住宅的；③恐吓、跟踪、骚扰他人的。

五十四、上市潮

2017年是P2P行业发展的高光时刻。当年P2P平台数量、网贷余额均达到历史最高值。

在这一年，多家头部平台依靠现金贷扭亏为盈，信而富、和信贷、拍拍贷、简普科技（融360）、趣店、乐信等均赴美上市成功，或登陆纽交所，或登陆纳斯达克。其中，和信贷是第一家在纳斯达克上市的P2P平台。

2017年以后，51人品母公司51信用卡、小赢网金母公司小赢科技、你我贷母公司嘉银金科、360金融、爱鸿森、点牛金融、品钛、泛华金融、泰然金融、微贷网等也先后登陆纽交所、纳斯达克或中国香港证券交易所（以下简称港交所）等资本市场。

但上市对企业和行业的提振效果相当短暂。P2P中概股股价悉数持续回落，多呈腰斩之势，因遭遇兑付危机而被收购或濒临退市者亦不在少数。

五十五、趣店

一般来说，上市可以极大地提升一个企业的声誉和品牌知名度，但也有例外，比如趣店。

2016年7月，被逐出高校的趣分期更名为趣店，主打现金贷。2017年10月18日，趣店登陆纽交所。几天后，创始人罗敏的一番言论导致趣店深陷舆论漩涡，被打上"原罪""嗜血"等标签。

关于催收，他的原话是："没有。凡是过期不还的，我们这里就是坏账，我们的坏账，一律不会催促他们来还钱。电话都不会给他们打。你不还钱，就算了，当作福利送你了。"此话遭到曾经被趣店暴力催收的借款人的口诛笔伐。众多借款人现身说法，其催收手段包括电话频繁通知学校、父母、配偶等，甚至还有威胁起诉。尤其打脸的是，在其招股说明书中有更详细的披露：首先，通过发短信和自动打语音电话给借款人催款；如果没有成功，催收人员会人工打电话给借款人，必要时还会上门当面收款。其中，如果用户逾期20天以上，趣店会主动向芝麻信用披露。

关于利率，他的原话是"趣店的借款年利率绝不超过36%"（国家规定民间借贷利率不能高于36%）。他本人甚至还在网上留言，如果有人发现趣店的名义利率和实际利率超过36%，他将会直接提供100万元的赞助资金。但其招股说明书显示，2016年全年完成的业务中，有接近六成（59.5%）的交易年化费用超过36%。有人实践测算，其现金贷借款产品，无论是分期6个月还是1年，实际年化利率都达到了42.6%。

抓住风口是趣店的特点，罗敏说过，当下的互联网不是大公司吃掉小公司，而是快公司吃掉慢公司。因此，趣店几乎步步踩在了风口上，校园贷是风口，现金贷是风口，大白汽车业务是风口，对标淘宝、京东、拼多多等电商的奢侈品电商平台万里目是风口，2020年年底推出的少儿业务也是风口。只是，除了前两个被监管部门叫停，让趣店顶着"原罪"标签赚到钱以外，其他的多处在倒闭或者亏损状态。

第二次"爆雷"潮

2018年上半年，P2P行业开始了又一波大面积"爆雷"潮。6月1日至7月16日，全国共有110家P2P平台"爆雷"，相当于每天"爆雷"2.4家。四大高返平台钱宝、雅堂金融、唐小僧、联璧金融悉数被警方立案调查。

浙江省在这一次"爆雷"潮中成为重灾区，仅2018年1—7月，问题平台即达70家，占全国的1/3。

五十六、善林金融

2013年10月，周伯云创立善林（上海）金融信息服务有限公司（以下简称善林金融公司），通过线下门店销售债权转让理财产品。2015年转向线上，先后推出善林财富、善林宝、亿宝贷、广群金融等平台，销售鑫月盈、鑫季丰、鑫年丰、政信通等债权转让理财产品。

2018年4月9日，周伯云向上海市公安局浦东分局投案自首，称公司在全国范围内通过不同的方式，向社会上不特定的公众吸收资金或进行集资，产生了巨大的资金缺口，无法兑付投资人的本金和利息。

经公安机关调查，为谋取非法利益，善林金融公司采用虚设债权、虚构借款人信息、虚假宣传、公开宣传等方式，承诺保底4.5%~18%的年化收益率，通过债权转让、募集股权等名义，向高达62万余名投资人非法募集资金共计736.87亿余元，至案发时，造成25万余名被害人实际经济损失共计217亿余元。

2020年7月24日，上海市第一中级人民法院依法公开宣判被告单位善林金融公司、被告人周伯云等12人集资诈骗一案，判决如下：对善林金融公司以集资诈骗罪判处罚金15亿元；对周伯云、田景升以集资诈骗罪分别判处无期徒刑，并处罚金7000万元、800万元；对翟中奇等其余10名被告人以集资诈骗罪分别判处有期徒刑15年至6年不等刑罚，并处250万元至50万元不等罚金。

周伯云做房地产生意起家，其自首时表示，成立善林金融公司的目的之一就是填补个人投资房地产项目的资金漏洞。2018年3月22日，在中国质量万里行促进会主办的"2018第四届中国质量诚信品牌论坛"上，周伯云获得"中国质量诚信人物奖"，善林金融获得"3·15全国质量诚信品牌优秀示范企业"与"中国质量诚信品牌突出贡献奖"。

五十七、投之家

2018年7月13日，P2P行业一线IP投之家发布《关于部分债权逾期公告》，称平台于2017年年底引进新的大股东，由新股东提供资产端风控并提供相关担保，但自2018年6月底以来，投之家债权发生逾期，新股东在运营团队告知的情况下，不予处理。投之家运营团队主动报案，并全力协助经侦部门调查，尽可能地帮助投资用户挽回损失。

2018年7月14日，深圳市公安局南山分局以涉嫌集资诈骗对投之家立案侦查。侦查发现，投之家在2017年12月就已将全部股权转让，签订收购投之家协议后，在网上大量地发虚假标，从中募集到的资金，一部分用来支付这个股权的收购款，并没有用到真实的项目里。实际上，投之家以投资为名目，实施涉嫌非法集资行为。

2021年5月6日，深圳市警方通报了投之家等P2P平台最新进展，投之家涉嫌集资诈骗案已由深圳市南山区人民检察院审查起诉至深圳市中级人民法院。共归集资金近2.3亿元，合计冻结1260余个银行账户及相关公司股权一批。

2021年7月16日，投之家案件一审宣判，1号主犯（男性）获刑18年，罚金100万元；2号主犯（男性）获刑14年，罚金50万元；5名高管分别被判6年，罚金40万元。还有若干职员及渠道商也分别获刑。

投之家案件引起行业广泛关注的一个重点，在于其负责人自称遭遇了中华人民共和国成立以来"最大的连环诈骗案"，由此牵扯出温州"卢家帮"借收购P2P平台疯狂敛财的犯罪事实。据查，"卢家帮"控制的平台除了投之家，还有人人爱家、壹佰金融、中科金服、聚胜财富、翡翠岛理财、火钱理财、坚果理财、邦邦理财、天天财富等10多家。其中，人人爱家于2018年7月6日宣布清盘，壹佰金融于2018年7月17日被立案侦查，聚胜财富于2018年7月8日被警察查封办公场所，火钱理财于2018年7月13日公告股东"跑路"，坚果理财于2018年7月10日公告股东失联，邦邦理财于2018年7月9日宣布暂停运营，天天财富于2018年7月12日宣布运营团队解散。

2018年9月，"卢家帮"核心人物卢智建被杭州警方控制。2021年2月24日，另一个核心人物卢立建非法吸收公众存款案开庭审理。

五十八、钱宝网

2017年12月26日，钱宝网实际控制人张小雷向南京市公安机关投案自首，29日，张小雷因涉嫌非法集资犯罪被采纳刑事强制办法。

2019年6月，南京市中级人民法院对钱宝案一审公开宣判，张小雷获刑15年，并处没收个人财产1亿元。判决书显示，2010年12月、2012年7月，张小雷分别用线下非法集资的资金在南京市设立由其实际控制的江苏钱旺网络科技有限公司、南京钱宝信息传媒有限公司，并以这两个公司为依托组建完善钱宝网，以常态年化收益率20%~60%不等的高额回报为诱饵，通过在钱宝网上"交押金、看广告、做任务、赚外快"的方式，在线上向社会公众非法集资。数额特别巨大，情节特别严重，其行为已构成集资诈骗罪。至案发时，钱宝网全国注册用户超过2亿，300亿元无法兑付。

五十九、唐小僧

2018年6月16日，上海市公安局浦东分局根据投资受损群众报案，对P2P平台唐小僧母公司资邦（上海）投资控股有限公司以涉嫌非法吸收公众存款罪立案侦查。7月13日，该公司法定代表人陶蕾等人因非法吸收公众存款罪，经浦东新区人民检察院批准被警方执行逮捕。

2020年6月16日，上海市第一中级人民法院公开对"资邦系"集资诈骗案进行一审判决：总体负责财务和资金调拨的被告人王利被判处无期徒刑；其余三名被告人卢伟、陶蕾、官小平，则以集资诈骗罪，分别被法庭当庭判处有期徒刑14年至10年不等，并处剥夺政治权利及罚金；"资邦系"实际控制人邬再平被另案处理。

法院查明，2012年11月至2018年6月间，"资邦系"公司通过数十家线下分支机构及唐小僧、摇旺等线上P2P平台，采用虚设债权、虚构借款人信息、虚假宣传等手段，以年化5%~24%的高额利息为诱饵，通过债权、收益权转让、定向委托等方式，向277万余名投资人非法募集资金593.57亿余元，其中 116.04 亿元用于兑付前期投资人本息。至案发时，造成 11 万余名被害人实际经济损失 50.4 亿余元。

六十、联璧金融

2018 年 6 月 21 日，上海市公安局松江分局对联璧金融母公司上海联璧电子科技有限公司（以下简称联璧电子）涉嫌非法吸收公众存款案立案侦查，其实际控制人顾国平、法定代表人侬锦等 10 人因涉嫌集资诈骗罪及非法吸收公众存款罪被松江区人民检察院批准逮捕。

2021 年 2 月 4—5 日，上海市第一中级人民法院对被告人顾国平、侬锦、陈雨、朱军、王晶晶、张冀敏集资诈骗案一审公开开庭审理。

公诉机关指控：2015 年 7 月至 2018 年 6 月，被告人顾国平、侬锦通过联璧电子，与上海斐讯数据通信技术有限公司（以下简称斐讯公司）合作推出购买斐讯公司产品并注册联璧金融 App 会员可获全额返还的"0 元购"活动，并指使被告人陈雨、王晶晶组织设计虚假资产包或定向投资项目等各类理财产品，承诺保本付息和高额利息，诱骗社会公众在联璧金融 App 上投资购买。

2017 年 5 月，顾国平还收购了四川省成都市华夏万家（北京）金融服务外包有限公司（以下简称华夏万家），并自同年 9 月起至 2018 年 8 月，擅自以斐讯公司的名义与华夏万家公司合作推出"0 元购"活动，采用前述手段诱骗社会公众在华夏万家金服 App 上购买理财产品，非法募集资金，并指使朱军非法转移钱款。

经审计，顾国平等人通过联璧金融、华夏万家金服平台非法集资共计 830 余亿元，造成 110 余万名被害人损失共计 120 余亿元。集资钱款被用于兑付投资人本息，支付运营费用、货款及归还债务等。

此案法院未当庭宣判。

六十一、雅堂金融

2018 年 7 月 15 日，雅堂金融实际控制人杨定平向成都市公安局天府新区分局投案自首，被采取刑事强制措施。

资料显示，雅堂金融的前身是于2011年上线的P2P平台搜搜贷，杨定平是该平台的借款人之一，2011年12月，搜搜贷出现借款者逾期欠款事件，杨定平予以接手，搜搜贷变身煜隆创投，2013年改名煜达投资城，开展股权众筹和基金融资项目。2016年1月，更名为雅堂金融，并形成了以雅堂控股为核心的家具产业链。雅堂金融官网显示，其定位为雅堂电商供应链金融平台。

此前，雅堂金融曾被质疑"自融"。据《华夏时报》报道，2017年6月起，雅堂金融的多个标的写明为其股东或旗下产业融资，其中一个借款标的明确写着借款为雅堂控股集团参股企业股东融资，另一只创业标中也明确地写着融资项目为雅堂家具馆。

2018年1月23日，雅堂金融官网宣布退出P2P业务，但清偿方案引起投资者不满。

六十二、牛板金

2018年7月3日，牛板金平台发布公告称，"牛钱袋""牛宝丰""牛钱包"等合计9852余万元的借款项目发生逾期。7月5日，杭州市公安局江干区分局对牛板金涉嫌非法吸收公众存款案立案侦查，对实际控制人王旭航依法采取刑事强制措施。

公安机关通报显示，2015年11月20日至2017年7月3日期间，牛板金平台累计吸收17.8万余人的共计391.4亿余元，还本付息355.3亿余元，剩余本金36.1亿余元。至案发时，造成4.28万人实际损失38.7亿余元。

2020年12月31日，杭州市中级人民法院对牛板金涉嫌集资诈骗一案进行一审判决，被告人王旭航、胡文周均被判处无期徒刑，剥夺政治权利终身，并处没收个人全部财产。

六十三、礼德财富

2018年7月，广州市公安局天河分局以涉嫌集资诈骗罪立案侦查礼德财富。据警方调查，礼德财富前后购买了数千家空壳公司冒充借款人，虚构借款标的为吸纳资金做借口。为了吸引投资者，又虚设了4家担保公司给这些假标背书，甚至准备了质押物如玉石、钢材等，号称是借款人质押给担保公司做担保债务。经广州市地方金融监督管理局确认，截至2018年7月21日，该平台待收余额13亿余元，出借人1.7万余名，借款人1581名。

据了解，该平台实际控制人郑某森原本在江苏无锡做不锈钢生意，因资金周转问题曾以不锈钢做抵押向2013年成立的礼德财富借款3000万元。2015年，郑某森以3000万元现金加1亿元债务（卖家直接从平台拿走1亿元资金，债务由买家偿还）收购礼德财富，将其当成"提款机"。

2014年，礼德财富曾跟陆金所、有利网等20个平台一起被中国社会科学院金融研究所和中国证券报·金牛理财网联合发布的"P2P网贷评价体系"评定为A级平台。

2020年12月23日，广州市中级人民法院对礼德财富集资诈骗案进行了判决。幕后主使林捷鹏被判处无期徒刑；董事长郑彦森被判处15年有期徒刑。同案还有3位会计人士因构成非法吸收公众存款罪被判刑。此案被称为广州P2P第一案。

后期

题解："能退尽退，应关尽关"是这个时期的主基调。从第一个省清零，到全国全行业归零，霹雳手段之下，难免有一些真心做事业的好人被误伤，但和全行业普遍的恶相比，这个误伤显得微不足道。

P2P终究成了一个历史名词。这肯定不是监管部门的本意，其中起落转折可堪复盘处甚多，且待有志者为之。唯不能以微不足道视之者，数千百万人血汗钱、8000亿待偿金额，此是社会长久之痛也。

六十四、"三降"

"三降"从"双降"发展而来。2017年6月，中国人民银行等17部门联合印发《关于进一步做好互联网金融风险专项整治清理整顿工作的通知》，要求各省领导小组采取有效措施，确保整治期间辖内互联网金融"从业机构数量及业务规模双降"。这是"双降"第一次出现在正式文件中，但在当时没有引起业内关注。

2019年1月，互金整治办、网贷整治办联合发布《关于做好网贷机构分类处置和风险防范工作的意见》，提出将坚持以机构退出为主要工作方向，除部分严格合规的在营机构外，其余机构能退尽退，应关尽关，加大整治工作的力度和速度。

同月，互金整治办、网贷整治办向各省市互联网金融风险专项整治小组办公室等联合下发了《关于进一步做实P2P网络借贷合规检查及后续工作的通知》，提出了两个"三降"，一是确保辖区内P2P平台总数、业务总规模、投资人数实现"三降"；二是确保每家P2P平台投资者数量、业务规模及借款人数实现"三降"。

从"双降"到"三降"，标志着监管部门针对P2P行业的政策发生根本性改变。自此以后，"能退尽退，应关尽关"成为行业监管主基调。

六十五、"714高炮"

现金贷被叫停后，以"714高炮"的形式借尸还魂。现金贷是高利贷，"714高炮"是超利贷。

2019年3月15日，央视3·15晚会曝光了"714高炮"小额贷款骗局。所谓"714高炮"，指的是期限为7天或者14天的超高利息网络贷款，90%以7天期为主，年化利率超过1500%。

在晚会现场，不少借款平台被央视曝光，包括快易借、速贷宝、小肥羊、天天花、机有米、闪到、钱太太、金蝉钱包、复星宝、向钱贷、皮皮花、丁丁贷、易乐贷、蛋花花、轻松花、喵喵袋、零时口袋、宇宙白卡、信鸽钱包、金葫芦、幸运草、小米袋子、掌上应急、节气猫等。

根据央视报道，除了通过电话推销，在信贷导航、给你花、任性贷等贷款超市中，都能找到"714高炮"软件。其中，贷款超市融360被点名。

融360当晚做出回应，3月16日，再次发表声明称，第一时间主动下架App，进行彻底自查，对少数涉嫌搭售行为的产品已全部下架。同时，对所有上架的机构，就放款资质均坚持严格的标准，目前排查结果并没有7天和14天的产品等。

此外，遭央视点名运营"714高炮"软件的安徽紫兰科技有限公司负责人，被警方连夜带走，接受调查。

"714高炮"突出了民间借贷市场暗藏的巨大风险，非法借贷禁而不绝，令监管部门压力巨大。

六十六、魔蝎科技

2021年1月14日，杭州市西湖区人民法院对杭州魔蝎数据科技有限公司（以下简称魔蝎科技）侵犯公民个人信息案进行一审宣判：魔蝎科技犯侵犯公民个人信息罪，判处罚金3000万元；法定代表人、总经理周某犯侵犯公民个人信息罪，判处有期徒刑3年，缓刑4年，并处罚金50万元；技术总监袁某犯侵犯公民个人信息罪，判处有期徒刑3年，缓刑3年，并处罚金30万元。另没收魔蝎科技3000万元违法所得，并上缴国库。

判决书显示，魔蝎科技主要为网络贷款公司、银行提供需要贷款的用户的个人信息及多维度信用数据，操作方式是将其开发的前端插件嵌入上述网贷平台App中。在网贷平台用户使用网贷平台的App借款时，其爬虫程序代替贷款用户登录上述网站，进入其个人账户，利用各类爬虫技术爬取上述企业、事业单位网站上贷款用户本人账户内的通话记录、社保、公积金等各类数据，提供给网贷平台，用于判断用户的资信情况，每笔从网贷平台获取0.1~0.3元的费用。期间，魔蝎科技在和个人贷款用户签订的《数据采集服务协议》中明确告知贷款用户"不会保存用户账号密码，仅在用户每次单独授权的情况下采集信息",但未经用户许可,仍采用技术手段长期将用户各类账号和密码保存在其租用的阿里云服务器上。

2019年9月,因使用爬虫技术涉嫌参与于现金贷、"714高炮""套路贷"、暴力催收等案件,魔蝎科技、新颜科技、公信宝、天翼征信、同盾科技等大数据公司负责人被警方带走调查。

魔蝎科技于2016年1月在杭州成立,案发前算是大数据行业头部企业。在魔蝎科技案判决之前,法院还公示过《北京智借网络科技有限公司、贤俊江等侵犯公民个人信息罪一审刑事判决书》,智借网络法人代表贤俊江等人因侵犯公民个人信息罪被判刑。判决书显示,拍拍贷、你我贷、平安普惠等公司都曾从该公司购买大量公民个人数据信息。

值得一提的是,在魔蝎科技等待审判的不到两年时间里,《个人金融信息保护技术规范》《中国人民银行金融消费者权益保护实施办法》《金融数据安全 数据安全分级指南》《多方安全计算金融应用技术规范》等相继发布,为大数据行业发展创造了良好的法律法规及政策监管环境。

第三次"爆雷"潮

第三次"爆雷"潮集中在2019年上半年,"爆雷"的多数为P2P行业一线或影响力较大的平台。此次"爆雷"潮过后,P2P平台或在转型,或在清退,或在等待法院判决,虽然不时传出大小雷声,但数量有限。

六十七、团贷网

2019年3月15日,团贷网被央视评为"诚信企业"。3月27日,团贷网实际控制人唐某、张某向东莞市公安局投案。东莞市公安局对团贷网涉嫌非法吸收公众存款案立案侦查,并依法对唐军、张林采取刑事强制措施。4月26日,东莞检察机关以涉嫌集资诈骗罪、非法吸收公众存款罪依法批准逮捕唐军、张林等4名犯罪嫌疑人,以涉嫌非法吸收公众存款罪依法批准逮捕叶衍伟等37名犯罪嫌疑人。

2020年6月15日，东莞市中级人民法院官方网站发布通知，已立案受理东莞市人民检察院指控的被告单位派生科技集团有限公司及被告人唐军、张林等人犯集资诈骗罪、非法吸收公众存款罪等案。

同日，东莞市公安局通报团贷网案情最新进展。截至2020年6月14日，累计追缴冻结资金57.01亿元及涉案股权和股票账户一批，累计查封扣押涉案房产65套、土地2块、飞机2架、汽车57辆及物品一批，累计收回平台出借资金37.34亿元。已冻结首批逾1000名恶意逃废债借款人银行账户，对涉嫌犯罪的，将依法追究刑事责任

六十八、捞财宝

2019年8月12日，证大集团旗下的资产端公司、主营借贷咨询业务的上海证大投资咨询有限公司暂停业务、解散数千名员工。同日，"证大系"旗下的P2P平台捞财宝发布公告，停止新增业务和债权转让服务。

8月13日，证大集团法定代表人戴志康向捞财宝投资者发出第一封公开信，表示"有能力实现平台的良性退出"。8月26日，戴志康发出第二封公开信，称对于存量债权资产"有信心可以管到底"。8月29日，戴志康等人向警方投案自首，称在公司经营过程中存在设立资金池、挪用资金等违法违规行为，且已无法兑付。9月1日，上海市公安局浦东分局官方发布《关于"证大公司"案件侦办的情况通报》，称捞财宝平台及证大财富公司涉嫌非法集资，对戴志康等41名犯罪嫌疑人依法采取刑事强制措施，查封相关涉案资产。

从承诺兑付到投案自首，戴志康用了16天。

2021年3月31日，上海市第一中级人民法院对证大财富公司案件公开审理。检方指控，2011年11月至2019年8月，"证大系"企业将上海证大投资咨询有限公司放贷形成的债权包装成年化收益率为5%~15%且保本付息的债权转让型理财产品，由上海证大大拇指财富管理有限公司线下门店或上海证大爱特金融信息服务有限公司旗下捞财宝线上平台对外公开招揽出借人，

并采用虚假发售逾期债权产品、虚假凑标、虚假宣传等方式，向社会公众非法募集资金。至案发时，"证大系"企业累计向35.01万余人非法集资596.66亿余元，所得资金主要用于兑付出借人资金、对外放贷、公司运营等，造成2.65万余名被害人未兑付本金共计75.21亿余元。

戴志康等人的案件未当场判决，但"证大系"一些核心员工已经被以非法吸收公众存款罪相继判刑。

六十九、米庄理财

2019年12月18日，爱财集团旗下P2P平台米庄理财官网发公告宣布清退，而且承诺股东、高管在清盘期间不"跑路"、不失联，积极催收，尽最大努力减少出借人损失。

12月29日，爱财集团实际控制人钱志龙向公安机关投案自首。从承诺兑付到投案自首，钱志龙用了11天。

爱财集团的前身是2014年成立的爱学贷；2016年12月，爱学贷升级为爱又米；2017年4月，爱又米又融合米庄理财、爱盈普惠等子品牌，升级为爱财集团。2018年7月，爱财集团透露，将于2019年在港交所上市。

2020年1月5日，杭州市公安局余杭区分局发布米庄理财案情进展，已依法对该公司实际负责人钱某龙等17名涉案嫌疑人采取刑事强制措施。已查封涉案公司及涉案人员相关房产21处。已冻结相关涉案公司银行账户103个，冻结、归集资金7934万元。35家涉案公司的相关股权也被一并冻结。

数据显示，截至2019年11月30日，米庄理财平台借贷余额为13.19亿元，出借人数为1.2万人，借款人数达12万人。

七十、小牛在线

2020年5月9日，小牛资本旗下P2P平台小牛在线发布《平台网贷业务良性退出公告》，称将停止发布任何新标及停止计息，关闭出借人开户、充值、投标等功能；同时，自公告发布之日起，暂缓兑付，待兑付方案经全体出借人公开投票表决通过以后，按照兑付方案启动兑付工作。

2021年1月8日，深圳市南山区警方依法对小牛资本涉嫌构成非法吸收公众存款罪立案侦查。经全面收集证据，1月13日，警方对涉案嫌疑人彭某、王某威等人依法采取刑事强制措施。1月27日，深圳市公安局南山分局发布的《关于对小牛资本集团有限公司涉嫌非法吸收公共存款案的情况通报（三）》显示，1月23日，对彭某、王某威等人以涉嫌集资诈骗罪立案侦查。案件由非法吸收公众存款罪升级为集资诈骗罪。

此前，小牛资本旗下的钱罐子、小牛新财富已分别在2018年、2019年因涉嫌非法吸收公众存款被警方立案。

七十一、微贷网

2020年2月，微贷网停发新标。根据其官网数据，截至2月29日，平台借贷余额为85.83亿元，借贷余额笔数为33.66万笔。

2020年5月31日，微贷网通过多个渠道发布公告，称将于2020年6月30日前退出网贷行业，不再经营网贷信息中介业务。

2020年7月4日，杭州市公安局上城区分局依法对微贷网涉嫌非法吸收公众存款立案侦查。

2021年7月20日，杭州市公安局上城区分局发布《微贷网处置情况通报（十四）》。根据通报，公安机关累计归集资金已覆盖出借人未兑付本金（累计充值减累计提现），且目前已完成出借人相关信息数据的核对工作。从21日起，通过新网银行对微贷网平台涉及未兑付本金的出借人进行资金返还工作。出借人本人可通过新网银行微信小程序查看返还金额和冲提明细。

警方表示，此次主要覆盖的是出借人未兑付本金，即净本金兑付。下一步，公安机关和处置专班将继续坚持以人民为中心，依法依规做好后续处置工作。在此敦促平台借款人仍应自觉配合借款催收工作，依法履行还款义务。

2021年4月9日，微贷网向美国证券交易委员会（SEC）提交了20-F表格年度报告。年报显示，微贷网 2020 年全年录得净营收 15.36 亿元，同比降低 54.2%；净亏损为 7.14 亿元，上年录得净利润 2.63 亿元。截至年报日，微贷网仍处于政府监督之下。自 2020 年 7 月起，已按照要求停止偿还投资者款项，所有还款将按照进一步指示进行。完全退出 P2P 行业后，微贷网将恢复贷款便利化业务。

七十二、爱钱进

2020 年 5 月 8 日，针对用户对爱钱进的投诉，北京市地方金融监督管理局在官网互动交流版块的一份"不予受理告知书"中指出："您提出的爱钱进平台的相关问题，公安机关已经立案调查该平台，相关部门将严格按照司法处置程序进行处理。请等待司法机关处置过程公布的有关消息。北京市互联网金融风险专项整治工作领导小组办公室将协助公安机关开展工作，保护投资人的合法利益。"

9 月 26 日，北京市公安局东城区分局官方微博"平安东城"发布消息称，北京市公安局东城区分局已对爱钱进（北京）信息科技有限公司（以下简称爱钱进）涉嫌非法吸收公众存款案立案侦查。

根据爱钱进官网数据，截至 2020 年 5 月 31 日，爱钱进借贷余额本金约 227.6 亿元，当前出借人数量约 37.6 万人。

七十三、第一个清零公告

2018 年 11 月 7 日，湖南省地方金融监督管理局官网发布公告称，第一批 53 家取缔类 P2P 机构名单已经确定，并附有机构名单。这是国内首个由省发布的取缔类 P2P 机构名单。

2019 年 10 月 16 日，湖南省地方金融监督管理局官网发布公告称，因不符合"一办法三个指引"有关规定，决定取缔蜂投网、58 车贷、星火钱包等 24 家网贷机构 P2P 业务。

公告表示，2016 年以来，湖南省 P2P 网贷行业一直在进行专项整治，至今未有一家平台完全合规通过验收。湖南省其他开展P2P业务的机构及外省在湘从事P2P业务的分支机构均未纳入行政核查，对其开展的P2P业务一并予以取缔。

这是全国第一个省级清零公告。

此后半年内，有10多个省级行政区宣布取缔辖内全部P2P平台，例如江西省、山东省、湖南省、四川省、重庆市、河南省、河北省、云南省、甘肃省、山西省、内蒙古自治区、陕西省、吉林省、黑龙江省等。全国各省市清零行动势如破竹。

转型与清退

七十四、信也科技

2019年11月7日，拍拍贷改名信也科技。新名称不再提及"贷"与"金融"，而是强调科技。一个月前，拍拍贷已不再发布面向出借人的新标，资金全部来自机构。其创始人之一张俊说："我们和P2P已经不再有什么关系了。"

拍拍贷自2014年即引入机构资金，2018年开始加速向机构端倾斜，拍拍贷的机构资金占比由当年第二季度的10%上升至2019年第三季度的75.1%，2019年10月完成100%转换。

2020年9月，信也科技表示，已经完成存量业务的清零和退出。其资金来源已100%通过机构资金提供，正式转型助贷，通过提供信息技术或获客服务等，已成功与银行、消费金融公司、信托等50余家持牌金融机构达成合作。

信也科技成为首家完成清退的上市网贷平台。

七十五、开鑫科技

2020年10月21日，开鑫金融科技服务江苏有限公司38.32%的股权被挂牌交易，受让方为国开创新资本投资有限责任公司和国开金融有限责任公司。国开创新资本系国开金融全资子公司，国开金融则为国家开发银行100%控股的全资子公司。作为开鑫科技的最大股东，国开金融拟转让全部股权退出。

开鑫金融科技服务江苏有限公司是 P2P 平台开鑫贷的运营方，官网运营数据显示，截至 2020 年 8 月底，该平台的借贷余额和利息余额等均已清零，即开鑫科技已经实现了 P2P 网贷业务的全面清退。

2016 年 10 月 25 日，开鑫贷宣布集团化，开鑫贷品牌升级为开鑫金服。2020 年 9 月 9 日，开鑫金服正式更名为开鑫科技，旨在通过数字化技术持续为实体行业的转型与升级创造价值。

七十六、嘉银金科

2020 年 11 月 10 日，嘉银金科旗下 P2P 平台你我贷发布公告，宣布已完成所有网络借贷存量业务的化解工作，目前在贷余额已经全部清零，所有出借用户的本金和预期收益均已得到兑付，借款用户还款功能将继续保有，不受影响。

嘉银金科表示，公司自此告别 P2P 业务模式，向助贷业务转型，目前已服务包括商业银行、消费金融公司、小贷公司等 20 余家持牌金融机构。2020 年第三季度，嘉银金科的机构资金占贷款总额的比重已达 100%。

七十七、51 信用卡

51 信用卡从做信用卡卡友论坛起家，后借助 51 人品和 51 人品贷进入 P2P、现金贷领域。

51 信用卡在 2020 年上半年集中资源清退 P2P，下半年将业务重心转向为金融机构提供科技服务，并开展服务中小企业的智能销售情报平台的新业务。

51 信用卡披露，2019 年年底其 P2P 业务余额为约 56.3 亿元。经过持续提升催收效率、采取多种措施敦促借款人提前还款、通过法律诉讼等措施加大对逾期借款人的追缴力度等，于 2020 年年中成功完成了 P2P 清退。于 2020 年 6 月 30 日前，已通过向个人投资者支付约 6.25 亿元现金或转让至第三方机构的方式，结清了所有个人投资者的剩余未偿贷款。

七十八、众信金融与彩麒麟

众信金融与彩麒麟都是北京地区"国资系"P2P平台。

2020年9月30日,众信金融发布公告显示,自2020年8月28日《众信金融转型小贷及提前全额兑付的公告》发出后,截至9月30日,提前兑付工作已全面完成,资金均按时到账。这是北京首家实现提前全额兑付且明确加速推进转型小贷的P2P公司。

彩麒麟公告显示,截至2020年10月底,平台累计借贷总额35.2亿元。在各合作方的协助和支持下,有序开展全量业务兑付工作,确保全体出借人的合法利益。截至2020年10月27日,已完成全部出借人的本息兑付,实现全部项目零逾期、零坏账、零余额。出借人可于2020年12月31日前登录彩麒麟账户进行余额提现。

彩麒麟公布的2020年第三季度运营报告显示,截至2020年9月30日,平台待还本金为5.29亿余元。而截至10月31日,平台借贷、利息余额及当前出借人、借款人数量均已清零。即在不足一个月的时间内,就完成了超过5亿元的存量本金消化。

彩麒麟同时宣布,于2020年10月28日起,停止发布新项目标的,不再进行借贷资金撮合业务。启动平台转型工作,综合考量企业自身经营发展方向。

七十九、中融金

2019年12月16日,上市公司奥马电器发布公告,拟以2元的价格出售其子公司中融金100%股权给赵国栋及权益宝公司。

中融金拥有P2P平台好贷宝及银行信用卡优惠信息分发移动互联网平台卡惠。2015年11月6日,奥马电器作价6.12亿元收购中融金51%股权;2017年4月7日,又以现金方式收购中融金49%的股权,收购价格为7.84亿元。两次收购,斥资高达13.96亿元。主导收购和出售的均为奥马电器实际控制人、董事长、财务总监及董事会秘书赵国栋。

出售公告引来深交所问询函。奥马电器回复称，从2018年开始，互联网金融行业监管政策发生巨大变化，中融金出现盈亏不平。2018年，中融金的净利润为–6.67亿元；2019年前三季度，中融金的净利润为–7743.11万元。

奥马电器称，整体环境持续变化，中融金经营环境持续恶化，为避免中融金进一步对公司业绩产生负面影响，公司策划出售该金融资产。经评估机构评估后，截至评估基准日，中融金100%股权估值为–4.51亿元。公司依据评估报告对本次交易定价为2元。股权交易完成后，中融金将不再纳入奥马电器公司合并报表范围。公告未提及如何处置P2P存量资金兑付。

中融金的遭遇是"上市系"P2P平台的一个缩影。互联网金融风起之时，一大批上市公司涌入P2P行业。如今，在清退大背景下，上市公司纷纷撕掉P2P标签，以不同方式离场脱身而去。

八十、SOS

2019年4月，信而富正式公告退出P2P平台业务，向助贷方向转型。2020年3月25日，其宣布已与世界上最大的卫生救援服务提供商之一SOS达成投资和合作意向书。7月10日，其在纽交所的股票代码由"XRF"更改为"SOS"，并于7月20日美股开盘交易时正式生效。信而富的上市主体公司名由"信而富"更改为"SOS有限责任公司"。

SOS公司随后宣布，将包括P2P业务在内的多家子公司以350万美元的现金对价出售给第三方资管公司汉土（杭州）资产管理有限公司（以下简称汉土资产）。汉土资产成为上述子公司的唯一股东，并因此承担所有子公司的所有资产和负债及子公司拥有或控制的可变利益实体。该处置协议于2020年8月6日完成。实际上是通过资本运作，彻底剥离了P2P业务。

信而富在宣布剥离P2P业务后，其兑付和催收仍处在困境之中。其公告信息显示，截至2020年11月30日，平台所有出借人的待收在投余额为38

亿余元。自 2019 年 4 月开展 P2P 清退后，2020 年的回款比例仅为 0.3%。

八十一、陆金所

2020 年 10 月 30 日，陆金所在纽交所正式挂牌上市。首日收于 12.85 美元/ADS，较发行价下跌 5%。其于 10 月 8 日递交招股书，仅过去了 22 天，便完成敲钟，IPO 进程可谓飞速。

陆金所在招股书中披露，2017 年下半年，在财富管理业务各方面，不再提供 B2C 产品；2019 年 8 月，在零售信贷业务方面，不再提供 P2P 产品，同时停止将 P2P 投资者的资金作为零售信贷业务的资金来源。彼时，其借贷资金 99% 来自第三方，已与超过 50 家银行、信托和保险公司合作，信用风险敞口仅为 2.8%。

陆金所主要业务分为零售信贷业务和资产管理业务，其中零售信贷业务依然占收入构成的绝对大头。2020 年上半年，陆金所实现收入 215 亿元，零售信贷服务费占收入的 95% 以上。

对于网贷业务何时完成清退的问题，陆金所控股首席执行官计葵生表示，截至 2020 年上半年，存量网贷产品占财富管理交易服务费用的比例下降到了 40.5%。当前，陆金所的网贷存量规模为 478 亿元，估计到年底会低于 200 亿元。其对何时完成清退没有明确回答。

八十二、和信贷

2020 年 12 月 16 日，和信贷发布公告称，以 500 万元现金对价完成 P2P 业务处置，公司将专注于开发和投资社交电子商务平台小白买买。

和信贷宣布，公司全资子公司北京和信永恒科技发展有限公司（以下简称和信永恒）与快上车汽车租赁有限公司（以下简称快上车）、和信电子商务有限公司（以下简称和信电子商务）及和信电子商务的个人股东于 2020 年 12 月 11 日签订了转让和承担协议。根据协议，和信永恒同意将对和信电子商务的控制权转让给快上车，以换取 500 万元的现金对价。出售事项完成后，快上车成为和信电子商务的主要受益人并控制和信电子商务，将承担和信电子商务及其所拥有或控制的子公司的所有资产和负债，但不包括和信电子商务。

此次交易的结果是，公司名称由和信贷股份有限公司变更为小白买买股份有限公司。和信贷上市主体将停止其P2P业务，并专注于开发和投资其社交电子商务平台小白买买。

股权穿透后显示，快上车100%持股实际控制人安晓博，同时也是和信贷创始人、董事长兼首席执行官。从工商股权关联看，安晓博仍是处置其P2P业务隶属公司的实际控制人和负责人。

和信贷官网数据显示，截至2020年11月30日，平台借贷余额为59.09亿元，利息余额为6亿余元，当前出借人数约7.27万人，当前借款人数13.71万人。

公告未提及如何处置P2P存量资金兑付。

八十三、宜人金科

2019年7月，宜信旗下的宜人贷进行品牌整合，将宜信惠民、宜信普惠、指旺财富三大板块纳入上市公司体系。同时，宜信惠民业务全部并入宜人贷，宜人贷将品牌升级为宜人金科，合并后各业务依然独立运营。唐宁出任首席执行官。

2019年11月，宜人贷宣布与宜信惠民合并经营，宜信惠民原有客户将由宜人贷平台统一进行运营管理，并继续为客户提供服务。

2020年12月31日，宜人金科发布公告，宣布停止宜人贷业务，意味着宜信彻底停止了P2P业务。宜人金科定位为综合性个人金融服务平台，主要包括财富管理和非P2P信贷业务两个板块。

根据宜人金科2020年第三季度财报，在宜人金科总营收中，财富管理带来的收入占比仍不到三成。同一时期，负责非P2P信贷部分的宜信普惠收入为7.42亿元，虽同比减少51.1%，但在宜人金科的总营收中仍占73%。

宜人金科的P2P存量资产尚待清退。

八十四、道口贷

2020年年初，首家"高校系"P2P平台道口贷（北京道口贷科技有限公司）陷入逾期风波。作为回应，2020年7月10日，道口贷官网发布《对部分核心企业出现逾期问题的情况说明》，称截至目前，发生逾期问题的核心企业共19家，逾期金额为2.19亿元，平台正在积极催收追偿，各家企业也已披露其后续还款承诺和还款方案，表明了不会逃废债的态度；目前仍在正常偿付本息的核心企业共23家，能够正常偿付利息申请展期的企业共21家；目前已结清退出的核心企业有45家。对于逾期金额，道口贷表示将会"继续加强催收追偿工作"，"推动目前仍有待偿余额的63家核心企业一一出清"。

道口贷于2014年11月在北京成立，由清华控股旗下公司发起，依托清华大学五道口金融学院互联网金融实验室研究成果创办，专注校友企业供应链金融业务。自成立以来，多有负面消息传出，例如2016年8月，因发布有投资回报预期的服务广告内容，并对未来收益做出保证性承诺，违反了《中华人民共和国广告法》第二十五条第（一）项规定，被北京市工商行政管理局海淀分局罚款10万元；2017年9月，因涉嫌突破借款余额上限，被国家互联网金融安全技术专家委员会点名；2018年7月，因"童创童欣"未能对其承付项目到期还款陷入逾期风波等，这与其名校背景颇不相称。

八十五、有利网

2021年4月2日，有利网官网宣布停止网络借贷信息中介撮合业务。前一日，其平台数据显示，当前借贷余额为80亿元，出借人不到11万，底层资产的主要组成为信用贷、消费贷、车贷三大类。前两项业务都属于没有任何抵押的纯信用借款，占比接近90%，底标逾期率近90%。除去之前已经产生的50亿元左右代偿，坏账近70亿元。

有利网称，经过多方面的协调和准备，目前平台探索通过4种方式满足用户流动性需求，希望用户可根据自身情况合理选择。通道一，穿透底标对应回款；通道二，整账户转让；通道三，商城；通道四，套餐（部分现金、部分商城）。

"我们承诺不失联、不'跑路'，尽最大努力做好接下来的退出工作"，有利网自称。

八十六、人人贷

2020年10月，人人贷停标。11月2日，上线了"应急打折转让通道"，声称有紧急资金需求的出借用户可自愿申请，申请转让的资产会由第三方资产管理公司承接，转让成功后不可撤回。如果选择坚守，公司承诺3年保本。折扣默认为在投本金的7折，预期利息0折。

2020年11月6日，人人贷联合创始人杨一夫在官方组织的一次沟通会上表示，"我们希望能够继续开展业务甚至有朝一日可以备案，这种努力一直持续到停标前的最后一刻。如果可以继续开展业务，就能用新业务（产生的利润）甚至融资去逐步化解风险，大家也不会有损失，也不会这么焦虑"，"我们一直以过往几年积累的、短期贷款所产生的利润垫付，整体情况可控，可以逐步化解风险"。

截至2020年9月30日，人人贷平台借贷余额约250.5亿元，出借人数量约为18.81万，其公布的逾期率为0.22%。

2021年上半年，人人贷的清退工作没有明显进展。有用户反映，在打折快速退出通道，6.5折也难以审核通过，引起出借人猜疑。据测算，即使按出借人全部以7折退出，也意味着约有45亿元的资金留存在人人贷平台。

八十七、红岭创投

2019年3月23日，红岭创投第二次宣布清盘[①]，并推出了出借人全部出

[①] 2017年8月1日，红岭创投举行战略转型发布会，宣布将退出网贷行业，并在产业基金、私募股权基金、风险投资基金方面进行布局，同时宣布在3年内对现有产品全部清理完成。后因多种原因被叫停。

借款 3 年内完成全额兑付的方案。具体为：第一年（2019 年）兑付 20%；第二年（2020 年）兑付 35%；第三年（2021 年）兑付 45%。

同时，董事长周世平在红岭社区发帖《虽然是清盘，但不是说再见！》，还发朋友圈称将卖掉个人房产来兑付平台投资者的出借款。

但在红岭创投宣布"良退"后的两个兑付年度，完成率仅约 12.4%，与其两年兑付 55% 的计划相差甚远。其于 2021 年 3 月 29 日进行第四十八次兑付，兑付金额为 3000 万元，剩余待兑付 1600505 万元，待兑付人有 7 万多，兑付比率仅在 13% 左右。3 年完成全额兑付已成空谈。

2020 年 5 月，周世平因红岭创投涉及合同纠纷被深圳市中级人民法院出具《限制消费令》。7 月，深南股份披露称，公司控股股东周世平及其一致行动人股份被司法冻结。

2021 年 7 月 22 日，深南股份发布公告称，周世平已被深圳市公安局福田分局采取刑事强制措施。同时表示，目前无法获悉具体案件情况，案件正在调查过程中。

八十八、明星代言

2021 年 1 月 29 日，北京市朝阳区金融纠纷调解中心发布公告称，为维护投资人合法权益、推动 P2P 网贷机构风险出清，自即日起，请曾经或仍在涉 P2P 网贷广告中，以自己的名义或者形象对相关产品、服务做推荐、证明的自然人、法人或者其他组织（广告代言人），尽快联系该中心就相关问题进行说明，并配合开展网贷平台清退工作。如未在 2 月 10 日前取得联系，将依法追责。

2021 年 4 月 22 日，银保监会发布《关于警惕明星代言金融产品风险的提示》，提醒消费者要理性看待明星代言，切实防范金融陷阱，做到"三看一防止"：一看机构是否取得相应资质；二看产品是否符合自身需求和风险承受能力；三看收益是否合理；四要防止过度借贷。

2021 年 6 月 1 日，银保监会副主席梁涛表示，要稳妥推进网贷机构存量风险处置，依法协调公安、司法等部门加快审理进度。加快追赃挽损，依法追缴高管奖金和明星代言费、广告费。

于 2021 年 5 月 1 日施行的《防范和处置非法集资条例》明确了非法集资清退资金的来源，包括：非法集资资金余额、收益，非法集资人及其他相关人员从非法集资中获得的经济利益，非法集资人隐匿、转移的非法集资资金或者相关资产，在非法集资中获得的广告费、代言费、代理费、好处费、返点费、佣金、提成等经济利益，以及可以作为清退集资资金的其他资产。广告费、代言费被归入非法集资清退资金，为追缴提供了法律依据。

其实，在明星代言中起到助推作用的各类媒体也不应被漏掉，包括各级电视台、电台、纸媒等传统媒体及各类新媒体等，他们的广告收入也应该纳入非法集资清退资金中，并按照相应法律法规接受处罚。

八十九、归零

2020 年 4 月，互金整治办和网贷整治办联合召开互联网金融和网络借贷风险专项整治工作电视电话会议。会议提到，整治工作开展以来，累计已有近 5000 家机构退出。截至 3 月 31 日，全国实际在运营网贷机构 139 家，比 2019 年年初下降 86%，借贷余额下降 75%，出借人数下降 80%，借款人数下降 62%。机构数量、借贷规模及参与人数连续 21 个月下降。

2020 年 8 月，银保监会主席郭树清披露，截至 2020 年 6 月底，全国实际运营 P2P 网贷机构降至 29 家；9 月，银保监会普惠金融部副主任冯燕披露，截至 2020 年 8 月底，全国在运营网贷机构 15 家；10 月，银保监会副主席梁涛表示，互联网金融风险形势出现根本好转，全国实际运营的 P2P 网贷机构压降至 9 月底的 6 家；11 月 6 日，银保监会时任首席律师刘福寿表示，全国实际运营 P2P 网贷机构压降到目前的 3 家。11 月 27 日，刘福寿透露，全国实际运营的 P2P 网贷机构由高峰时期的约 5000 家逐渐压降，到 11 月中旬完全归零。

2021 年 4 月，网贷整治办召开 2021 年专项整治工作电视电话会议。会议提到，专项整治工作启动以来，特别是过去3年时间里，中央各有关部门会同地方党委政府坚决贯彻落实党中央、国务院决策部署，深入彻底推进网贷风险专项整治工作，取得明显成效。

一是增量风险完全遏制。截至2020年年底，4676家纳入专项整治的网贷机构全部停止开展业务。中央部门和地方建立常态化监测机制，及时取缔违规机构。

二是存量风险大幅压降。截至2020年年底，3210家网贷机构存量业务已经清零，对存量尚未清零的机构，建立跟踪机制定期通报督导。

三是高风险机构处置工作持续推进。公安机关、人民检察院、人民法院对严重违法平台立案打击。公安机关缉捕外逃犯罪嫌疑人近百名，形成强大震慑。

四是追赃挽损工作稳步推进。北京、广东、深圳等地依法追缴明星代言费、广告费、高管奖金取得一定成效。公安机关累计追缴涉案资产价值约860亿元。采取引入征信系统和地方资产管理公司等尝试性措施，不断提高债务追偿专业化水平。

五是社会风险意识明显增强。由于持续加大金融知识宣传力度，人民群众的投资风险意识和对金融诈骗的防范意识明显增强。

会议表示，当前网贷专项整治工作的重心已转入存量风险处置和长效机制建设。

2020年8月，郭树清在透露P2P网贷机构降至29家的时候，还透露了一组数字，网贷清退涉及几千万出借人，他们的资金还有8000多亿元没回收。郭树清表示，只要有一线希望，会配合公安等部门追查清收，最大程度上偿还出资。这组数字在后来很少再被提及。

2021年1—8月

附录　2000年赤峰国际扶贫会议采访札记[①]

采访孟加拉乡村银行（Grameen Trust）执行董事拉提斐教授是在内蒙古赤峰市召开的"内蒙古扶贫与妇女参与发展国际研讨会"上。2000年8月17日，研讨会安排参会人员去巴林右旗巴彦尔灯苏木实地考察小额信贷实施效果，我利用中午休息的时间，在一个蒙古包里采访了他，担任翻译的是赤峰市经济贸易委员会外经科科长王清山。

"内蒙古扶贫与妇女参与发展项目"由联合国开发计划署（UNDP）与我国政府于1997年12月在赤峰启动，小额信贷扶贫是其核心内容，扶贫对象限为女性，资金总额度为40万美元。研讨会提供的数字是，截至2000年6月25日，已有3017名贫困妇女使用了318.48万元，回收本金141.74万元，资金到期回收率100%。

拉提斐教授：孟加拉乡村银行是私人银行，属于国内仅为家庭服务的、特殊的、专业的商业机构。唯一的利润来源是小额信贷，其贷款对象主要为贫困妇女，利润能够保持银行持续发展下去。

我对赤峰小额信贷的个人看法是，小额信贷是一项金融业务，是一项专业性很强的工作，由懂得金融业务的人来做好一些，而且，专职人员可以全身心地投入工作。不管谁来做，必须有专门的部门，不需要其他人来控制。谁做不重要，重要的是必须是独立的机构。妇联来做这项工作，也是可以的，只要她们相关人员具备了专业知识和技巧，是完全能够做好的。

在赤峰，经过两天的座谈、考察、研讨，我认为他们已经进入起步阶段。我们参观了扶贫点，看到一些贫困家庭已经改善了生活条件，她们有不错的房子、土地、牧场、水源，但是却没有厕所，我认为是不应该的。污染环境，

---

① 本文选自马晨明的专著《金融新闻笔记》，本书由华文出版社于2010年2月出版。

不利于身体健康。妇联应该教育她们，修建厕所。

我去了一个农户家，不知她家是否有代表性？是最贫困的家庭吗？应该带我们去最贫困的家庭，这才是初衷。

总体说来，社员、项目办都知道在做什么，她们接受了孟加拉乡村银行的扶贫模式，已经取得了较好开端。但我不清楚的是，8%的利息能否支付各种成本费用，我认为应该在不依靠外来帮助的情况下，实现持续发展，否则就不算成功。另外，我注意到一些妇女在参加这个项目之前是文盲，现在可以写字、算账了，对她们来说，要致富还有很长的路要走。

"内蒙古扶贫与妇女参与发展项目"由赤峰市妇联具体组织实施，这是拉提斐教授在接受我采访时多次提到妇联的原因。第二天（8月18日），赤峰市妇联主席田雪梅在赤峰宾馆的研讨会上做完发言后，拉提斐教授提出了一个问题：如何留住优秀的工员工？田雪梅简要地做了回答。

田雪梅：我们主要是靠事业、感情留人。小额扶贫信贷工作要独立于妇联组织，要达到自负盈亏。当地下岗职工很多，很多人愿意加入这个事业，虽然她们现在不是专门的金融业务人员，相信有一天会具备很高的素质，我们的这项工作会持续发展壮大。

拉提斐教授随后在研讨会上也表达了自己的观点。

拉提斐教授：小额信贷的利润必须能够应付各种成本费用，以及自然灾害，为防止有人赖账，应该有风险基金储备。孟加拉乡村银行将扶贫作为唯一目标，我们的利润计算非常合理，就是要满足两个条件，一是能够承担各项成本费用，二是不能给贫困户造成太大经济负担。我认为，这个项目想建成较完整的操作模式，先要有一个合法地位，要完成由福利性质向可持续发展机构的过渡，这需要财务、业务计划等各类专业人才，还需要建立完整的审计体系。

在我国，是不允许非金融机构从事营利性的金融业务的，从这一角度看，赤峰小额信贷似乎有违规嫌疑。据我向当地农户和项目工作人员了解，小额信贷采取复计利息的方式。而且，以贷1000元为例，1年期的利息是8%，应还1080元，但是借贷者拿到手的只有910元，其中保险基金扣去50元，利息扣去40元。那么，这种小额信贷由妇联来做是否合适呢？当天晚上，我在赤峰宾馆采访了天津市妇联项目办公室的项目官员陈克刚，他也是来参加此次研讨会的，天津市的操作过程与赤峰市有所不同。

陈克刚：1999年初，天津市妇联主席向当地人民银行介绍了小额信贷这种扶贫方式，当时人民银行表示，妇联不是金融机构，不能做，考虑到配合政府解决下岗职工问题，人民银行同意由信托公司具体操作，贷款人员名单则由妇联提供、审定。

天津市妇联还和城市商业银行联系过，他们因程序烦琐，表示不做。其实，我们的目的是扶贫，而不是盈利，想探索一条非金融机构扶贫的有效模式。信托公司没有分支机构，它也不能吸储，放贷、收贷都是我们两家一同去，运作成本高，我们比较倾向于和商业银行合作，那样可以将银行的金融网络资源利用起来，但目前看，在操作上还存在很大问题。

2005年8月

金融科技：
2020年，金融科技分水岭

监管走向前台，旨在正确把握金融科技的核心与本质，确保金融科技行业发展不偏离方向，最大限度地抑制不良动机，实现科技向善。

我们希望越过分水岭后的我国金融科技的发展，能在基础科技与核心技术创新方面，在完善制度体系保障方面，在提升金融效率与质量等方面，做出更大的努力，取得更大的成绩，真正形成具有国际影响力的中国金融科技生态体系。

中国金融科技市场主体大致可分为三类：互联网金融科技平台、银行金融科技子公司及金融机构 IT 服务企业。2018—2020 年，中国人民银行发起成立多家金融科技公司，成为金融科技行业的新生力量和风向标。

2021 年以前，互联网金融科技平台是我国金融科技市场绝对主力军，主导了我国金融科技行业的发展，助推我国金融科技行业取得了举世瞩目的成绩。但是，互联网金融科技平台的无序扩张，在造成行业发展不平衡、不充分的同时，带来诸如金融业务边界逐渐模糊、金融风险传导突破时空限制、市场垄断、监管套利、数据安全及保护、大而不能管、大而不能倒等一系列依靠市场自身不能解决的风险、挑战与问题。这些风险、挑战和问题在互联网金融科技平台头部企业蚂蚁集团的发展过程中，尤其是上市过程中得到了集中体现和暴露，引起国务院金融稳定发展委员会和人民银行、银保监会等政府部门高度关注和重视。国家相关部门加快了相关政策、文件的颁布实施，金融科技监管环境发生变化。以蚂蚁集团暂停上市为标志，我国金融科技发展在 2020 年年底来到了分水岭。

标志性事件：蚂蚁集团暂停上市

蚂蚁集团上市进程之快，原本远超市场预期。2020 年 7 月 20 日，其正式启动在上交所科创板和港交所主板同步发行上市的计划；8 月 24 日，提交 IPO 招股说明书；8 月 25 日，上交所受理其 IPO 申请；9 月 9 日，上交所披露，科创板上市委将于 9 月 18 日召开 2020 年第 77 次审议会议，审议其首发上会事宜；9 月 18 日，其首发上会且成功过会。从提交 IPO 申请到成功过会，仅用了 25 天，可谓一路绿灯，畅行无阻。

9 月 25 日，发布战略配售基金，5 只蚂蚁战略配售基金仅在支付宝渠道独家发行。从 9 月 25 日 0 点开售，至 10 月 8 日晚 19 点 30 分提前募集结束，两分钟卖出10亿元，超过30万人购买，1小时卖出102亿元。最终募集600亿元，累计认购人超过1000万，相当于每秒钟有8个人购买。成为继余额宝之后，支付宝利用互联网思维推销金融产品的又一次成功路演，此举对正在上市的蚂蚁集团来说，有烈火烹油，鲜花着锦之盛。

10月21日，证监会同意其科创板IPO，同日，港交所官网披露其通过聆讯。

10月24日，马云在第二届上海外滩金融峰会上发言，矛头直指银行与金融管理部门，引发强烈反响。

10月26日，蚂蚁集团公布股票定价，A股股票代码为688688，发行价确定为每股68.8元，香港发行价格确定为每股80.00港元。

10月31日，国务院金融稳定发展委员会召开专题会议，指出当前金融科技与金融创新快速发展，必须处理好金融发展、金融稳定和金融安全的关系。

11月2日，证监会发布消息，人民银行、银保监会、证监会、国家外汇管理局对蚂蚁集团实际控制人马云、董事长井贤栋、总裁胡晓明进行了监管约谈。同日，银保监会、人民银行联合发布《网络小额贷款业务管理暂行办法（征求意见稿）》。

11月3日，上交所发布公告暂缓蚂蚁集团上市。同日，蚂蚁集团在港交所公告，暂缓H股上市；11月4日，蚂蚁集团公告，香港公开发售的申请股款将不计利息分两批退回；11月5日，蚂蚁集团公告，拟于11月6日启动退回A股新股认购资金等款项。

完成定价却因监管在上市前夕搁浅，这种情况在中国证券史上是第一次出现，在国际上亦是罕见。但从资本市场及舆论的反应来看，并没有引起太大的波动，这是一个意味深长的现象。

按照上交所的公告，暂缓蚂蚁集团上市的原因有两点：一是公司负责人"被有关部门联合进行监管约谈"；二是金融科技监管环境发生变化，"可能导致你公司不符合发行上市条件或者信息披露要求"。其中，"金融科技监管环境发生变化"是核心。

金融科技监管环境发生变化，这个"变化"不是针对蚂蚁集团，也不是针对其他互联网金融科技平台，而是关系到我国金融科技战略的重大调整，将对整个金融科技行业及金融监管政策产生深远影响。蚂蚁集团不过是意外介入其间，遂被悬崖勒"蚂"。

但这并不影响蚂蚁集团暂停上市成为我国金融科技发展的标志性事件。也不影响马云的言论使其公司上市进程急转直下，毫无回旋余地。

那么，马云到底说了些什么呢？以下是本文对马云发言内容做的简单归纳。

第一，我们要思考的是如何和未来接轨，跟国际接轨、填补国内空白这句话是有问题的。《巴塞尔协议》讲的风险控制越来越受重视，现在的趋势越来越像是全世界变成了只讲风险控制，不讲发展。《巴塞尔协议》比较像一个老年人俱乐部，要解决的是运转了几十年的金融体系老化、系统复杂的问题。但是中国的问题正好相反，中国不是金融系统性风险，中国金融基本上没有风险，是缺乏系统的风险。

第二，我们现在管的能力很强，监的能力不够，好的创新不怕监管，但是怕用昨天的方式去监管，我们不能用管理火车站的办法来管机场，不能用昨天的办法来管未来。

第三，今天的银行延续的还是当铺思想，抵押和担保就是当铺。金融的本质是信用管理。我们必须借助今天的技术能力，用大数据为基础的信用体系来取代当铺思想。

第四，P2P 根本不是互联网金融，其实我们要想一想，中国怎么可能在几年内出现几千家互联网金融公司？几千家 P2P 是什么原因导致的？全球很多监管部门监管到后来，变成了自己没有风险，自己部门没有风险，但是整个经济有风险，整个经济不发展的风险。正确理解 P2P 给我们的巨大教训，不是否定互联网技术，更不要再重复办公室理论的实践。

第五，今天的金融确实不需要数字货币，但是明天需要，未来需要，成千上万的发展中国家和年轻人需要，我们应该问自己，数字货币到底要解决未来的什么实际问题？十年以后的数字货币和今天的数字货币可能根本就不是一回事，这个数字货币不是从历史上去找，不应该从监管角度去找，不应该从研究机构去找，而是从市场去找，从需求去找，从未来去找。数字货币远远没有到抢标准的时候，是创造价值，是需要思考如何通过数字货币建立新型的金融体系，真正去解决世界贸易可持续、绿色和普惠的问题。

一共五个方面，除了当铺思维（想）说的是银行以外，其他四个均和金融管理部门有关。马云的发言是有稿子的，可见不是心血来潮、信口开河，他发言的最后一句是，"过去16年，蚂蚁金服一直围绕着绿色、可持续和普惠发展，如果绿色、可持续和普惠、包容的金融是错误的话，我们将会一错再错、一错到底"——像是在跟人吵架，火气很大，而且把蚂蚁集团说成是蚂蚁金服，这应该不是口误，由此或可推断出其发言稿起草时间在2020年5月之前（2020年5月，蚂蚁金服改名为蚂蚁集团），其对金融管理部门的意见可谓犹来久矣。但此次发言选在蚂蚁集团上市的关键时点，令人匪夷所思，马云低估了发言造成的负面影响和金融管理部门强化监管的决心，高估了自己和蚂蚁集团、阿里巴巴集团的实力与影响力，局面走向失控。

马云发言后的第七天，10月31日，国务院金融稳定发展委员会召开专题会议，会议传递的关键信息是：尊重国际共识和规则、金融活动全面纳入监管、对同类业务和同类主体一视同仁、加强反垄断、加强个人信息保护等。其指向不言而喻，后来发生的事情可以看作是此次专题会议精神的贯彻和执行。

互联网金融科技平台演化路径

互联网金融科技平台的发展过程有个显著特点,即依托流量、技术、场景和资金的多重优势,金融业务均首先出现在平台内部,模式成熟后逐渐推广,走出平台或自立门户,独立运营。其金融业务在早期基本以支付为切入口(以百度、阿里、腾讯、京东为代表);2020年前后崛起的新互联网平台(以今日头条、美团、滴滴为代表)则直接进入信贷领域,美其名曰信用支付,但目前多处于起步阶段,没有形成规模化应用。

互联网金融科技平台的演化路径是从支付到信贷,从场景到生态,非常清晰。下面以蚂蚁集团和京东数科为例做简要分析。

蚂蚁集团:憨憨然,莫相知

蚂蚁集团的演化路径有两条主线,一条是支付,另一条是信贷,对应的产品分别是支付宝和蚂蚁花呗、蚂蚁借呗。

支付宝于2003年在淘宝网上线,2004年从淘宝网分拆独立[①]。2020年3月,支付宝宣布从金融支付平台升级为数字生活开放平台。在支付宝App上,有超过200万个小程序,可以提供支付、信贷、理财、保险、公交、水电气缴费、医院挂号、网上社保卡等1000多项服务功能,事实上已经打破了企业、金融、经济与公共服务等多个领域的边界。截至2020年7月,其服务超10亿用户和超8000万商家,合作的金融机构超2000家,接受其线上服务的国家和地区超过200个。

同样,在淘宝网的发展中,阿里巴巴针对小微商户的贷款需求,进入信贷业务。2007年6月,阿里巴巴网络银行部与中国建设银行、中国工商银行

[①] 有关支付宝的详细分析可参考马晨明的著作《中国支付行业的黄金时代》(人民邮电出版社2015年9月出版)。

合作推出小企业贷款；2009年9月，与孟加拉国格莱珉银行信托基金携手开展格莱珉中国项目，向居民提供小额信贷服务。但均因理念差异及利益之争，逐渐分道扬镳，阿里巴巴开始尝试自营信贷业务。

2010年6月，以网络银行部为基础的阿里巴巴小额贷款股份有限公司（以下简称阿里小贷）在杭州成立，经监管部门批准，淘宝订单贷款从2011年2月14日起可以开展跨省试运营。阿里小贷因此成为全国唯一一家可以跨省经营的小贷公司。

2012年3月，阿里巴巴将金融业务独立出来，以支付宝为核心的阿里小微金融服务集团成立，阿里小贷并入其中，两条主线至此合流，不再各自为政。2014年10月，阿里小微金融服务集团更名为蚂蚁金融服务集团（以下简称蚂蚁金服），此即蚂蚁集团前身。当时已建立起场景及支付、数字金融、科技服务三大业务板块，并拥有银行、支付、小额贷款、基金、基金销售、期货、保险、保险代理、消费金融公司等金融领域的诸多牌照。

虽然蚂蚁集团自我定义为"一家旨在为世界带来普惠金融服务和数字生活新服务的创新型科技企业"，但在外界看来并不如此，例如英国《经济学人》就曾将蚂蚁金服称为世界上最全的金融科技平台：可以把它想象成Apple Pay（离线支付）、PayPal（在线支付）、Venmo（转账）、万事达卡（信用卡）、摩根大通（消费金融）和IShares（投资）的结合体，外加保险紧急业务，全都整合在一款移动应用里；也有人认为其复杂程度及体量已经是"系统重要性金融机构"了。本书无意给出结论，它实在太大了，望之如庞然大物也，憨憨然，莫相知。

蚂蚁集团虽大，但还是有一家互联网金融科技平台在每个细分领域几乎都有与其对标的业务，这就是一贯低调的腾讯金融科技业务板块。腾讯金融科技业务板块于2019年在腾讯年报中首次被单独列出，涵盖支付、银行、信贷、保险、证券、基金、理财、征信等服务，已成为腾讯第二大收入来源。这是一只被忽略的、潜伏在水下的大鳄。

京东数科：年轻不留白

"年轻不留白"曾是京东数科的宣传语，这里的"白"指的是京东白条。

京东在早期没有涉足金融业务。2011年8月，京东商城正式停用支付宝，理由是其费率太高。2012年10月，京东收购网银在线，开始自建支付品牌京东支付。京东支付上线后，一直在京东体系内使用，对外影响有限。

2013年9月，以供应链金融为主体的京东金融团队成立，其第一款产品京保贝，包括针对京东商户的应收账款池融资、订单池融资、单笔融资、销售融资等业务。2014年2月，在国内互联网信用支付行业还是一片空白的时候，京东白条（以下简称"白条"）正式上线测试，成为收款信用支付产品（后来居上的蚂蚁花呗、蚂蚁借呗上线时间均为2015年4月），也成为京东数科的爆款产品。

"白条"起初只服务京东商城的用户，其初衷是利用消费分期促进商品销售，提升转化率及客户黏性。2015年，京东金融在"白条"的基础上，探索互联网平台与金融机构信用卡联营模式，推出了信用卡数字化运营解决方案——小白卡系列产品，第一张小白卡来自中信银行。截至2020年6月，累计为金融机构促成了近1000万张的信用卡发卡量。

2015年10月，在行业内首次提出"金融科技"定位，即为金融机构提供科技服务。同月，为拓宽"白条"资金来源渠道，于深交所发行了国内首个互联网消费金融ABS[①]。

2016年3月，京东金融发布消费金融品牌战略，宣布"白条"进一步走出京东，向更广阔的消费场景拓展。"年轻不留白"的消费主张即是此时提出。按照京东金融的解释，"白条"的用户定位为"奋斗的年轻人"，提倡"年轻不留白"，旨在满足用户在不同人生阶段和不同场景下的需求。

---

① ABS（Asset-Backed Securities）指以基础资产未来所产生的现金流为偿付支持，通过结构化设计进行信用增级，在此基础上发行资产支持证券。

2018年，京东金融升级为京东数字科技（以下简称京东数科），京东金融与京东城市、京东农牧、京东少东家等一起成为京东数科的子品牌。京东数科强调科技输出，将自身定位为"一家服务金融机构的数字科技公司"。

2020年9月，京东数科向上交所提交上市申请。2021年1月，京东集团将京东数科与云及AI业务整合在一起，成立京东科技子集团（以下简称京东科技），定位于专注产业的数字合作伙伴。2021年4月，京东数科表示，因监管环境发生变化，撤回上市申请文件，终止上市。

互联网金融科技平台的尽头是信贷

如果简单将金融产品分为支付、借贷、理财和保险四类，那么，最受互联网金融科技平台青睐的是支付与借贷。

2020年，新互联网平台掀起了一波支付牌照收购潮：1月，拼多多收购付费通；9月，字节跳动收购合众易宝、携程收购东方汇融、小米100%控股捷付睿通支付；11月，快手收购易联支付。美团与滴滴则在此之前已分别拿下支付牌照。

二维码战争之后，移动支付市场要么姓马，要么还是姓马，新入者单纯在支付业务上去正面竞争已经失去意义，新互联网平台自然清楚此中关窍，其收购支付牌照一方面是修筑护城河，形成交易闭环；另一方面则是意在信用支付。信用支付虽然与移动支付只有一字之差，但信用支付的本质是信贷、借贷，已经与支付业务有了根本区别。

当前，稍微有些流量的互联网平台和移动App，在信用支付的赛道上已经无孔不入，推出的相关产品更是五花八门：京东金融有"白条""金条"；蚂蚁集团有"花呗""借呗"；百度公司有闪付借钱；唯品会有唯品花；去哪儿网有拿去花；嘀嘀打车有滴滴月付；美团有美团月付；微信有分付；今日头条有放心借；抖音有放心花；苏宁金融有任性付；360金融有微零花；国美有易卡分期；芒果TV有芒小贷；饿了么有饿用金；携程有借去花；驴妈妈有随兴花；美颜相机和美图秀秀有借钱；贝壳找房有月付贝、装贝；迅雷有迅雷易贷；WPS有金山金融借款；WiFi万能钥匙有我能借钱；小米钱包有随星借；OPPO钱包有分子贷等。

而那些没有自营产品的，也不甘缺席，转而充当起导流工具，如腾讯视频给自家的小鹅花钱导流；爱奇艺在给还呗、翼支付借钱导流；优酷给银行电子账户理财导流；美团外卖给生意贷导流；喜马拉雅给乐花卡、微零花等导流；蜻蜓FM给有钱花导流；酷狗给微众银行导流；掌阅给满易贷、有钱花导流；马蜂窝给"白条""金条"导流；应用宝给小鹅花钱导流等。

总之，只要你上网或者打开手机，几乎所有的应用都在让你借钱，而且话术大同小异，都是零抵押、快速审核到款、超低利率、随借随还和大平台背书。

信用支付，即使在银行也属于专业性极强的高门槛借贷业务，对风控水平、产品设计、运营能力都有严格要求。不是仅凭流量和延长免息期、做薄账单厚度等手段，就能攫取别人家看得见的高额利润的。

在中国，互联网金融科技平台乃至互联网平台的尽头一定是信贷。这些大大小小的平台，虽出身各异，但殊途同归，借口完善用户体验和提升黏性，麇聚信贷业务，像极了当初喊着普惠金融口号、踩在风口上的P2P行业。P2P行业在给社会造成巨大伤害后已被清零，而在目前疑似是蓝海的信贷业务市场，注定了绝大多数参与者也就是看个热闹而已——而且还是那些尊重公德、合规合法的参与者。

头部互联网金融科技平台现在还热衷于标榜自己是科技公司："不做金融业务、不参与金融业务竞争，做金融机构最好的合作伙伴"；"专注于数字科技能力输出"云云。然而，如果金融管理部门的一纸文件或者政策调整，就能对一家科技公司的商业模式、经营利润产生重大影响,甚至终止上市,那么这一定不是一家科技公司。

从移动支付到信用支付,实质是从支付走向信贷,改变了业务的性质和属性。对互联网金融科技平台来说,支付做的是场景,信贷做的是生态,科技在其中起到的不是决定性作用。从场景之争进化到生态之争,蚂蚁集团在这方面为我们提供了很好的参考样本。

蚂蚁集团的主业是金融,竞争力是生态

蚂蚁集团的技术实力没有人怀疑。其招股书披露,技术人员占比64%,覆盖所有业务线;在全球40个国家或地区拥有专利或专利申请共计26279项;连续4年在区块链领域专利申请排名全球第一,累计专利授权数212件,位居全球第一;数据库产品OceanBase的性能居全球第一。但从业务构成、营收和利润的组成来看,其技术板块实属微不足道。

根据招股书,其营收分为数字支付与商家服务收入、数字金融科技平台收入、创新业务及其他收入。其中,数字金融科技平台包括微贷科技平台、理财科技平台、保险科技平台,以微贷科技平台,即"花呗""借呗"等信贷产品为核心,利润主要来自向合作金融机构收取的技术服务费。这段话可以理解为其营收分为支付、信贷、科技及其他收入三块。截至2020年上半年,支付占总营收的35.86%,信贷占总营收的63.29%,两者相加超过99%。这也就是说,科技及其他收入占总营收的比例不到1%。实际上,以云计算、数据库、区块链等为主的技术及技术输出板块对蚂蚁集团的贡献率从2017年以来就没有改变过,一直徘徊在0.8%左右。

因此可以确定,蚂蚁集团是一家以支付与信贷为主,却屡屡被人为贴上科技标签的金融服务集团。

截至 2020 年上半年，在蚂蚁集团联合贷款模式下促成的 2.15 万亿元信贷余额中，经营贷余额仅为 0.42 亿元，消费贷高达 1.73 万亿元，而且是平均年化利率在 15% 左右的次级消费贷。也就是说，其一贯鼓吹的解决小微企业融资难、融资贵的经营性贷款余额，占比不到总贷款余额的 1/5，绝大部分贷款则投向了面对个人的消费市场。这个市场曾在 P2P 时代，以恶名昭彰的现金贷的形式给各家平台带来了高额利润。

蚂蚁集团以前以支付为主要收入来源，2017—2019 年，"花呗""借呗"通过联合贷款模式产生的技术服务费从 161.87 亿元扩大至 418.85 亿元，增长了近 1.6 倍，帮助其更换了增长引擎。2019 年，信贷板块首次超过支付板块，贡献了 56.2% 的营收，成为其最大的收入来源。而在这背后起支撑作用的，不是云计算、大数据、区块链、人工智能等技术手段，而是蚂蚁集团和阿里巴巴集团建立起来的包括个人与小微企业在内的生态环境。

马云指责银行放贷是当铺思维（想），实际上，科技手段再先进，也改变不了金融产品的本质，放贷一定会有约束条件，只不过约束条件可能从抵押物变成主动提交或在不知情状态下被提取个人通讯录等其他形式。

以蚂蚁集团的经营类信贷产品为例，其贷款对象为本集团与阿里巴巴平台的小微商户，大致可以分为三类：①基于支付宝应付账款的质押贷款；②基于淘宝、天猫店铺价值的变相质押贷款；③店铺在"阿里系"物流、仓储中形成的存货质押贷款。也就是说，仅依靠其商业生态对借贷商户的控制力就可以低风险地发放贷款，技术在其中起到的是锦上添花的作用。实际上，蚂蚁集团也很难突破两个集团的商业生态去做小微经营贷款。

蚂蚁集团的消费贷款本质上与银行信用卡业务、P2P 现金贷并无多大区别，其优势在于占有巨大的流量和庞大的用户消费数据，甚至是隐私数据，技术可以在风控维度、风控模型等方面发挥作用，但对超大规模的消费贷款来说，起主导作用的是宏观经济走势与大数法则，技术的作用已非常有限。

蚂蚁集团招股书显示，联合贷款模式下，其全面参与贷款审批、风险管理、还款等流程，并承担贷后管理职责。为此，其从银行放贷利息收入中收取 30% 左右的技术服务费，而这部分技术服务费成为其目前利润的最大来源。在这个模式下，银行并不能实现有效风控，银行看中的是蚂蚁集团的能力与信用，但蚂蚁集团明确表示，"我们不以提供的自有资金且承担信用风险作为微贷科技平台业务的主要开展方式"，而其在英文版招股书中表达得则更为直白："我们的方式是不承担信贷风险"。那么，超万亿规模的联合贷款究竟谁来兜底？银行的风险谁来保证？这应该是金融管理部门最关心的问题。

同时，2.15 万亿元的信贷规模，只有 2% 的资金是自有资金，98% 的资金来自合作银行和发行 ABS。以区区几百亿元的资本金撬动两万多亿元的贷款余额，既突破了金融管理部门对小贷公司资本金和杠杆率的限制，也突破了《巴塞尔协议》对银行表外资本的限制，很难不引起金融管理部门的注意。

分水岭：监管走向前台

监管走向前台，不是从蚂蚁集团暂停上市开始的。以 P2P 为代表的互联网金融和以蚂蚁集团为代表的金融科技，让我国金融管理部门完成了一次对金融创新风险，或者说以创新的名义跨界经营金融风险的集体再认识，面对市场中已出现且不能自我修正的诸多问题，监管思路逐渐从包容、鼓励走向合规、审慎。在这个过程中，蚂蚁集团因体量庞大，成为市场与监管博弈的焦点，以此为分水岭，我国金融科技的发展正式告别了市场自由化、资本无序扩张的阶段，一个时代结束了。

2020 年 11 月 1 日，《国务院关于实施金融控股公司准入管理的决定》《金融控股公司监督管理试行办法》正式实施。

11 月 2 日，人民银行发布《金融控股公司董事、监事、高级管理人员任职备案管理暂行规定（征求意见稿）》，并与银保监会联合发布《网络小额贷款业务管理暂行办法（征求意见稿）》。同日，由人民银行起草，会同全国金融标准化技术委员会（以下简称金标委）归口管理，共同发布了《金融科技创新应用测试规范》《金融科技创新安全通用规范》《金融科技创新风险监控规范》三项金融科技行业标准规范。

11月6日，人民银行发布《中国金融稳定报告2020》，明确提出加快完善符合我国国情的金融科技监管框架，要解决因规则滞后带来的监管空白和监管套利等问题。

12月15日，人民银行金融稳定局负责人在"第四届中国互联网金融论坛"上指出，互联网存款产品是无照驾驶的非法金融活动，应纳入金融监管范围。此话一出，蚂蚁集团于12月18日首先主动下架平台上的互联网存款产品。

2021年1月15日，人民银行联合银保监会共同发布《关于规范商业银行通过互联网展开个人存款业务有关事项的通知》，互联网金融平台的互联网存款业务被正式叫停。

1月20日，人民银行发布《非银行支付机构条例（征求意见稿）》，以强化金融监管为重点，对非银支付机构的设立、变更及业务运营的合规边界做了系统性的规制。

据不完全统计，自2020年下半年以来，金融管理部门密集发布了超过15个强化金融科技监管要求的规章制度，涵盖了银行、证券、保险、基金、支付机构、金融科技公司、小贷公司、金融中介等大多数金融门类。

2021年4月29日，在三次约谈蚂蚁集团、督促其整改之后，人民银行、银保监会、证监会及外汇局等金融管理部门对部分互联网金融科技平台进行了联合约谈，针对当前市场违规问题，提出了七项整改要求：金融活动纳入金融监管，金融业务必须持牌经营；支付回归本源，断开支付工具和其他金融产品的不当连接；打破信息垄断，严格通过持牌征信机构依法合规开展个人征信业务；加强关键环节规范管理，符合条件的公司需依法申设金融控股公司；合规审慎开展互联网存贷款及保险业务，防范网络互助业务风险；规范企业发行 ABS 产品及境外上市行为等；强化金融消费者保护机制，规范个人信息采集使用等。

此次约谈对象包括腾讯、度小满金融、京东金融、字节跳动、美团金融、滴滴金融、陆金所、天星数科、360 数科、新浪金融、苏宁金融、国美金融、携程金融 13 家公司，几乎囊括了互联网金融科技平台的代表性公司。七项整改要求可以看作金融管理部门对金融科技行业提出的整改要求，政策指向性非常明确，体现出自蚂蚁集团暂停上市以后，监管措施愈发清晰、具体和具有可操作性。

在蚂蚁集团还未更名的时候（当时称蚂蚁金服），曾通过 ABS，用 30 多亿元本金撬动发放 3000 多亿元网上小额贷款，形成上百倍的高杠杆[①]。2017 年在互联网金融风险专项整治工作中被叫停后，变道联合贷款，但杠杆率居高不下的同时，风险控制、补偿及分担机制仍然严重缺位，依靠流量与自我生态资源驱动的"花呗""借呗"等产品，在短期内迅速做大信贷业务量与盈利规模，实际上让整个行业与社会都承担了巨大的压力和风险。

支付宝偏离支付主业，采用交叉嵌套方式，打破金融产品边界，打破企业、金融、经济与公共服务等多领域边界，肆意扩张，亦存在反省及修正之必要。

马云在上海外滩的发言称蚂蚁集团（蚂蚁金服）干的是"绿色、可持续和普惠、包容的金融"，"绿色、可持续和普惠、包容的金融"是个很宽泛的概念，目前没有统一的说法，但是，高杠杆、交叉嵌套一定不是"绿色、可持续和普惠、包容的金融"，不承担信贷风险、年化利率在 15% 左右的次级消费贷款产品一定不是"绿色、可持续和普惠、包容的金融"。

---

① 黄奇帆. 结构性改革：中国经济的问题与对策[M]. 北京：中信出版社，2020.

小微企业融资难、融资贵是世界性难题，笔者以为这也是我国金融管理部门，对以 P2P 为代表的互联网金融和以蚂蚁集团为代表的金融科技，在初期报以包容、鼓励姿态的初衷。但事与愿违，在无节制的资本扩张与追逐利润本能的驱动下，解决这个难题并没有取得实质性进展，既没有降低社会融资成本，也没有改善不均衡的社会融资形态，反倒由于负网络外部性而产生了诸多社会问题，加剧了社会治理、公共治理的矛盾。

当互联网金融科技平台的尽头变成信贷，当所有的互联网金融科技平台都在做信贷，尤其是以风险承受能力较差群体的消费贷款为主的时候，就如同已被清零的 P2P 一样，问题不仅在个体，而在于整个行业的价值导向出了偏差甚至错误。监管走向前台，旨在正确把握金融科技的核心与本质，确保金融科技行业发展不偏离方向，最大限度地抑制不良动机，实现科技向善，真正把科技能力转化为金融竞争力。

在我国的金融科技发展史上，2020 年是一道分水岭。毋庸讳言，我国金融科技创新主要来自互联网金融科技平台，这些创新集中在产品、营销、渠道及用户等应用层面，技术、规则、制度及文化建设等层面尚待加强。希望越过分水岭后的我国金融科技，能站在新的起点上，以新的面貌，在基础科技与核心技术创新方面，在完善制度体系保障方面，在提升金融效率与质量等方面，做出更大的努力，取得更大的成绩，真正形成具有国际影响力的中国金融科技生态体系。

2021 年 8 月

数字人民币

数字人民币是现阶段我国金融科技最高形式，将自上而下推动整个金融科技产业的变革，进一步激发市场活力，为金融科技企业带来巨大增量发展空间。

数字人民币一定不是原有货币体系和支付体系的简单数字版。在与国际接轨，尊重国际共识和规则的前提下，已有先发优势的数字人民币应坚持制度自信、道路自信，以开放的心态，积极参与国际对话，为世界提供中国经验与中国智慧。

数字货币的梦想与现实

2020年4月16日，美国社交媒体Facebook推出的Libra项目（以下简称Libra）发布新版白皮书，宣称"这份新的白皮书是协会计划的独立更新，2019年6月发表的技术支持性质的论文已被更正或淘汰"[①]。这不是Libra对旧版白皮书第一次进行"独立更新"，2019年年底也曾发布过一版，其中比较大的改动是删除了关于早期投资者分红的内容。而这一次之所以称为新版白皮书，是因为对旧版白皮书进行了重大和集中的"更正或淘汰"，主要体现在四个方面：①增加单一货币稳定币，例如LibraUSD、LibraEUR、LibraGBP和LibraSGD等（去掉了旧版白皮书中锚定一篮子法币中的日元），仍保留超主权货币LBR；②通过强大的合规性框架提高Libra支付系统的安全性；③放弃将来向无许可公有链系统过渡的计划，同时保持其主要的经济属性；④为Libra的资产储备建立强大的保护措施。

其中，第二点和第四点提及的建立"反洗钱""反恐怖融资"等方面的合规框架和加强法币储备池管理等措施，均是从事金融活动的基本性、常识性要求，旧版白皮书缺失此部分，可见彼时发布者对金融领域的生疏和无知无畏。第一点和第三点是根本性改变，第一点尤为关键。Libra修改了旧版白皮书的核心设计结构，新增锚定单一法币的稳定币，更大的转向在于对超主权货币LBR的定位。在新版白皮书中，Libra将由单一货币稳定币主导，LBR仅是补充，即上述LibraUSD、LibraEUR、LibraGBP和LibraSGD等一货币稳定币按照固定权重加权计算后的组合资产，但其实现方式和应用场景与旧版白皮书均有明显不同。可以看出，Libra没有放弃发行超主权货币的冒险想法，

[①] "技术支持性质的论文"指发布于2019年6月18日的第一版白皮书，以下简称旧版白皮书。

而这几乎就是 Libra 最具争议之处。

Libra 在初版白皮书中,曾提到计划用五年的时间完成向无许可系统的转变,实现完全"去中心化",此路线被新版白皮书中的第三点遗弃,这可以视为仅次于前者的最大变动。Libra 放弃了公链,放弃了"去中心化",放弃了无政府主义追求,对区块链信仰者来说,这是一个根本的转变,甚至是一种背叛,但现实打败了信仰,规则打败了技术。所幸 Libra 的基础架构采取的仍是区块链技术。

Libra 仍计划在今年年内推出,到底会以什么形式呈现出来,从新旧版白皮书的"更正或淘汰"程度来看,还存在很大的不确定性,但这些已经不重要了,即便它最终"泯然众人矣",成为 Facebook 体系内的一个支付系统,或者是一个稳定币项目,仅凭借两本白皮书,其在支付、货币发行等金融经济领域引起的诸多话题、争议和影响必将长时间存在。

本文不揣冒昧,拟从货币私营化、超主权货币以及数字货币三个方面对此展开论述,略抒浅见。

货币私营化难以卷土重来

2019 年年底,人民银行原行长周小川在谈到 Libra 的时候表示,"数字货币可以是中央银行的,也可以是私营部门的,也可能是两方面合作"[1],有人将其简化为"货币可以是中央银行的,也可以是私营部门的,也可能是两方面合作",认为是周小川支持货币私营化的表态。其实这是一种有意或无意地歪曲和误解,因为在现阶段,数字货币无法等同于货币,两者之间存在着本质区别。但是,随着比特币和区块链技术的横空出世,货币私营化的论调甚嚣尘上,老调重弹,Libra 不过是起了推波助澜的作用而已。事实上,货币的创造和发行从来就不只是技术问题,被货币历史淘汰了的货币私营化很难在现实中卷土重来。

---

[1] 孟俊莲,刘佳.周小川回应数字货币和电子支付:央行可组织研究 但无法确保方案最优[N].华夏时报,2019-11-08.

货币是国家机器的重要组成部分，国营化是货币发展和演变的必然结果，是人类经过无数次实验后的最优选择。其中起到关键性作用的是《皮尔条例》的颁布和布雷顿森林体系的崩溃。前者促进了中央银行的诞生，使中央银行成为货币市场上的"最后贷款人"和金融稳定的"守夜人"；后者改变了货币发行的价值基础，由天然稳定的实际价值（金属本位制）转变为主权国家的政府信用（信用货币），货币在现代金融体系中压舱石的地位愈显突出。

国之公器，岂可授予私人。考诸中外货币史，在实物货币和金属货币时代，无论是长安街上的王侯、波士顿的农民，抑或是佛罗伦萨的商人和手工业者（排名不分先后），曾经人人均可铸造货币。有人因此富可敌国，有人因此贫无立锥。但形形色色的私人货币来来去去，其兴也勃焉，其亡也忽焉，终因欲壑难填、人性贪婪，在信用货币时代被彻底抛弃，枉自成为历史上的一段陈迹。

然而，理论上的探讨一直不绝如缕。例如《皮尔条例》颁布后，当时的哲学家赫伯特·斯宾塞即表示反对，他的话大意是，既然我们能够信任杂货店老板卖的茶叶和面包店老板卖的面包，我们就应该信任其他店铺老板供应的先令与便士。100多年后，晚年的哈耶克出版《货币的非国家化》，其观点和赫伯特·斯宾塞话中的意思如出一辙。又过了数十年，彼时似乎籍籍无名的《货币的非国家化》，被开发数字货币的人们重新翻出来奉为圭臬。只是，即便在理论上，哈耶克本人也承认，"这种方案留下很多有待解决的难题，而我并没有现成的答案"[①]。这一点似乎被这些人们有选择性地过滤掉了。何况，我们相信互联网和区块链等技术能够推动社会进步、改变生活，但不能够改变人性和人心。

不能够改变的还有人类对货币价值稳定的追求。数千年来，货币形态历

---

① 弗里德里希·冯·哈耶克.货币的非国家化[M].姚中秋，译.北京：新星出版社，2007.

经变迁，这种追求始终不变。当100年多前的马克思写下"金银天然是货币，货币天然不是金银"的时候，也许不会想到货币和信用之间的关系。这种"信用"，不是银行的信用，也不是政府或财政部门的信用，而是以全体社会财富作为支撑的国家信用。这种关系一旦确定下来，在货币传统的价值尺度、交换媒介和储藏手段等功能外，其承载的作用也随之愈加丰富、精密。货币成为维系现代金融体系的公共产品，货币体系成为经济金融领域的公共基础设施，货币政策成为国家调控经济的主要手段，能为这种高度制度化安排背书的，唯有信用的最高形式——国家信用。当然，国家信用也面临透支、崩溃、破产等问题，本书暂不对此展开讨论。

超主权货币是个遥远的梦

如果说货币私营化考验的是人性和人心，那么，超主权货币挑战的则是国家主权和国家信用。超主权货币是否可行呢，在回答这个问题之前，我们先看三段史料。

第一段史料：1944年，全球44个国家的代表在美国新罕布什尔州的布雷顿森林召开了联合国与联盟国家国际货币金融会议。英国代表约翰·梅纳德·凯恩斯从英国利益出发，提出成立国际清算同盟，发行超主权货币Bancor（以30种有代表性的商品作为定值基础），即由国际清算同盟发行Bancor，各个国家以所持有的Bancor进行国际贸易、进口商品及发行本国货币，维持本国货币与Bancor之间的确定汇率结算比例，并以Bancor结算国际贸易差额。此方案被否决，随后产生的布雷顿森林体系确定在新的国际货币制度中，实行黄金—美元本位制[①]，美元从此替代英镑成为国际上最有权势的主权货币。此事的背景是，经历了两次世界大战，英国的经济体系遭到毁灭性打击，昔日的世界霸主日不落帝国的财力已然捉襟见肘，无力他顾了。

第二段史料：1969年，国际货币基金组织（IMF）发行特别提款权

---

① 也称作美元汇兑本位制，各国不是锚住黄金，而是锚住美元。

（Special Drawing Right，SDR）。SDR 的价值由美元、欧元、人民币、日元和英镑组成的一篮子货币决定①。会员国在发生国际收支逆差时，可用其向其他会员国换取外汇，以偿付国际收支逆差或偿还基金组织的贷款，亦可与黄金、自由兑换货币一样充当国际储备。在当时的设想下，SDR 是作为国际货币系统的主要储备货币设计的，故自推出之日起，就不断有人提出让其取代美元，成为超主权货币。终因涉及金融主权、国际政治版图及世界贸易投资协议等诸多因素，设想成空，SDR 现在只是一种使用范围特定、规模有限的政府间特殊储备，从来没有成为世界流通的货币。SDR 推出的背景是 20 世纪 60 年代末期爆发美元危机。

第三段史料：1999 年，欧盟推出了替代成员国原有货币的多国家统一货币——欧元。欧元被誉为蒙代尔最优货币区理论的成功实践，当前已经成长为世界上举足轻重的货币。欧元是区域主权货币，是得到成员国法律认可、主权保护的共同的主权货币，完全替代了成员国的主权货币，拥有唯一的欧元中央银行。欧元不是超主权货币，但为超主权货币提供了具有现实意义的解决思路。欧元推出的背景是欧洲经济一体化。

也许超主权货币的理想目标是在国际货币体系中创造一种与主权国家脱钩、保持币值长期稳定的国际储备货币，解开特里芬难题，但货币的背后是国家的利益、权利、经济、政治和外交。三段史料从不同角度告诉我们，在现阶段国家依然存在，地缘政治、经济冲突不断，民粹主义持续发酵，全球经济一体化出现停滞，甚至逆转的情况下，超主权货币肯定无法落地实现，注定是个遥远的梦想。

因此，这时候 Libra 白皮书奢谈"建立一套简单的、无国界的货币和为数十亿人服务的金融基础设施"，实在是没有讨论的价值和必要，无论是旧版本

---

① 其初始价值被设为 1 单位 SDR 对 1 美元，后与一篮子货币挂钩，人民币在 2015 年被纳入货币篮子。

还是新版本。

数字货币的尴尬与可能

数字货币的尴尬在于，虽然名字带着"货币"两个字，但它确实不是货币；数字货币的可能在于，在数字经济时代，它代表了货币的未来和发展方向（比特币和稳定币之外的尚在探索中的其他数字货币形态）。本书将数字货币的发展分为三个时期：以比特币的诞生为 1.0 时期，以稳定币的出现为 2.0 时期，以法定数字货币的推出为 3.0 时期。目前，法定数字货币呼之欲出，但尚未面世，仍处于 2.0 时期。

一、1.0 时期，致敬中本聪

2009 年年初，创世区块诞生，中本聪将比特币从数月前发表的论文《比特币：一种点对点的电子现金系统》里的概念变成了现实。这是一项重要事件，其具有革命性的设计理念和技术对人类产生的影响，至今仍在延续而无法给出结论。

"自 20 世纪 90 年代以来所有的虚拟货币公司全都失败了……这些系统之所以失败，显然是因为它们的中心化控制这一特性。我想，我们正在首次尝试建立一个去中心化的、非基于信任的系统"[1]。中本聪在这里提到了两个关键词：去中心化（decentralized）和非基于信任的（non-trust-based）。这两个关键词几乎是对现实中信用货币的挑战和否定，也几乎是数字货币在 1.0 时期和 2.0 时期所有币种的设计准则和标准，其开辟了人类货币实验的一个新领域。这种探索性质、革命性质的尝试，无论结果如何，均令人敬佩赞赏。

而帮助比特币实现"去中心化"和"非基于信任"的区块链技术，其影响更是远远超过比特币本身，数年内已经在诸多领域得到迅速推广和应用。实际上，区块链是一系列顶尖技术的集合，这些技术包括大卫·乔姆发明的密码学匿名现金支付系统、哈伯和斯托尼塔发明的时间戳、亚当·贝克发明

---

[1] 引自中本聪《比特币：一种点对点的电子现金系统》一文。

的工作量证明系统、尼克·萨博发明的智能合约及戴伟在 B-Money 系统中发明的分布式技术等，中本聪是这些顶尖技术的集大成者，是区块链技术当之无愧的发明者，仅此身份即足以使人敬仰。

然而，技术上的顶级专家在货币领域还是犯下了一些常识性错误（或是观念不同，我以为是者彼以为非，彼所取者我所弃者也），尤其是事先设定总量和阶段性产量的做法，完全违背了货币发展的逻辑，去中心化的网络体系和运行空间，亦增加了其内在价值的不确定性，导致比特币自诞生以来价值大起大落，彻底丧失了其成为货币的基础。

虽然如此，比特币的追随者依然蜂拥而至。2014 年，脱胎于比特币，具有开源的、智能合约功能的公共区块链平台以太坊面世，以太币成为继比特币之后备受追捧的虚拟资产。

1.0 时期数字货币的最大特点就是，让人们在实践中接受了数字货币不是货币的事实，价值的无法确认和波动成为这一时期数字货币的通病，而成为虚拟资产显然不是数字货币开发者们的初衷。于是，稳定币粉墨登场，数字货币 2.0 时期徐徐拉开了帷幕。

而这时候的中本聪，正如 2008 年以前从来没有出现过一样，又一次隐身于世人面前，仿佛这一切纷纷扰扰与他毫无关系。

二、2.0 时期，不稳定的稳定币

2014 年年底，Tether 公司发行 USDT，并宣称 USDT 与美元挂钩，锚定 1 USDT 为 1 美元。Tether 公司承诺，用户可以在其平台上 1∶1 将 USDT 兑回美金。"稳定币"这一概念就此产生。截至 2019 年，有超过 200 个稳定币项目公布，有 66 种稳定币在市场交易[1]，其中 USDT 占据了 70% 左右的稳定币市场份额。鉴于 1.0 时期的数字货币没有真实价值支撑，这些稳定币多数锚定美

---

[1] 佚名.史上规模最大的稳定币年已至 浅谈 2019 年稳定币的争奇斗艳[EB/OL].币莱财经，2019-08-20.

元,也有锚定黄金甚至以太币者。

稳定币在市场上的表现,实际上并不"稳定"。仍以 USDT 为例,2019 年 3 月,饱受挪用保证金和欺骗投资者罪名困扰的 Tether 公司宣布,USDT 从全额保证金制度改为部分保证金制度,不再与美元 1∶1 锚定。市场评论认为,此举标志着 USDT 已经丧失了稳定币的属性。同时,多数成立于早期的稳定币项目已不见踪影,稳定属性的缺失是这一时期数字货币的通病。

稳定币的本质是与货币挂钩的专用代币,这不过是新一代人的旧想法而已(可参考金属本位制时期的纸币),无所谓创新。在一国只允许流通一种货币的情况下,无论代币的形态和运行方式有何变化,均只能在限制范围内使用,不具备法偿性与普偿性,不可能取代或者成为真正的货币。

相比 1.0 时期的数字货币,2.0 时期的数字货币在设计理念上是对前者的否定,这种否定与其说是一种进步,毋宁说是一种反动,当缺失稳定属性的稳定币不再稳定时,其代币的结局大概率是被所"代"的货币以数字形式代替(法定数字货币)。

在稳定币的江湖,Libra 的介入虽没有实质性意义,但毕竟带来了新变化。在其旧版白皮书公布后,七国集团(G7)轮值主席国法国中央银行即委托欧洲中央银行(ECB)对其进行调研并向二十国集团(G20)财长和央行行长会议提交了《全球稳定币调查报告》,阐述了稳定币给监管和公共政策带来的挑战。随后,金融稳定委员会(FSB)接手稳定币监管政策建议制定工作,并将尽快提交咨询报告初稿。此举意味着全球监管已经达成共识,进入稳定币监管政策制定阶段。此前,稳定币如 USDT 等均未受过监管,而自比特币等虚拟加密资产诞生以来,10 余年间,各国尚未形成统一的监管规则和制度。

三、3.0 时期,令人期待的央行数字货币

从实物货币、金属货币到信用货币,货币形态逐渐虚拟化,货币从价值实体迭代为价值符号。于是,现代货币理论(MMT)对货币的定义改为"一

般的、具有代表性的记账单位"[①]。曾经是特殊商品的货币被去掉了物理形式，仅留下了"记账单位"这一抽象名词。

有人说这是一种回归，回归了货币的本质。我们认为这也是一种必然，就像我们必然会走向数字经济、数字时代一样，作为货币的发展方向和未来的货币形式，我们必然会走向一个拥抱数字货币的世界，即数字货币的 3.0 时期。

在 3.0 时期，比特币、以太币依然会存在，稳定币也许会存在，但它们都不会站在舞台的中央，站在舞台中央的应该是各国中央银行的法定数字货币（CBDC）。虽然我们还不知道它们的模样，但这不影响我们对它们的期待。而且，我们还应该向 Libra 表示感谢，毫无疑问它的两本白皮书引起了各国中央银行对数字货币的重视，客观上极大地推进了央行数字货币的研发进程。

2021 年 4—5 月

DC/EP 对支付行业的影响猜测

从 "DC/EP" 到 "DCEP"，中间的斜杠不见了，还有写成 "DC\EP" 的，不知是官方有意为之，还是媒体的疏忽。在目前关于 DC/EP 的热火朝天的讨论中，这个细节很少有人注意，毕竟无关大局。为了严谨起见，本书沿用原来写法。

DC/EP 已经进入内测和试点阶段，整体结构和业务流程框架应该已经确定。2019 年 8 月，人民银行数字货币研究所提交了一系列与数字货币系统结构相关的专利申请，涵盖货币生成、流通、验证、回收等主要环节，分为四个节点：中心管理系统、数字货币投放系统、额度控制系统、货币终端。其中，中心管理系统负责接收数字货币投放系统的货币生成请求，分配数字货币额度；

[①] L. 兰德尔·雷. 现代货币理论：主权货币体系的宏观经济[M]. 张慧玉，王佳楠，马爽，译. 北京：中信出版社，2017.

数字货币投放系统负责生成数字货币，发给货币终端；额度控制系统负责校验，检验所获额度是否超出预设标准；货币终端则是用户接收和使用数字货币的载体。此系统与2018年对外发布的数字货币原型系统[①]的"一币、两库、三中心"[②]的整体结构有所区别，因缺乏官方说明，尚不清楚两者之间的关系。

按照人民银行数字货币研究坚持技术中性，不预设技术路线的原则，目前参加内测机构的测试范围，应该是在前面提到的四个节点中的货币终端环节，当然，也可能有市场机构全程参与了DC/EP的技术设计和研发。

不同于CBDC（中央银行数字货币），DC/EP包括数字货币和电子支付两个概念，可以视为中国版的CBDC。本书主要从支付的角度，讨论DC/EP可能带来的作用和影响，所用材料均来自媒体公开报道，未经官方证实，可能会与实际有所出入，因此有些观点和结论仅是猜测而已。同样的原因，引用材料不再一一注明出处，特此说明。

DC/EP继承了现有货币（纸币）投放体系和二元账户结构，采用中心化管理模式下的双层运营体系。现有货币投放的双层运营体系是人民银行+商业银行，DC/EP投放的双层运营体系是人民银行+运营机构，运营机构可能是商业银行、非金融支付机构（以下简称支付机构）或通信运营商（到底哪家能脱颖而出，哪家的设计方案和技术标准会被采用，要在赛马机制下的内测结束后才能知道），消费者通过运营机构进行DC/EP的兑换，不直接和人民银行发生关系。此阶段出现了两个值得关注的新名词，账户松耦合和可控匿名。

账户松耦合

数字货币分为基于token和基于账户两种，按照前面提到的二元账户结

[①] 姚前.中央银行数字货币原型系统试验研究［J］.软件学报，2018（6）.
[②] "一币"指中国人民银行发行的数字货币；"两库"指中国人民银行发行库和商业银行的投放库；"三中心"指中国人民银行数字货币登记中心、认证中心和大数据分析中心，分别承担数字货币权属信息登记、身份信息管理、可控匿名及分析各种指标、风险防控等功能。

构，DC/EP 很可能是采用了部分 Token 技术的基于账户的数字货币。运营机构在人民银行开设账户，消费者在运营机构开设账户，这个账户是独立于现有银行卡账户支付体系（商业银行）与虚拟账户支付体系（支付机构）之外的数字货币账户支付体系，经营的是数字货币钱包业务。

所谓"松耦合"，应该不是指交易环节对账户依赖程度的降低。笔者的理解是，运营机构只能获得消费者每一笔交易的有限信息，即收支钱包名称与金额的变化，具体使用情况，包括数字货币交易确权等由人民银行处理，即只有人民银行可以获知消费者的完整资金使用记录，运营机构在整个交易过程中起到的是支付工具的作用，这样就真正回归了支付的本源。

目前坊间有种错误说法，即认为数字钱包是消费者开设在人民银行的存款账户。之所以说错误，原因之一是忽视了人民银行不对金融机构和财政部门以外的单位和个人开立账户的现实，之二是混淆了数字钱包和存款账户的区别，极易引起公众误解。但如何定性人民银行（或其下属机构）对数字货币交易确权行为，是否介入具体业务，尚待官方说明与专家解释。

账户松耦合带来的问题还包括以下五个方面。

第一，DC/EP 具有明显的零售 CBDC 特征，那么运营机构从人民银行兑换 DC/EP，不知是逐笔兑换还是批发兑换，如果是后者，则属于事实上的批发 CBDC。也就是说，DC/EP 兼具零售与批发功能，只不过目前以零售为主。

第二，分类功能。比照现有银行账户体系，DC/EP 账户很可能根据钱包功能和金额等设置分类等级，认证等级越高，使用限制越少。DC/EP 账户与银行卡账户、虚拟账户之间是单向兑换还是双向兑换，是否限额等目前亦缺乏说法。

第三，远程开户问题。是必须面签还是允许远程开户，这是个技术上容易解决，但在法律法规上容易引发争议的问题，目前亦缺乏相关说法。

第四，利息问题。虽然 DC/EP 就是法定货币，但纸币存在银行是有利息的，银行卡余额计息，虚拟账户的备付金几经反复，目前也计息（给支付机构）。DC/EP 按现在官方的说法是不计息，以后是否计息，甚至执行负利息，目前尚不明确。

第五，发行费、手续费及分配问题。以运营机构是商业银行为例，银行卡业务是商业银行的表内业务，数字钱包则构成了商业银行的表外业务。其2发行费用的产生与使用规则目前尚不明确。另外，使用 DC/EP 是否会产生手续费（卡基支付的分润问题，目前仍是一个世界性难题）、如何分配，以及账户提现的要求及规则目前均缺乏相关说明。

可控匿名

对于 DC/EP 的可控匿名，笔者的理解是，由于账户松耦合，运营机构或消费者无法获知非本人的交易流水信息，无法追踪资金转移痕迹，是谓"匿名"，而不是不知道数字钱包所有人姓名，因为毕竟注册时需要实名。所谓"可控"，应该是指 DC/EP 的所有信息在账户体系内均有迹可查、无所遁逃，均在人民银行的掌控中。

技术上，DC/EP 的可控匿名采取前端匿名、后台实名的方式，本质是实名制。一个 DCEP 从生成到销毁，所经历的每一个节点都应该会被记录下来，这与纸币的匿名有很大区别，所以，欺诈、洗钱、恐怖融资、逃漏税等违法犯罪分子一定不喜欢使用 DC/EP。

支付即结算

相比于账户松耦合和可控匿名，DC/EP 更大的创新是把"支付即结算"从概念变成了现实。

银行卡支付流程采用消费者、商户、商业银行和银联四方模式，包括支付、清算、结算三个步骤；虚拟账户支付流程以前采用消费者、支付机构和商业银行三方模式，现在采用消费者、支付机构、商业银行和网联四方模式，仍包括支付、清算、结算三个步骤；DC/EP 支付流程采用消费者、运营机构和人民银行三方模式，但点对点、端对端的交易，使信息流、资金流合二为一，无须后台异步清算、结算与对账，支付即结算，钱款即时两清。目前坊间讨论较多的是人民银行在交易结束时，是在分布式账本上更改 DC/EP 的属主关系，还是直接销毁原有的 DC/EP，生成新的 DC/EP。对此亦缺乏相关说法，都是在猜测中。

DC/EP 的支付即结算，是对目前支付清算方式的根本性变革，清算机构、商业银行和支付机构的作用被弱化或替代，与原有支付清算体系的路径、技术及制度安排截然不同，并极有可能成为数字经济时代的主流支付方式。相比之下，其双离线支付功能，不过是小技术、小应用而已。

结论

第一，虽然在技术、细节等方面存在不确定性，但受 DC/EP 影响最大的将是支付机构。一旦支付机构被定性为支付工具，接触不到交易信息，挖掘支付行为背后的价值就将成为一句空谈，而这几乎是所有支付机构生存的基础。同时，清算机构和商业银行也应找准自身定位，未雨绸缪，避免受到数字货币支付体系更大的冲击。所幸未来尚未来，还有时间寻找应变之策，即便时间已然不多。

第二，虽然目前 DC/EP 在设计上只限于替代 M0，强调其支付和零售用途，但随着 M1、M2 的实际市场需求及经济数字化程度的提升，DC/EPC 存在开辟多种新领域的可能性，包括跨境支付、批发交易，甚至储备货币等，应及早展开相关研究并对结果及可行性做出科学评估。

第三，对消费者而言，DC/EP 不会仅是在银行卡支付、虚拟账户支付以外，提供另一种支付选择那么简单。按照货币自身的发展逻辑，数字货币终将取代信用货币，我们也终将会随着数字经济的到来，迎来一个"可控匿名"的 DC/EP 时代。

2020 年 5 月

数字人民币，现阶段我国金融科技的最高形式

自 2020 年下半年以来，DC/EP 逐渐被更符合国际使用惯例的 e-CNY（数字人民币）取代。虽然从概念上来说，DC/EP 有数字货币、电子支付两层含义，内涵更为丰富，但为了不引发歧义，本书在讨论 DC/EP 项目相关情况时，均称为数字人民币，两者在内涵与外延的指向上暂被视为没有区别。

2021 年 1 月 4 日，在人民银行年度工作会议上，"数字人民币"一词被提及两次。一次是在总结上年工作时提到，"人民币现金管理及数字人民币试点工作稳步推进"；另一次是在部署 2021 年工作时提到，"稳妥开展数字人民币试点测试"。其透露的信息是"稳"字当头。"稳"，是对 2021 年数字人民币试点工作的要求，也是数字人民币自研发以来一直保持的总基调。

试点工作有序推进

数字人民币前期试点采用的是"4+1"模式，即在深圳、苏州、成都、雄安新区及北京东奥会场景推动相关试点测试。本书对此略做介绍。

2020 年 10 月 8 日，1000 万元数字人民币红包在深圳市罗湖区测试落地，这是数字人民币首次面向个人消费市场的开放环境测试，也是截至当时全球最大规模的中央银行数字货币测试，具有标志性意义。工商银行、农业银行、中国银行、建设银行参与测试，场景覆盖商场超市、餐饮零售、生活缴费、地铁充值等，涉及罗湖区商户 3389 家。此次测试主要对数字人民币 App 及其钱包开立、注销、交易、信息记录等基础功能进行了检验。申领后的数字人民币红包仅能单向使用，不能兑回银行账户，且超时未使用的红包会被收回。2021 年 1 月 1 日，深圳市福田区政府发放 2000 万元数字人民币红包，进行了第二次测试活动。参与银行新增了邮政储蓄银行、交通银行，涉及商户从 3389 家增加到全市 10000 家。此次测试实现了 6 个 100%，即福田区所有

区级预算单位 100% 开通对公数字人民币钱包；所有公职人员 100% 开通个人数字人民币钱包；6 家试点银行 100% 参加测试；深圳市区多元消费领域场景 100% 覆盖；全市所有完成终端改造的数字人民币设备 100% 覆盖；万余家商家的数字人民币终端设备 100% 通过可用性检查。

2020 年 12 月 12 日，苏州市政府开展首批 2000 万元数字人民币红包测试，对数字人民币运营体系及上下游产业链进行了探索实践。用户可以通过京东商城进行线上消费；对双离线支付模式进行检验；通过子钱包推送功能，对接京东数科、滴滴出行、美团单车、哔哩哔哩等多家 2.5 层运营机构，对其提供的支付场景进行了检验。

2021 年 2 月 6 日，北京市东城区政府开展 1000 万元数字人民币红包测试，进一步拓展了终端场景的使用功能。在工商银行部分网点上线了具备数字人民币存取现功能的 ATM 机，支持数字人民币与人民币现金的双向兑换；推出了搭载数字人民币钱包芯片的智能手套、智能手表、徽章等可穿戴智能设备，通过设备间相互碰一碰即可完成支付；推出了可视卡、指纹卡等数字人民币硬件载体，可在离线情况下通过与智能终端交互进行支付。

2021 年 2 月 24 日，成都市政府开展 4000 万元数字人民币红包测试，其特点是聚焦场景生态体系方面的探索。在乡村惠农、智慧养老、公共交通、政务缴费等场景搭建运营生态；与壳牌集团、中国石油集团、中国石化集团等探索基于智能合约的预付卡场景建设，开展了资金闭环流动的智能合约消费券测试；基于建设银行与百信银行的合作，进行跨金融机构的线上支付检验。

在"4+1"模式进行的同时，人民银行根据实际情况，综合考虑国家重大发展战略、区域协调发展战略及各地产业和经济特点等因素，增加了上海、海南、长沙、西安、青岛、大连 6 个新试点地区，进行了针对不同场景的更深入和更有目的性的测试。例如 2021 年 2 月 23 日，中国香港金融管理局、泰国中央银行、阿联酋中央银行及中国人民银行数字货币研究所（以下简称数研所）宣布，联合发起多边央行数字货币桥研究项目，探索央行数字货币在跨境支付中的应用；3月15日，辽宁省大连市两家燃油贸易企业通过数字人民币，在航运产业数字平台上完成了一笔燃油交易的结算业务，这是国内首笔在对公业务方面用数字人民币来实现B2B的支付结算；同期，大连市住房公积金管理中心通过数字人民币支付方式，完成了国内首笔住房公积金单位缴存及个人贷款还款业务；4月27日，国内首家使用数字人民币支付的免税店三亚海旅免税城首笔数字人民币离岛免税购物支付完成；雄安新区、海南省、重庆市、香港特别行政区等均提出积极探索数字人民币跨境支付应用等。

中国人民银行数字人民币研发工作组于2021年7月16日发布的《中国数字人民币的研发进展白皮书》（以下简称白皮书）披露的数字显示，截至2021年6月30日，数字人民币试点场景已超132万个，覆盖生活缴费、餐饮服务、交通出行、购物消费、政务服务等领域。开立个人钱包2087万余个、对公钱包351万余个，累计交易7075万余笔、约345亿元。

白皮书表示，在地方政府的积极参与和支持下，一些地区开展了数字人民币红包活动，实现了不同场景的真实用户试点测试和分批次大规模集中测试，验证了数字人民币业务的技术设计及系统稳定性、产品易用性和场景适用性，加深了社会公众对数字人民币设计理念的理解。

数字人民币生态初步形成

全国各地分批次、大规模集中测试的成功，证明数字人民币设计框架、业务模式、技术与安全标准体系等主要功能已基本成型，以数字人民币App为核心的数字人民币生态初步形成。

数字人民币是人民银行发行的数字形式的法定货币，定位于现金类支付凭证（M0），其发行权属于国家。人民银行在数字人民币运营体系中处于中心地位，对数字人民币采取中心化管理、双层运营。据白皮书介绍，人民银行（1层）负责数字人民币发行、注销、跨机构互联互通和钱包生态管理，同时审慎选择商业银行作为指定运营机构（2层），牵头提供数字人民币兑换服务，充分发挥其他商业银行及机构（2.5层）的创新能力，与指定运营机构（2层）共同提供数字人民币的流通服务并负责零售环节管理，实现数字人民币安全高效运行，包括支付产品设计创新、系统开发、场景拓展、市场推广、业务处理及运维等服务，确保用户对数字人民币的广泛可得。

数字人民币以广义账户体系为基础，支持银行账户松耦合功能，采用了稳态与敏态双模共存、集中式与分布式融合发展的混合技术架构。在技术路线的选择上，据白皮书介绍，发挥指定运营机构各自的优势和专业经验，通过开展技术竞争及技术迭代，保持整体技术先进性。充分利用现有金融基础设施，实现不同指定运营机构钱包间、数字人民币钱包与银行账户间的互联互通，提高支付工具的交互性。

数字人民币App上的数字钱包是数字人民币的载体。根据不同的维度划分和组合，已经形成了数字钱包矩阵体系，包括以下几种类型：按照客户身份识别强度分为不同等级的钱包，用户在默认情况下开立的是最低权限的匿名钱包，可根据需要自主升级为高权限的实名钱包；按照开立主体分为个人钱包和对公钱包；按照载体分为软钱包和硬钱包；按照权限归属分为母钱包和子钱包等。

数字钱包矩阵体系是数字人民币生态的重要组成部分，各指定运营机构可借此实现各自的视觉体系和特色功能，实现数字人民币线上线下全场景应用，满足用户多主体、多层次、多类别、多形态的差异化需求。

为完善数字人民币生态环境，2020年下半年以来，数研所先后与滴滴出行、京东科技、城银清算服务有限责任公司（以下简称城银清算）、农信银资金清算中心有限责任公司（以下简称农信银中心）、拉卡拉、国网雄安金科、银联商务等2.5层机构达成战略合作，研究拓展数字人民币的产品功能和应用场景。要进一步打造数字人民币的生态系统，在初具参与主体、产品体系、应用场景轮廓的同时，还要持续优化、完善技术生态体系和安全体系，建设相应的法律和监管框架，以确保法定货币属性、严守风险底线、支持创新发展为原则，营造安全、便利、规范的数字人民币使用环境。

现阶段我国金融科技的最高形式

数字人民币是现阶段我国金融科技的最高形式，为处在分水岭关键时期的我国金融科技行业的发展增加了新动力和新方向，或首先对我国支付行业产生重大影响。

金融科技在中国的应用滥觞于支付行业，并在移动支付等领域取得了举世瞩目的成绩。彼时金融科技的推动力量来自市场，是一种自下而上的发展路径，也因此产生了一系列市场自身无法解决的问题与矛盾（详见本书移动支付、金融科技等相关章节），数字人民币的出现，从更高维度和层面为解决这些问题与矛盾提供了新契机和新思路。

数字人民币定位于零售型央行数字货币，主要用于满足国内零售支付需求。从各地试点情况看，目前多以数字红包的形式，集中在生活消费场景使用，虽然转账、结算、公共事务、企业、政务及跨境等功能、场景还没有开启规模测试，但设计原则、主体结构、运营体系、技术路线及监管框架均已确定，以此为基础，本节对数字人民币对支付行业的影响略做分析。

双强对峙格局或被打破

支付宝和微信支付占我国移动支付市场 90% 以上的份额，双强对峙格局自 2016 年以来已经固化，双方利用交易数据、流量、技术等优势，嵌套、营销其他金融业务，进一步扩大了移动支付市场的不公平、不均衡竞争。同时，受利益驱动，双方账户自成一体、互不相通，造成市场割裂和支付壁垒，引起多方关注。数字人民币在理论上提供了一个解决这些问题的思路，双强对峙格局或被打破。

现金不是为了匿名而出现的，但匿名后来成为现金的主要特点之一。而实名和绑定银行卡，是支付机构开立支付账户的两个前置条件。支付账户内的"数字"，本节定义为"电子货币"，其来源多为所绑定的银行卡内的银行存款（本书将电子化的银行存款和银行货币，比如银行卡内的数字等也定义为电子货币）。与之相比，数字人民币是国家法定货币，以国家信用为支撑，具有法偿性，在使用上优于电子货币。

更重要的是，数字人民币账户松耦合与可控匿名的设计，使之可以在不依托银行账户（银行卡），以及运营机构不获取非支付必要用户信息的前提下，实现货币价值转移，而且是支付即结算，实现了人民银行与商业银行清结算在数字人民币系统上的直接对接，既提升了支付效率、缩短了支付交易流程，也将移动支付市场中出现的市场壁垒、市场割裂等扭曲现象弥于无形。

目前，移动支付应用主要集中在个人用户层面，从各地试点情况看，数字人民币在个人、企事业单位、政府部门等实现全面覆盖，这是一个巨大的增量市场与应用场景，如果能摆脱移动支付市场推广模式，从企业端和政务端入手并逐渐拓展，或更符合我国社会经济体系运行特点，收事半功倍之效。在试点中，数字人民币兑出兑回不收费、支持双离线交易，以及多主体、多层次、多类别、多形态的数字钱包形态等功能，均优于目前的移动支付。

正如数字人民币的推出不是为了取代现金一样，数字人民币的推出也不是为了取代移动支付，而是为了确保用户在移动支付市场上对央行数字货币的选择权，增加支付工具的多样性，增强现有支付体系的韧性、效率与安全性。因此，即使在零售支付领域存在竞争与重叠，但与其和现金之间的关系一样，数字人民币将和移动支付长期共存、协调发展。至于其能否在实践中改变移动支付双强对峙的格局，则更多地取决于市场和用户的选择，而不仅是理论上的推演。

商业银行重新占据支付入口

从试点情况看，商业银行，尤其是作为指定运营机构的商业银行，在数字人民币支付体系中占有先机，支付入口将会逐步重新由商业银行主导。

21世纪初期，企业账户和个人账户均集中在商业银行，第三方支付机构出现以后，尤其是随着移动支付的普及，从补充到主流，支付机构用十余年时间占据了个人支付入口，商业银行的个人账户隐身其后，眼睁睁看着个人支付业务逐步流失。数字人民币给商业银行的个人支付业务带来了新的发展机遇。

双层运营模式让商业银行突然重新占据了个人支付入口——按移动支付市场自身的发展规律来看，这种情况很难发生。问题的关键在于，商业银行能否抓住机遇，以数字人民币的方式，在移动支付市场实现对支付机构的弯道超车。

从试点情况看，商业银行是数字人民币兑换和流通的主力军，但目前各家商业银行的App活跃度普遍不高，在市场培育、营销推广、应用场景建设等方面有极大的提升空间。因此，建议各家商业银行在推广数字人民币时，一方面要提高站位，高瞻远瞩，加大投入，不要计较蝇头小利；另一方面要补齐短板，近期内避免与支付机构直接竞争，在支付机构力不能及的企业端和政务端等增量市场加快布局，满足用户的需求，站稳脚跟后再逐鹿中原。这样一来，则商业银行自身的发展前景，数字人民币的发展前景，以及增加了数字人民币之后的我国移动支付行业的发展前景，均大可期待。

清算机构的作用有待观察

在试点中，有两家清算机构加入了2.5层，分别是城银清算和农信银中心。从其与数研所签署的战略合作协议来看，城银清算将"为城市商业银行、民营银行等中小银行业金融机构提供数字人民币互联互通平台的'一点接入'服务"，农信银中心将"为农村信用社、农村商业银行、村镇银行等中小银行业金融机构提供数字人民币互联互通平台的'一点接入'新型聚合联网服务"，两家清算机构的作用是在场景应用方面，不涉及资金清算与结算。

实际上，数字人民币对现有支付体系最根本的影响即体现在清结算环节，支付即结算将带来数字人民币支付运行体系和机制上的重大变化。目前，从试点情况和白皮书内容来看，数字人民币清结算路径尚不明朗，清算机构的作用有待观察，其与现有支付清算系统的关系及职责定位等，均有待相关部门披露，不宜妄加揣测。

有待观察的还包括数字人民币的流通成本问题。在试点阶段，人民银行没有收取数字人民币的发行费用，运营机构也没有收取数字人民币的兑换费用，但运营机构与2.5层机构和商户之间的费用如何确定，目前只是被笼统地表述为以市场化的方式来解决。本文认为，这个问题如不尽快明确，或对数字人民币的推广使用产生一定影响。

结论

数字人民币是一个公共产品，具有非营利性，追求的是社会效率和社会福利的最大化。数字人民币的推出，将自上而下推动整个金融科技产业的变革，进一步激发市场活力，为金融科技企业带来巨大增量发展空间。数字人民币有望渐进式地改变、重构支付流程、支付机制和支付格局，但数字人民币不是零和游戏，受金融科技影响最大的我国支付行业，将随着数字人民币的发展而高质量发展，为构建我国经济社会发展新常态提供有力支撑。

为世界提供中国经验与中国智慧

货币是国家主权的表达，支付是经济活动的记忆。兼具货币性质和支付功能的数字人民币背后，是一系列设计精密的制度安排和复杂的基础设施，是国家金融领域供给侧结构性改革的组成部分。进一步研发推广数字人民币，技术很关键，但更重要的是对金融制度、金融业务的理解和把握。

从试点情况和相关文献披露的信息看，数字人民币将持续迭代优化，完善技术、业务和政策框架。目前，除上文提到的清结算流程尚不清晰外，另有几个问题值得重点关注。

第一，可控匿名问题。可控匿名出现了两种解释，即"前台自愿，后台实名"原则[1]与"小额匿名、大额依法可溯"原则（白皮书）。前者对实行中心化管理的人民银行来说是一种实名，其可通过数字人民币 App 获取所有用户的注册信息，并在后台对每一个用户的每一笔收付生成统一账本进行核查处理，能够实时掌握数字人民币兑换、流通的全量交易信息及总量和分布等情况；后者是利用与银行账户的松耦合功能，在技术上实现小额匿名，即用手机号开立的钱包，对于人民银行和各个运营机构来讲都是完全匿名的[2]，人民银行不掌握此类钱包的用户及支付等信息。两者的共同之处在于，在技术和制度设计上，对所有用户信息均进行了去标志化处理，保持数据在交易环节对指定运营机构和其他商业机构的可用不可见，对指定运营机构和其他商业机构利用支付数据提供其他增值金融服务的模式提出挑战。

两者的不同之处在于，"前台自愿，后台实名"原则可以使人民银行掌握所有交易数据，如果能得到有效利用，或将对现有的信息结构、信用结构及货币政策、监管政策等产生重大影响。"小额匿名、大额依法可溯"原则或使人民银行对小额、高频的交易数据，尤其是公众日常支付交易数据付诸阙如。

第二，智能合约问题。人民银行对智能合约的态度似乎发生了微妙变化。此前，人民银行相关领导提出，对数字人民币加载智能合约应保持审慎态度[3]，白皮书则提出，"数字人民币通过加载不影响货币功能的智能合约实现可编程性，使数字人民币在确保安全与合规的前提下，可根据交易双方商定的条件、规则进行自动支付交易，促进业务模式创新"。在试点中，已经有多项针对定向用途、定向人群、定向场景的智能合约应用出现，部分指定运营机构和其他商业机构智能合约方面的技术专利研发在不断加强。本书认为，为

---

[1] 姚前.关于央行数字货币若干问题的思考[J].比较，2020（6）.
[2] 参考穆长春在 2021 年 3 月 20 日召开的中国发展高层论坛 2021 年会经济峰会上的讲话。
[3] 范一飞.关于央行数字货币的几点考虑[N].第一财经日报，2018-01-25.

保持数字人民币的法偿性与严肃性，智能合约不宜成为数字人民币的主要功能，管理部门应尽快出台相关规定及实施细则。

第三，跨境支付问题。数字人民币跨境支付在试点中主要发生在个人对个人、个人对商户之间，属于经常项目下的交易。跨境支付在尊重各国外贸和外汇政策及相关法律规定的前提下，以零售支付为基础，通过科技手段与其他组织、机构合作，或在清结算环节率先取得突破。为实现进一步国际化，人民银行已经和他国央行开展了数字货币桥研究项目，探索实现央行数字货币（Central Bank Digital Currencies，CBDC）之间的互操作性，这是一项具有前瞻性、开放性的国际合作与研究工作。值得注意的是，不能将数字人民币跨境支付应用和人民币国际化等同起来，实际上，在人民币本身没有实现国际化的条件下，数字人民币不可能实现国际化。

第四，M0定位问题。支付宝、微信支付等支付工具里可以存放电子货币，也可以存放数字人民币。一个有趣的问题是，数字人民币App上的数字钱包里存放的一定是数字人民币吗？从试点情况看，地方政府部门发放的消费补贴虽然是数字红包的形式，但只能用来消费，不能提现或转账，而且超时失效，不具备与定位为M0的数字人民币相同的法偿效力，只是近似甚至弱于电子货币。这种情况出现在试点时期也可以理解，因为测试的是数字钱包的使用功能和用户的使用习惯。但是，如果允许数字人民币应用到所有金融业务，用户能用数字人民币存款、银行能用数字人民币发放贷款、企业能用数字人民币进行融资拆借等，那么会不会比照现金的M0、M1、M2，出现数字化的M0、M1、M2？再进一步，这个问题还可能引发对数字人民币计息、记账规则，以及是发行还是兑换、狭义银行等问题的探讨。从试点情况看，目前这些问题均比照现金制度管理执行。但数字钱包本质上是一种新型支付账户，数字人民币不应该仅与流通中的现金等同起来，相关问题需要尽早做统筹规划。

第五，批零关系问题。比照传统支付体系批发系统和零售系统的分类，目前国际上通常把央行数字货币分为两种：一种是批发型央行数字货币，主要是面向商业银行等机构类主体发行，多用于大额结算；另一种是零售型央行数字货币，主要面向公众发行，可以用于日常交易。数字人民币虽然是零售型央行数字货币，但整体思路与央行数字货币并不一样，从试点情况和相关文献披露的信息看，人民银行和第二层指定运营机构之间的关系，并不是简单的批发和零售的关系，很可能会带来数字货币发行与流通结构的新改变。

指定运营机构拥有数字人民币的所有权及可支付的保证，也拥有相应系统、技术和设备。其责任包括了解客户、反洗钱、保护用户隐私数据等，即数字人民币双层体系中的第一责任人，实际上是第二层指定运营机构。这是一种超越了传统批发零售关系的新结构设计，传统意义上批发支付系统和零售支付系统相互分离的状况或被改写。

人民银行的研发重点不在数字货币产品本身，而是更加注重建设可靠的结算与清算等基础设施，不仅包括零售系统、支付基础设施，还包括更广泛的金融市场的基础设施。也就是说，数字人民币在将来不仅是零售型央行数字货币，还会成为数字金融市场和数字经济的基础设施。

数字人民币是一场具有世界意义的中国实验，它一定不是原有货币体系和支付体系的简单数字版。现阶段，欧美等发达国家及地区的经济市场没有培育出具有世界影响力的移动支付平台，在研发央行数字货币方面，其社会环境、经济特点与技术条件等与我国完全不同，其动机、目标与实现路径等也各有区别。在与国际接轨，尊重国际共识和规则的前提下，已有先发优势的数字人民币应坚持制度自信、道路自信，以开放的心态积极参与国际对话，为世界提供中国经验与中国智慧。

2021 年 9 月

外 篇

关于第三方支付行业的五个基本问题[①]

开篇的话

高歌猛进的支付行业在 2014 年进入多事之秋。年初,信用卡预授权套现事件迅速冲散财付通微信红包带来的喜气,为行业发展带来一丝寒意。随后,牵扯其中的支付企业恶名独担,遭受严惩,难免伤筋动骨。

2014 年 3 月,人民银行在暂停虚拟信用卡支付产品和二维码支付产品后,出台了《非银行支付机构网络支付业务管理办法(征求意见稿)》。因其对第三方支付账户限额等规定引起业界哗然,素喜豪言壮语的马云隔空喊话,"有时候,打败你的不是技术,可能只是一份文件"[②]。

与此同时,一方面,银联、商业银行与支付企业之间的关系在利益面前日趋激化;另一方面,支付企业之间渐生龃龉,打车软件"烧钱"罔顾影响,令人侧目,付费通、拉卡拉与支付宝相继交恶,收单市场利字当头、乱象丛生,不惜让行业美誉度蒙上阴霾。

那么,这一切是怎么发生的?为什么会集中在这一年发生?哪些是制度

[①] 马晨明.中国支付行业的黄金时代——支付企业创始人访谈笔记(上下册)[M]. 北京:人民邮电出版社,2015.

[②] 佚名.余额宝理财通紧急撇清"央行限令"[EB/OL].中国新闻网,2014-03-19.

弊端祸及池鱼？哪些是必须痛下猛药的行业痼疾？整个行业到底该何去何从？笔者以为，从支付行业的前世今生中寻找答案，也许可以看得更加清楚，更容易找出其中的内在逻辑关系。

第三方支付的产生和生存基础

自 2011 年 5 月人民银行发放第一批支付业务牌照以来，截至 2014 年年底，获牌支付企业已达 269 家。这些支付企业大致可以分为三类：预付卡、网络支付和银行卡收单。

支付企业的诞生，一般以 1999 年首信易支付上线为起点，周晔称他在银联电子支付服务有限公司（Chinapay）的时候即开发出中国第一个互联网支付网关，在他提供的简历上亦注明"主持中国第一个网上支付网关的技术建设和商业运营"，其时间亦在 1999 年前后。其实，如果按照预付卡企业出现的时间来算，虽然暂无具体年份记录可查，但大致可以把时间提前至 20 世纪 90 年代中后期，令王吉绯"一生骄傲""空前绝后"的第一代面向个人的预付卡产品，以及盛大支付中心（盛付通的前身）推出的我国第一个行业游戏点卡，即出现在这一时期。

支付企业为什么会出现？为什么会在短短十几年时间，从不成气候的散兵游勇状态发展成一个社会关注度颇高的新兴行业？笔者以为，科技的进步、现实的需求和政府部门相对宽容的监管理念，是三个关键因素。我们将目前主流支付企业最初的业务形态进行简单梳理，就可以清晰地看出这三个关键因素。

第一类，以前的首信易支付、网银在线和现在的瀚银科技、钱袋宝等。当然，不只是首信易支付、网银在线两家，几乎多数做网络支付的企业，"以前"都是单纯为商业银行服务的，这种服务可以是提供网关接口，也可以是为商业银行开发技术后台。"70%~80% 的支付企业曾经是 IT 企业。这些企业最初给银行开发信息系统,在发现支付行业商机后进入该行业"[①]。但目前甘心以做商业银行后台技术、产品及信息开发等为主要业务类型的支付企业已经不多,瀚银科技、钱袋宝可谓有始有终。有意思的是,这两家支付企业对自己的定位不约而同地都是"B2B2C"。

隐身在商业银行背后提供技术产品和服务,是支付企业初期的主要业态和现在的边缘业务。萌芽于此的支付企业,在跨入一个陌生领域后,突然旁枝斜逸,不经意间竟然为古老呆板的银行传统支付业务注入生机,其中有必然,也有偶然。有意味的是,如果安心于给商业银行提供技术产品和服务,那第三方支付企业则永远是第三方支付"企业"而已,无论如何壮大,也成不了一个充满活力,敢于横冲直撞、挑战权威和既有规则的行业。是耶,非耶?

第二类,资和信、开联通、盛付通等预付卡企业。预付卡在我国分为多用途预付卡和单用途预付卡,前者接受人民银行管理,后者接受商务部管理,本书提及的预付卡企业专指多用途预付卡企业。这类企业在获得支付牌照的企业中数量最多,也曾经是问题最多、争议最多的企业。

笔者以为,我国发票管理制度和税收制度的缺陷,以及备付金使用和管理的疏漏,曾经助推了预付卡企业的畸形繁荣,而这种畸形繁荣反过来使很多企业丧失了进取、创新的动力和能力,自觉或不自觉地沦为灰色交易和腐败的工具。卿本佳人,奈何为贼?自牌照发放以来,预付卡企业逐渐走向规范,并开始退回其产生的商业逻辑中去。但恶疾已生,沉疴难去,"预付卡机构挪用备付金已成明规则",奈何奈何。

第三类,支付宝。我们一般将财付通和支付宝相提并论,但马云说过,"我就是戴着望远镜也找不到对手"。而从目前发展来看,放言要在移动支付

---

① 马梅,朱晓明,周金黄,等. 支付革命:互联网时代的第三方支付 [M]. 北京:中信出版社,2014.

领域实现"弯道超车"的财付通,依旧被甩出去好几条大街。在支付企业中,支付宝的体量和野心均令人难以望其项背,因此,笔者将其作为拥有电商平台支持或源于电商的这类支付企业的唯一代表。

在支付宝的官方网站上,不知从什么时候起,其成了"国内领先的独立第三方支付平台","国内领先"没有任何问题,就是"国际领先",笔者以为也是众望所归,但问题出在"独立"两个字上。众所周知,支付宝自淘宝而来,为淘宝而生,其电商基因就是京东等电商平台与之分手的根本原因,虽然其早已不满足于依附淘宝而进入社会民生诸多领域开疆拓土,但标榜"独立",估计也只能是自说自话而已,当不得真。

也许很多人不知道,支付宝模式最初是为阿里巴巴 B2B 平台设计的,但没有推广开来,淘宝网上线后,支付宝在 B2C 领域打败贝宝,一战成名,从此一帆风顺,挟天子(庞大的消费群体和电商资源)以令诸侯,纵横开阖,鲜有败绩。

支付宝的本质是什么?笔者认为,其本质是预付卡。支付宝的核心是什么?笔者认为,其核心是虚拟账户概念的提出和应用。虚拟账户至少在当时的国内来说是一个重大创新,凭借它,支付宝将商业银行隐身于后,自己走向前台;凭借它,支付宝从电商走向水电煤气缴费、医疗、教育、交通等经济社会生活的方方面面;凭借它,支付宝不再仅满足于支付业务,开始拓展基金销售、投资理财、小额信贷、企业融资、个人征信等跨界金融服务业务。支付宝的无往而不利,使得有人感叹"得账户者得天下"[①]。但事物都有两面性,一纸薄薄的支付牌照,未必承载得住这挥金如土的胆量和分量,更遑论一个看不见摸不着的虚拟账户。

与第一类支付企业不同,来自互联网的第三类支付企业带有深深的互联网情结,将互联网精神奉为圭臬,言必称互联网精神,至于什么是他们口中

---

① 万建华.金融 E 时代:数字化时代的金融变局[M].北京:中信出版社,2013.

的互联网精神，以及怎样践行互联网精神，既有似是而非之处，也有风马牛不相及之处，这些在下文还要提及。概而言之，第三类支付企业和第四类支付企业一样，都是目前支付行业的主流企业，不同的是，最初，第三类支付企业是先有了应用场景后再找支付平台，而第四类支付企业是先有了支付平台后再找应用场景。

第四类，易宝支付、汇付天下、快钱和拉卡拉等。这类支付企业在最初阶段，搭建好支付平台后，依靠各自的嗅觉在市场上摸爬滚打，摔过跟头，走过弯路，然后在细分领域形成差异化竞争优势并活了下来。顽强的生命力和创新能力，以及灵活机动的市场策略，是第四类支付企业的特点。原本属于商业银行的水电煤气缴费业务，转眼间就被白手起家的这类支付企业横刀夺走，显示出其强大的市场竞争能力。

第四类支付企业（被京东收购的网银在线和被万达控股的快钱等已不在此类）是"独立的第三方支付平台"，这是其和第三类支付企业的主要差别。但这两类支付企业有一个共同特点，即都是在完成了最初的支付业务拓展以后，以此为基础，进入与支付相关甚至不相关的银行、证券、保险、基金、信贷、保理等传统金融业务领域，致使其业务流程日趋复杂，业务边界日渐模糊，给现有的监管体制和风控机制带来挑战。同时，几乎所有的支付企业当前都在追求大而全或小而全的综合性支付平台的定位，而这个定位，在一定程度上使它们开始脱离各自的细分领域和差异化竞争优势，同质化、急功近利、互挖墙脚，甚至反目成仇的苗头有所暴露，如此种种，绝非企业和行业之幸也。

人民银行发放支付牌照以后，这四类支付企业均有获得收单牌照者，收单给这些支付企业带来了新的客户群体和收入来源。但当前以收单为主营业务的支付企业不多（银联的子公司银联商务除外），故本书不将收单企业单独归类。然而，收单市场却是支付企业与银联短兵相接最激烈、竞争最不规范的主要战场，本书在后面对此有专门章节论述。

支付是一切经济活动的起点和终点。但就像没有无缘无故的爱和恨一样，也没有无缘无故的支付行为。四类支付企业的产生，均与企业和个人日常的经济活动、经济需求密切相关，而传统支付服务提供者——商业银行，在这些领域的缺位和缺失，使得支付企业有了施展拳脚的舞台和空间。值得注意的是，这种需求一开始便定义在小额、微小额支付里面，这也与这些需求发生的场景相吻合。

需求很重要，但对支付企业来说，技术更重要，"科技是第一生产力"这句话用在此处也许过于宏观，却非常准确。现代信息技术、互联网技术和通信技术的日新月异，既使支付企业具备了将支付需求转化为支付产品和服务的能力，又迅速地提升和拓展了支付服务领域的广度和深度。所以，笔者在这里将技术放在了需求的前面。

上文提及，支付企业的前身多为IT企业或互联网企业，技术是其立身之本，那支付企业的生存基础是什么？是技术、需求，还是其他？

易会满曾说过，"如果商业银行的基础设施建设不到位，支付领域的创新将成为无本之木、无源之水"[1]，笔者对此观点深表赞成，并把它直接改写成答案，商业银行是支付企业的生存基础。1998—2002年，我国商业银行基本完成了网银业务的建设，各家网上银行各自为政，结算环节烦琐且效率低下，而整合各家网上银行接口正是第三方支付平台最早的基础功能。即使到了虚拟账户阶段，包括现在的快捷支付，虽然明面上看不到商业银行的存在，但支付企业实际上仍需通过对应的商业银行实现账户资金的转移和清算。

从支付企业成为商业银行支付业务的管道，到商业银行成为支付企业的管道，这种角色的变换也许令商业银行颇感无奈，但实际上，这两种管道的

---

[1] 中国支付清算协会.创新与自律——《中国支付清算》2012—2013选编[M].北京：中国金融出版社，2014.

性质完全不一样。前者，对商业银行来说，支付企业的管道作用仅是一个可有可无的补充；后者，对支付企业来说，商业银行的管道作用则是不可或缺的部分。管道之争的实质，是银行账户和虚拟账户之争，本书无意对此展开论述。但支付企业在资金划拨和清算方面对商业银行的依赖，在很长一段时间内，甚至在现有的金融体系框架内，尚看不出改变的迹象和趋势。

至于政府部门相对宽容的监管理念，笔者认为，正是其给"草根"出身的支付企业以创新和成长的土壤，从而使他们走出灰色地带，破茧成蝶，成为我国金融领域唯一一个自下而上、自发形成并最终得到政府部门承认的新兴行业。

第三方支付的性质

商业银行和支付企业产生的商业逻辑完全不同。认识到这一点，可以让我们对两者在支付行业的位置，对两者的性质及其对支付行业的作用等问题看得更清晰。

商业银行三大基本功能（存、贷、汇）的排序自有其历史逻辑，即汇依附于存贷之后。从历史来看，商业银行诞生于存贷业务，而不是支付业务，负债业务和资产业务一贯是商业银行的核心业务，支付等中间业务仅是非核心业务，这一点在我国表现得尤为明显。2012年，全国14家商业银行的收入达到2.85万亿元，其中支付服务收入仅占5%。与存贷业务收益相比，支付服务的利润几乎可以忽略不计[1]。

第三方支付异军突起以后，一个流行的错误观点是，支付服务是商业银行的核心业务。实际上，支付系统是商业银行的核心系统，支付服务作为基

---

[1] 马梅，朱晓明，周金黄，等.支付革命：互联网时代的第三方支付[M].北京：中信出版社，2014.

础性、辅助性服务，从来没有成为过商业银行的核心业务。我国商业银行的高额利润正是来自传统的存贷业务，而绝不是来自和银行85%以上的业务都有关系的支付业务①。这就是核心业务和基础业务的根本区别。

在我国现代支付体系中，商业银行处于主体地位。冯菊平认为，商业银行的支付结算服务大致可以划分为基本支付结算服务和派生支付结算服务。其中，汇兑、票据、银行卡等包含具体支付指令的，以转移货币债权为主要标志，以支付工具或结算方式形式存在的是基本支付结算服务；以票据融资、集团现金管理服务、账户余额查询等处理或提供各类相关信息或满足消费者特殊需求为主要标志的为派生支付结算服务。基本支付结算服务属于社会共同需要的"准公共产品"，派生支付结算服务的产品属性是商业银行开办的中间业务（商品，笔者注），"从支付结算服务的发展动态来看，某项支付结算服务的业务特性不是一成不变的"②。按照这种划分，以支付为主营业务的支付企业提供的服务则属于派生支付结算服务（商品，笔者注）。

有网友提过一个观点，"我自己感觉未来第三方支付会成为个鸡肋，也压根成不了一个行业，我一直强调，支付是个基础设施，是地铁，是公交车，但是很难实现盈利，承载了太多社会义务的行业不太可能商业化"③。笔者以为，其偏颇之处在于混淆了两种支付服务的概念和性质，即准公共产品类支付服务与商品类支付服务的差别，因此，得出的结论犹如墙头茅草，自然难以站得住脚。

还有一种在坊间流行的说法是，商业银行提供的是面向社会、企业、个人的标准化支付服务产品，支付企业提供的是个性化、专业化、差异化的支付服务产品。这种说法比较体面，但掩盖了两者真正的差异和支付企业真正

---

① 欧阳卫民.支付与金融[M].北京：中国金融出版社，2011.
② 冯菊平，等.支付体系与国际金融中心[M].上海：上海人民出版社，2009.
③ 江南愤青.互联网金融时代的舆论战[EB/OL].新浪财经，2014-03-19.

的价值。

笔者认可的分析是,"传统支付的作用是为了交易双方最终完成交易而进行的付款人对收款人的货币债权转移。在这一过程中,银行作为支付中介,其目的单一,所掌握的信息十分有限。在互联网时代,支付的目的虽然没有实质改变,但随着电子商务快速发展,支付活动所产生的客户信息、交易信息大大增加,支付的基础功能被急剧放大,支付的价值从此不再局限于支付本身。通过对各类数据信息的收集、整理、分析,支付机构能够对客户信用、行为、爱好等进行全面了解和掌握,并为其他业务提供必要的基础性支撑,从而为有针对性地营销客户、维护客户、推销产品和服务等提供有效保障"[1]。

事实上,正是这些原本和支付行业没什么关系的人,以及他们创立的企业,让支付的价值正在并且超越了支付本身。随着"大云平移"(大数据、云计算、平台化、移动互联网)等现代科技被广泛应用,支付成为信息流和资金流的汇集,支付的功能被分解为支付和信息搜集,支付企业从渠道端升级到产品提供端,支付行业的供应链发生了根本性改变。从这一角度来说,支付企业的出现,改变了传统支付服务的性质,提升了金融和经济活动的效率,扩大了企业和个人对商品和服务的消费,促进了我国支付清算体系升级,尤其是零售支付体系的完善,而零售业务,正是现代金融体系的发展方向。由此可见,支付企业之"善",的确是"善莫大焉"。

从网关支付、虚拟账户到快捷支付,从技术营销、数据营销到综合金融服务营销,支付企业的价值是一个动态价值链的发展过程,一边探索、一边发展、一边完善是支付企业的显著特点。

支付企业的另一个特点是,如果把支付业务划分为发起、清算、结算和接收四个环节,那么,其创新大多体现在发起和接收环节,有关清算、结算

---

[1] 樊爽文.互联网时代的支付变革[J].中国金融,2013(10).

安排的改变并不多[1]。这个特点与我国支付体系的管理体制有关。

2014年年底，我国政府明确表示，将进一步放开和规范银行卡清算市场。一时间，坊间关于由谁来筹建新银行卡清算组织的流言络绎不绝，国际卡组织、商业银行（如工商银行）、支付企业（如支付宝）等均被列入备选名单。笔者在此不妨凑个热闹，略抒鄙见。

"支付系统将各个支付要素整合在一起，是支付体系的核心，是一个国家金融市场和经济运行的核心基础设施"[2]，其重要性不言而喻。两大国际卡组织觊觎中国支付清算市场久矣，且深耕细作多年，拔得头筹似乎水到渠成。然而，一条消息让笔者悚然而惕：2014年12月26日，受欧美对俄制裁影响，国际卡组织关闭其在克里米亚地区的支付系统。而早在2014年3月，因"克里米亚公投"事件，两大国际卡组织在没有任何通知的情况下，对俄罗斯银行和北海航线银行客户终止支付业务。受此影响，俄罗斯政府随后出台一系列旨在创建本国支付系统的措施，以减少对西方公司的依赖。

虽然我国现代支付系统的建设走过弯路，但人民银行确定的以我为主、学习借鉴等原则，以及推进自主知识产权品牌的战略，在今天来看，确是远见卓识之举。否则，事到临头才想起抱佛脚，难免形势窘迫逼仄。

不同于支付产品服务，支付清算系统带有"准公共产品"性质。同时，"网络外部性和协调成本的存在，意味着由私人机构建立新网络并把它移植进已经存在的网络，进而提高效率是不现实的。零售支付体系的网络问题尤其难以协调"[3]。商业银行和支付企业作为"私人机构"（笔者把这里的私人机构理解为商业企业，故把两者放在一起讨论），其筹建清算系统最大的问题，在于自身的商业性和盈利动机较强，容易产生道德风险和负外部性，甚至引发

---

[1] 励跃.零售支付的创新与监管[M]// 中国支付清算协会.创新与自律——《中国支付清算》2012—2013选编.北京：中国金融出版社，2014.

[2] 曹红辉，田海山.支付结算理论与实务[M].北京：中国市场出版社，2014.

[3] 国际清算银行.国外零售支付系统[M].北京：经济管理出版社，2012.

系统性风险，而清算体系兼容并蓄、开放包容的性质，更与当前商业银行和支付企业追求的闭环交易、赢家通吃等理念难以调和。

在笔者看来，支付宝正在努力争取成为社会的基础设施，但仅从2011年支付宝股权风波来看，其逐利的商人本质暴露无遗。这种先天基因中的特性，使得笔者对支付宝成为社会公共平台有充分的理由保持怀疑。

虽然否定了三类备选企业，但支付清算市场的开放是大势所趋。由具有公信力的社会服务组织协调相关企业，通过市场化运作，推动新清算系统的建设和运营，或是可行之路，值得在理论上加以探讨并一步步付诸实践。

第三方支付的利润水平

关于支付行业的利润，笔者能看到的最新的公开表态来自时文朝，他说，"做支付说实话真不挣钱。从银行做支付业务开始，现在央行批了269家第三方支付公司，269家里面能有三四家真盈利，那就相当不错了，剩下的基本都在亏钱。为什么支付市场有那么多故事呢，就与这个有关系。所以'当下的机会'可能并不在支付领域。你别手痒痒啊，来做这第270家，很难做，非常难做"。

此前，他还曾表示，银联躺着挣钱的日子已经一去不复返了，如果大家认为银联还是一个垄断的企业，是一个"机器一响黄金万两"的企业，那就OUT了[①]。

笔者对269家支付企业的盈利情况没有进行过调研，从访谈过的20余家企业负责人的介绍看，的确有三四家还真没实现盈利，其他十几家则对盈利和经营状况表示满意。当然，也许这20余家企业对整个行业来说缺乏代表

---

① 佚名. 时文朝诉苦：别把银联当唐僧 只想着吃唐僧肉互相挖墙角[EB/OL].新浪财经，2014-03-13.

性，也许他们和时文朝的"真盈利"的标准看法不一致，但数字出入之大，令笔者困惑不解。

至于第二段话，笔者看到的是，银联真的有过"躺着挣钱的日子"和"机器一响黄金万两"的日子，虽然那些日子"已经一去不复返了"，但这个事实非常重要，因为这正是多少人蜂拥而上，冲进当时还是既没被禁止也没被认可的灰色地带（第三方支付）的根本原因。"躺着挣钱"，是多么美好的一件事情啊！

那时对"躺着挣钱"的解释是这样的，"建立连接企业和银行之间的资金通道，就好像建一条北京到上海的高速公路，前期投入是绝对必要的，建好了这个系统，每一笔钱过都可以收到手续费，这是真正可以躺在床上收钱的业务，而且是长久的。一旦商业用户量积累起来，是非常固定的，只要信息从系统中走过，就可以赚钱。KFC还要自己做一个汉堡出来，它完全不用，是最高效的赚钱模式。独立第三方支付毛利非常高，而且运营成本越来越低，对人力的需求是递减的，可拓展性非常强"。

"独立第三方支付毛利非常高"，这才是民营资本和风险投资进入支付市场最原始的赤裸裸的本质，没钱赚谁来？可惜，这样的好日子"已经一去不复返了"，那是谁结束了"躺着挣钱"的美好时代？

首信易支付的创始人已经无处可寻，其最初阶段的费率也不得而知了。但至少在2003年，仅靠网关支付，企业还可以收到3%的手续费，以及金额不菲的接入费和数万元的年服务费，所以2002年成立的网银在线，依靠这几项费用在2004年、2005年的时候就实现了盈利，而到了2006年汇付天下成立的时候，不但接入费和年服务费消失了，手续费也跌到了千分之八，从支付宝和财付通进入支付领域后，基本就没有收入了。因为这两家不靠支付业务赚钱，而是用支付来圈用户，做支付的遇上它们就死了。

客观来说，网关支付是没有附加值的简单管道式服务，被升级或取代是早晚的事情，支付企业的各种创新，也正是在网关支付无利可图的情况下被迫开始并变得精彩起来的，这时候的支付网关已经成为各家支付企业的基础设施，而非收入来源了。支付宝不过在其中起了推波助澜的作用而已。支付企业"躺着挣钱"的日子，过去了就不会再回来了。但这些故事都发生在线上，好像和在线下独此一家"躺着挣钱"的银联没什么关系。

托支付宝之"富"，支付行业从赚钱模式迅速走进免费模式（后来又回到收费模式，但已经是今非昔比了），以至不惜倒贴也要抢到更多的用户和市场份额，从而获取网络外部性效应，这种做法的后果是导致行业整体的营养不良，甚至运营亏损。虽然把这个行业做得很大，但同时也很穷。马梅等认为，目前我国第三方支付的收入，仅相当于国际同行10年前的水平。2009年美国PayPal收入达到交易额的3.7%，这一数值是同期支付宝的17倍、汇付天下的34倍[①]。

从收费到免费，再从免费回到收费，都是支付企业自发的市场行为，有强弱，无对错。免费虽然使支付平台的收入不足以弥补成本，但在一定时期内得以存在，是由这个产业的融资结构（民营资本和风险投资）决定的，在短期具有一定合理性，但不能保持长期均衡。收费符合市场经济的有偿服务原则，高低差别完全由企业的实力和谈判能力而定。其特点是，"支付企业的定价方式主要采取完全差别定价且定价缺乏透明度。一户一价，不同银行之间价格不同，同一银行对不同的支付平台费率不同，同一银行不同地区费率不同。这种定价模式交易成本较高，商户、支付公司、银行均需两两谈判"[②]。绝对是八仙过海各显神通，大浪淘沙剩者为王，但这些故事同样发生在线上，好像与在线下独享721分润模式、"躺着挣钱"的银联也没什么关系。

---

① 马梅，朱晓明，周金黄，等.支付革命：互联网时代的第三方支付[M].北京：中信出版社，2014.

② 李朝霞，等.中国银行卡业监管与定价研究[M].北京：中国社会科学出版社，2009.

那么支付行业到底赚钱吗？笔者的看法是，和房地产行业空来空往的暴利肯定是无法相提并论的，但要说是在勒紧腰带过苦日子，未免侮辱世人智商。低水平的价格战，无疑会对业态造成伤害，但十几年下来，至少从目前来看，互联网支付市场价格基本合理，市场秩序基本稳定，群众反响基本良好，社会形象基本正面，远非线下收单市场的混乱无序、明争暗斗所能比拟。

第三方支付与收单市场

对收单市场来说，第三方支付是后来者，其大规模介入是在人民银行发放收单牌照以后。支付企业打破了银联商务对收单市场的垄断，同时，随着代理商模式的迅速推广，收单市场一时间鱼龙混杂、泥沙俱下，一些长期积累的、深层次的矛盾和问题，在2013—2014集中暴露，最终发生了令支付行业元气大伤的信用卡预授权套现事件。

信用卡预授权套现事件的发生，支付企业难辞其咎。但作为一起行业性事件，它反映了整个支付行业，包括商业银行、银联、支付企业等风险管理水平参差不齐，风险控制能力缺失，仅由支付企业一方承担后果显然有失公允。笔者以为，信用卡成为套现工具，虽然涉及收单环节，但根源在于我国银行卡定价体系的不完善。随着我国支付行业市场化程度的日益提高和市场运行机制的逐渐形成，银行卡定价体系的不完善，几乎成为目前收单市场一切"恶行"之根源，尽管这个定价体系曾经对推动我国银行卡业的发展居功至伟。

联网通用，惠及百工；举国之力，厥有银联。我国的银行卡产业在早期前进道路上更多地体现的是国家意志[1]，因此，包括借贷不分、MCC码等在内的政府定价机制和721分润模式，都带有强烈的时代色彩和时代局限性。十

---

[1] 冯菊平，等. 支付体系与国际金融中心 [M]. 上海：上海人民出版社，2009.

几年过去，我国银行卡产业的发展日新月异，定价机制、利益分配机制、风险评估机制等制度安排未能与时俱进。2013年年初，国家发展改革委调整银行卡刷卡手续费标准，沿袭原有思路，错失改革良机。制度漏洞引发的价格扭曲、市场套利等违规违法行为愈演愈烈，遂成行业痼疾，如蛆附骨，原有定价机制面临市场失灵的危险。

古人云："绵绵不绝，必有乱结；纤纤不伐，必成妖孽。"现在人说，"如果银行卡价格体系不做调整改革，银联甚至卡基支付都将在十年内衰落"。所谓爱之深，言之切也。而就在所有人认为这项工作在近期不可能启动的情况下（毕竟政府部门刚刚调整过一次），2014年11月中旬，国务院办公厅明确提出，将尽快完善银行卡刷卡手续费定价机制，取消刷卡手续费行业分类（MCC码）。我国银行卡价格体系的调整，突然以一种出人意料的速度被提上日程，实乃行业之大幸也。

犹记余额宝面世后，好评如潮，恶评也如潮，其中吴晓灵的评价，笔者以为最中肯綮。她说，大家认为余额宝把大部分的钱都存到了银行同业去做协议存款，所以对它提出很多批评，"我认为余额宝挂钩的基金90%以上投向了银行协议存款，所带来的问题不是余额宝的问题，是制度不完善引起的商业银行行为扭曲，和金融压抑引起的资金流动不畅带来的问题。就是说银行的同业协议存款存在的问题，并不是由于余额宝、宝宝们的出现而出现的新问题，是过去的问题由于宝宝们的出现被放大了，因而解决问题的办法不是抑制宝宝们，而是要解决银行同业协议存款本身所存在的问题"[1]。笔者以为，支付企业与收单乱象亦当作如是观。发挥市场在资源配置中的决定作用，参与制度改良，推动制度变革，而非社会上一些人鼓吹的所谓颠覆或推倒重来，这才是第三方支付对我国支付清算市场的贡献和价值所在。

---

[1] 吴晓灵. 不能抑制余额宝 需解决银行同业异化问题[EB/OL]. 网易财经，2014-03-08.

当然，从政府定价到市场定价，是一个循序渐进的过程，寄望于毕其功于一役的想法，既不科学也不现实。这个过程，一方面要对市场需求进行充分调研和理解，另一方面要有协调平衡各方利益的智慧和耐心。在这个过程中，第三方支付企业，尤其是标志性企业，要珍惜当下，爱惜羽毛，切忌利字当头、浑水摸鱼。但凡事知易行难，带有中国特色的信用卡预授权套现事件为行业敲响了警钟，值得我国支付企业和支付行业深刻反思并引以为戒。

第三方支付的发展和市场格局

先谈市场格局。

支付产业是规模经济产业，网络支付、银行卡收单业务都呈现出高度集中的垄断竞争格局，这种特征叠加市场结构趋于寡头垄断的互联网企业特点，使得"第三方支付的垄断问题比传统金融业更突出"[①]。

在第三方支付行业，排名前十位的支付企业可能占到90%以上的市场份额，剩下的二三百家支付企业只能分食不到10%的市场份额。于是，市场垄断与市场竞争一体，创新过度与创新不足并存，受互联网企业的影响，我国第三方支付行业的市场格局带有明显的中国特色。而互联网企业的影响，显然不止于此。

网络支付属于非面对面交易，风险较高，因此在欧美等国家，网络支付的商户扣率水平远远高于线下传统商户，而在我国，情形正好相反[②]。这与支付宝等带互联网基因的主流支付企业一开始即推行的免费策略密切相关。免费作为互联网企业营销的不二法门，在一定程度上对我国支付行业的业态造成损伤，影响了大多数支付企业的盈利水平和持续造血能力。

[①] 杨彪. 中国第三方支付有效监管研究 [M]. 厦门：厦门大学出版社，2013.
[②] 许罗德. 银行卡概论 [M]. 北京：中国金融出版社，2013.

因此，笔者认为有必要对目前主流支付企业所倡导的互联网思维、互联网精神，和它们在市场中的实际行为，做一个简单的对比分析，或有益于加深我国第三方支付行业对互联网及互联网思维、互联网精神的理解和认知。

"互联网成为经济的基础设施是大势所趋"，虽然互联网信徒们对此深信不疑，但发展了十几年，截至 2013 年底，网络零售市场交易规模不过占到社会消费品零售总额的 8.04%[①]。即便就经济形态来说，高端奢侈品市场和柴米油盐酱醋茶等日用百货类商品均对互联网敬而远之，互联网长尾覆盖的主要集中在以价格竞争为首要因素的中低端的商品和服务[②]。电子商务之翘楚如阿里巴巴、京东等网络集贸平台，虽然网聚商户达千万级甚至万万级，却迄今没有孕育出一家令人瞩目的成功大企业，"草根"商家多年以后还是"草根"商家，互联网的局限性由此可见一斑。我国的第三方支付行业得益于互联网处颇多，但不可一叶障目，不见泰山。

什么是互联网精神？彭蕾的回答是，支付宝情愿服务 1000 万个或者是 1 亿个每一户只有 10 元的客户，也不愿意服务 10 个每一户有 1 亿元的客户，这就是互联网精神和思想。这与本书对互联网的分析结论相吻合。问题的关键是，我们听到的互联网精神和我们看到的市场行为，多有名实相悖之处，让笔者无从释然，仅以支付企业为例略举一二。

其一，我们听到的是，互联网精神是藐视权威、去中心化；我们看到的是，随着市场的发展，新的权威和中心正在形成并不断壮大，甚至开始吞噬其利益触角所及的任何细分领域。我们无从释然的是，藐视权威是否为了树立新的权威，去除中心是否为了建立新的中心？

其二，我们听到的是，互联网精神是开放、民主、包容；我们看到的是，每个支付企业似乎都在打造一个封闭、独立、排他的自我循环平台或生态系

---

① 数据来源于中国电子商务研究中心。
② 钟伟. 互联网微笑曲线：O2O 不是登天灵药[J]. 金卡生活，2015（1）.

统。我们无从释然的是，开放、民主、包容在这里是否仅是一个口号或一种装饰？

其三，我们听到的是，互联网精神是平等、透明、协作；我们看到的是，主流支付企业之间的封杀、屏蔽、指责，甚至相互攻讦，其手段之滥、格调之低，直可与市井小贩并称，此种行径尤令我们不堪，已非不能释然所能形容。

互联网、互联网思维和互联网精神是世界语言，没有国界。笔者注意到，上述的一些现象在国际上也开始引起重视。英国《经济学人》在2015年1月刊文认为，当今美国硅谷科技富豪们"一边进入与计算机毫不相干的商业领域，一边自负地宣称他们能够独力解决从长生不老到星际旅行的人类难题"，他们和美国一百年前的工业大亨一样，"依靠着规模经济的冰冷逻辑……造成了商业上空前的权力集中"。《经济学人》指出，"尽管公众的担忧与日俱增，但现在还看不出当前趋势逆转的迹象"。

果然是地域不分远近、肤色不分白黄，人同此心，心同此理也。互联网没有，也不可能改变商业企业贪婪的逐利本性，互联网思维和互联网精神同样没有，也不可能做到这一点。笔者只是寄望于我国的主流支付企业，能够少一些带有中国特色的市场行为和动作，既然有走向世界、引领潮流的勇气和担当，就要有容纳百川、递送正能量的气度和襟怀。

正是为了追逐利益，以及将既得利益最大化，现在不管是线上还是线下，只要稍微有一点儿规模和名气的商业企业，几乎都获得了支付牌照，或者正在申请、收购支付牌照的路上。这里引出了一个问题，即目前支付牌照是否已经发多了？例如有学者曾认为，"多达250家机构的数量已经在某种程度上超出了当前的市场需求，我们也很少见到发达经济体中有如此数量众多的、缺乏业务活跃性的第三方支付机构存在"[1]。

对于这个问题，大家的意见也不统一，笔者比较认可孙陶然的观点，即

---

[1] 杨涛.中国支付清算发展报告2014[M].北京：社会科学文献出版社，2014.

支付企业的数量,会和商业银行一样实现批量共存。笔者认为,企业数量多少不是关键,市场多元化的存在,有利于市场竞争和市场效率的提高,只要达到发牌标准,尽可发牌,但不能只进不出,要优胜劣汰,同时建立起相对完善的市场监管规则、体系,以及相应的市场退出机制,维护公平、健康、可持续发展的市场秩序和市场环境。

在谈第三方支付行业的发展之前,笔者认为,有必要重申并明确几个基本观点。

第一,支付是服务行业,是金融服务业的有机组成部分。金融作为现代经济的核心,是经济决定金融,经济水平决定金融水平。当然可以说,金融可以推动经济发展,金融水平可以促进经济水平的提高。但两者的辩证关系,经济是主,金融是客,主客不能颠倒。我们听过经济强国,却从来没听过金融强国或者支付强国的说法,就是这个道理。目前支付行业,包括部分专家和学者有一种盲目自信、盲目乐观的情绪,片面夸大了支付行业在金融业和社会经济中的地位和作用,这种情绪不利于支付行业的成长和发展。

第二,支付体系的发展水平同样取决于经济金融总体发展水平。因此,"支付体系建设必须兼顾各组成要素的均衡发展,否则将会由于其中某一要素的超群或滞后发展而造成整个支付体系的畸形发展,带来一系列的风险"[①]。这个观点虽然在2010年即已提出,但随着经济结构的调整和经济新常态的日趋成熟,其对支付行业来说尤其具有现实意义。某一企业、某一细分领域的单兵突进,或个体效率的异常提高,无益于经济社会整体效率的协调发展,在一定程度上甚至会挤占其他资源,积累并放大自身及其所在行业的风险,引发公共事件。

---

① 欧阳卫民.支付与金融[M].北京:中国金融出版社,2011.

第三，支付企业是金融机构里的新兵，但其业态的复杂程度[①]已经远远超过了传统金融机构，而其风控水平和制度建设，则与传统金融机构又相差甚远，以"甚远"负重"远超"，实宜如履薄冰。可惜一些支付企业不知心存畏惧，反以创新自诩，偏离支付轨道，四面出击，足以令人目眩心惊。

第四，"P2P不允许形成资金池，从货币角度看，我认为第三方支付也不能形成资金池"[②]，这是笔者目前所看到的关于第三方支付最严厉的言论。这番言论不是信口开河。

1999年，美国颁布《金融服务现代化法案》，将第三方支付机构定性为货币服务机构。美国《统一货币服务法》规定，货币服务机构不得从事完全类似商业银行的存款业务和贷款业务，不得擅自留存、挪用客户的相关交易资金，投资活动必须得到相关许可；并明确规定了第三方支付机构沉淀资金的性质。美国联邦存款保险公司（FDIC）认为这类沉淀资金只是负债，不能算作存款，必须存入FDIC的无息账户，并由FDIC进行监管。换句话说，美国第三方支付企业必须把交易资金全部纳入受到监管的银行体系，而不是像我国这样，支付企业可以将交易资金存在自身的银行账户，甚至是虚拟账户上，尤其是后者，由于基数庞大，导致巨量资金游离在监管框架以外。

此前，监管部门多次提到，支付企业在业务经营中要坚守底线。笔者以

---

① 这一点仅从支付企业所涉及的政府管理部门来看，就有所体现。例如，支付企业的规则制定和支付牌照发放由人民银行负责；支付企业与银行开展相关业务的监管由银监会负责；支付企业合作推出的保险产品的准入和经营的监管由保监会负责；支付企业合作推出的基金销售支付、基金销售的监管由证监会负责；电信运营商手机支付和移动支付的监管由工业与信息化部负责；支付企业服务和产品定价的监管由国家发展改革委负责；支付企业跨境支付的监管由外汇管理局负责。从来没有哪一家金融机构涉及如此多的政府管理部门，由此产生的问题，不仅是管理部门之间协调成本提高，而且存在监管漏洞和监管套利空间。

② 引自温信祥在"2014中国支付清算与互联网金融论坛"上的讲话。

为，在金融企业发展初期，监管部门提出坚守底线原则的出发点是允许试错、鼓励创新；在发展到一定阶段、有了一定规模以后，企业一定要对自身的性质有清楚的认识，不能再以"法无禁止即可为"为底线，遵守金融法律法规、对法定特许领域应首先取得相应许可、加强行业操守和行业自律，应成为新的底线。

在 2014 年，支付企业应该对自律、他律和法律的辩证统一关系有了切身感受。"第三方支付不能形成资金池"能否实施，现在尚不得而知，但对第三方支付企业的监管标准和风险管理要求，将与传统金融机构保持一致，已势在必行，人民银行对此已有明确表示。夫唯其自律，然后能远他律和法律而进退有据游刃有余也，笔者以此寄望处于微妙时期的第三方支付行业和企业。

至于第三方支付行业的发展，一言以蔽之，跨境支付是蓝海，移动支付是方向，去掉噱头的互联网金融充满想象空间。至于仅把民间融资甚至非法集资，披上互联网的外衣就号称互联网金融的，这样的互联网金融不说也罢。

结束语

支付代表了人类公平交易的基础需求。支付的背后是什么？是社会经济活动和一个人的生活。遥想第三方支付滥觞之时，商贾蜂起，各怀机心，犹能披荆斩棘，成就了支付行业的一个黄金时代（笔者将时间划在 2013 年年底以前）。然而，黄金时代过去，也许我们应该放缓脚步，沉淀一下浮躁喧嚣的心灵，想想我们能做什么，不能做什么，再想想我们得到了什么、失去了什么和正在追求什么。

我们眼看着一些企业消失了，另一些企业崛起了；我们也眼看着一些企业沦落，另一些企业却长成参天大树。对于我国的第三方支付行业来说，一个时代过去了，而新时代的轮廓还看不清楚。今天，我们一方面用这些文字留下关于这个行业的往事和记忆，另一方面，我们以此来修正这个行业在市场经济中的不当行为和方向，立足当下，并努力寻找继续奋斗、开创未来的信心和勇气。

2014 年 12 月至 2015 年 2 月

数据要素价值论[1]

2020年4月9日，中共中央、国务院印发《关于构建更加完善的要素市场化配置体制机制的意见》（以下简称《意见》），数据作为一种新的生产要素，与土地、劳动力、资本、技术等共同构成此次要素市场化改革的组成部分。

这不是数据第一次作为生产要素出现在中央文件中。2019年10月，中共十九届四中全会通过的《中共中央关于坚持和完善中国特色社会主义制度 推进国家治理体系和治理能力现代化若干重大问题的决定》提出，"健全劳动、资本、土地、知识、技术、管理、数据等生产要素由市场评价贡献、按贡献决定报酬的机制"，将数据确认为生产要素。

2017年12月8日，习近平总书记在主持中共中央政治局第二次集体学习时，高屋建瓴地指出"要构建以数据为关键要素的数字经济"。上述两份中央文件正是对习近平总书记指示精神的贯彻和落实。

把数据作为一种生产要素单独列出，是中国特色社会主义市场经济的重要理论创新，对于推动数字经济发展、提升数据要素价值具有重大现实意义。同时，作为新生事物，目前，数据要素无论在理论方面还是实践方面，在一些基本问题和概念上都存在进一步探讨和辨析的必要。本书拟从数据要素的定义、特点，数据要素与新基建的关系（数据要素关键技术的逻辑关系）及

---

[1] 本文节选自人民日报出版社2020年9月出版的《数据要素：领导干部公开课》一书，本篇文章由马晨明与王素珍合著。

数据要素价值的体现等方面展开论述，抛砖引玉，希望对大家理解数据要素在数字经济中的价值与作用有所帮助。

万物皆数据，无处不互联

世界是物质的，物质是数据的，数据无处不在，而且数据是可以被计算和量化的。是谓万物皆数据。

从互联网到物联网，从 1G 到 5G，所有物理世界中的事物都成了传感器，数据交互实时发生。是谓无处不互联。

指数级增长的数据，淡化了现实与虚拟的边界，模糊了供给与需求的边界，并在一步一步地改变着我们的生产、生活和思维方式，塑造着新的经济形态、经济秩序和经济规则。这一切是怎么发生的，数据的力量来自哪里，数据的价值何在？要回答这些问题，最直接的方式是回到事情发生的原点，即什么是数据。

一、数据是能够被数字化传递或处理的记录

什么是数据？先来看两个经常被引用的定义。

一个出自 2002 年，数据是"进行各种统计、计算、科学研究或技术设计所依据的数值"[1]；另一个出自 2018 年，数据是"能够被数字化传递或处理的数字形式信息"[2]。

前者随后又对"数值"进行了定义，"一个量用数目表现出来的多少，叫作这个量的数值。如 3 克的'3'，4 秒的'4'"，似乎是将数据和数字等同起来，笔者认为，说数字就是数据没有问题，但是说数据就是数字，显然不符

---

[1] 中国社科院语言研究所.现代汉语词典[M].2002 年增补本.北京：商务印书馆，2002.

[2] 戴维·赫佐格.数据素养：数据使用者指南[M].沈浩，李运，译.北京：中国人民大学出版社，2018.

合现在的实际情况。

后者在定义中出现了"信息"这个概念，以一个抽象概念定义另一个抽象概念，由此产生的定义同样难以令人满意。但其可取之处在于，指出了数据的一个重要特点，即"能够被数字化传递或处理"，这也是数据成为生产要素的基本条件之一。

数据其实是一个带有鲜明技术色彩的概念，其内涵随着技术的更新迭代而不断延伸，尤其是信息技术的发展，使数据的形式和内容都发生了极大改变，数据曾经等同于数字，但现在，文本、声音、图片、视频甚至行动轨迹等已经先后成为数据，而数据的应用也早已跳出了"统计、计算、科学研究或技术设计"等相对专业领域的限制，深入到社会经济、商业活动和人们日常生活的方方面面。

什么是数据？本书的定义是，数据是能够被数字化传递或处理的记录。这里有两层含义：一方面，数据是观察的产物，是对已经发生的行为、事件的客观或者主观的记录，这种记录可以由人产生，也可以由机器产生，可以来自线上，也可以来自线下；另一方面，作为生产要素的数据，必须能够被数字化传递或处理，不能被数字化传递或处理的记录，无法形成产业效应，无法支撑社会治理和规模化商业应用，无法产生显著的经济效益和社会效益。因此，虽然在存在形态上，目前数据有数字化的，也有非数字化的，但随着数字经济的发展，非数字化的数据会越来越少，并终将被数字化。

数据的产生依赖于记录数据的技术工具。不同时期，有不同的技术工具，使得数据的形式和内容处于动态变化中，我们无法预测十年后数据的形式和内容，就像我们十年前想不到现在的数据形式和内容一样。

二、三类三级区分法

数据的类型繁多，目前还没有科学的分类分级规则。本书按照产生数据的主体和数据的来源，大致将数据分为政务数据、企业数据和个人数据三类。同时，在三类数据中，按照风险级别、商业价值和隐私程度，分别分出红色数据、橙色数据和绿色数据三级。其中，红色数据风险级别最高、商业价值最大、隐私程度最强，应严格控制使用范围，禁止流通和交易；橙色数据次之，是流通和交易的主体，部分橙色数据在自愿的前提下，可以开放共享；绿色数据风险级别最低、商业价值最小、隐私程度最弱，是开放共享的主体，在市场有需求的前提下，可以流通和交易。数据的分类分级可能会衍生出专业学科和岗位，三类三级分法是本书从易于应用的角度提出的一种解决思路，需要完善和补充之处甚多，在此仅对三类分法略做说明。

政务数据，即只有政府部门才有权力采集、拥有、管理和发布的数据，例如财政、税收、统计、金融、公安、交通、医疗、卫生、食品药品管理、就业、社保、地理、文化、教育、科技、环境、气象等数据。政务数据具有权威、公信力强、专业化和全覆盖等特点。

企业数据，即市场机构为进行商业活动等所采集、加工、整理和拥有的数据，例如电商平台、搜索引擎、社交网络平台、通信运营商、银行、支付清算组织、科技公司等采集的数据。企业数据具有集中度高、内容丰富、精确和确权难等特点。

个人数据是自然人在网络上留下的痕迹，包括静态数据和行为数据两类。静态数据如姓名、年龄、性别、民族、声纹、指纹、人脸、地址、身份证号码、联系人列表、个人爱好和经济条件等；行为数据如消费、交易、评论、互动、游戏、直播、搜索和行动轨迹等。个人数据有自然人主动提供的，也有在自然人不知情的情况下被动抓取的。个人数据具有隐私性强、碎片化、真实和确权难等特点。

当然，在政务数据、企业数据和个人数据三种类别中，同一数据在不同类别中会有一定的重叠，在应用的时候要具体分析。

三、数据是 21 世纪的原材料

在数据成为生产要素的时代,数据的角色发生了改变。数据曾经是人们观察自身、社会和自然的结果,不会自动出现在我们面前。但现在,通过各种传感器和智能设备,越来越多的数据自动涌现出来,令人眼花缭乱,甚至影响到了我们的思维方式和学习方式。经验变得不再重要,相关关系取代因果关系成为研究的重点,而在科技、研究、生产和服务等领域,数据不再只是结果,同样成为这些领域的研究对象和工具,成为基础和创新源泉。这是数据的第一个特点。

虽然现在数据越来越容易获取,但相对而言,数据的采集、存储和处理需要较高的前期成本,与后期使用时的可复制、可重复使用、可共享、趋近于零的交易成本形成强烈反差,这种特殊的结构和特点,从一个侧面解释了为何目前数据烟囱林立、数据孤岛密布和数据垄断。这是数据的第二个特点。

数据的第三个特点是,数据可以被生产,不能被销毁,在物理上不会消减或腐化,因此,数据又是一种无形的、能反复交易的生产要素。同时,数据可积累,不同数据之间具有互补性、相互操作性和可连接性,数据与数据的聚合,可能存在规模报酬递增情形,也可能存在规模报酬递减情形,并不是数据越多价值越大,数据规模不是数据价值的决定因素,数据内容和数据质量很重要。

数据的第四个特点是,数据价值具有相对性,估值困难。一方面,一些数据有时效性,其价值随时间变化而变化;另一方面,同一组数据对不同对象、在不同场景下的价值可以大相径庭。而且,数据的大部分价值是潜在的、未知的、不确定的,判断和挖掘数据价值的能力,将成为数字经济时代最重要的能力。

数据的本质,是蕴含在数据背后的信息和知识。至于数据、信息和知识三者之间的关系,我们可以从 100 多年前英国作家艾略特的诗歌中得到启发

（后来被提炼为 DIKW 模型）。简单来说，信息是经过处理的、具有逻辑关系的数据，知识是经过归纳、演绎的有价值的信息，即从数据中提取信息，从信息中沉淀知识。数据本身也许没有任何意义，但它是 21 世纪的原材料。数据天然具有技术基因，因此，作为生产要素的数据，与其他生产要素，特别是技术要素的结合，可以产生更大的价值，并赋予其他生产要素更多的能量。这是数据的第五个特点。

当然，数据还有诸多其他特点，例如前文提到的确权困难、边际效用递增、加深数字鸿沟等，限于篇幅，不再一一展开论述。

千里之行，始于新基建

2020 年 5 月 22 日，第十三届全国人民代表大会第三次会议开幕，"新型基础设施建设"（以下简称新基建）被首次写入政府工作报告。经济发展离不开基础设施建设，基础不牢，地动山摇，新基建就是数字经济发展的战略基石，是赋能传统产业和新兴产业的重要支点。数据要素的千里之行，始于新基建；数字经济的千里之行，同样始于新基建。

一、数据是新基建的基础设施

"新基建"的概念最早在 2018 年被提出。2018 年 4 月 20—21 日，在全国网络安全和信息化工作会议上，习近平总书记多次强调信息基础设施和网络基础设施，当年年底的中央经济工作会议对新基建进行了布局。

新基建是个带有时代感和中国特色的概念，是对发展数字经济基础建设的高度概括。当前，对新基建的具体指向还没有形成统一的规定，为便于讨论，本书提到的新基建，特指以物联网、云计算、大数据、人工智能和区块链等新一代信息技术为支撑的新基建。这五项技术的共同点是，均围绕着数据要素的全生命周期开展一系列的创新与应用，推动了数据要素的爆发性增长和大规模使用,并使数据要素产生了规模报酬递增效应。五项技术出现的时间均远远早于新基建概念提出的时间,从理论上说,这既是个正常现象,也是个有趣的现象。

新基建的核心是增强数据采集、存储、传输和计算能力,是信息技术在各领域的广泛应用。新基建是数字经济的基础设施,数据是新基建的基础设施。下面,笔者尝试就新基建五项技术在数据应用过程中的逻辑关系进行分析。

二、五项技术层层递进,构成了一个处理数据的密不可分的整体

数据是能够被数字化传递或处理的记录,"数字化传递或处理",成为物联网、云计算、大数据、人工智能和区块链技术的连接纽带。

物联网即"万物相连的互联网",是互联网基础上的延伸和扩展的网络,是使用传感设备把物品与互联网连接起来进行信息交换的网络,可以在任何时间、任何地点,实现人、机、物的互联互通,实现物理生产环境的智能化识别、定位、跟踪、监控和管理,提供实时、客观、海量的原始数据。物联网是数字经济和数据采集、传输的最底层信息基础设施。

云计算本质上是将具备一定规模的 IT 物理资源,转化为虚拟服务的形式提供给消费者,具有可靠性和可扩展性。云计算改变了 IT 设施的投资、建设和运维模式,降低了 IT 设施的建设和运维成本,提升了 IT 设施的承载能力,并凭借强大的计算能力和海量的存储资源,通过数据集中汇聚,形成"数据仓库",实现数据的集中化管理,提升数据的共享程度。

大数据具备随着数据规模扩大进行横向扩展的能力,可以将结构化数据、非结构化数据、业务系统实时采集数据等,通过分布式数据库、关系型数据库、非关系型数据库等数据存储计算技术进行分类存储、计算、管理,以及高效实时的处理,剔除没有价值的数据,提炼不同的特征,对汇聚和存储的海量数据进行归纳、挖掘、分析和总结。

人工智能凭借机器学习、自然语言处理、生物识别、语音技术等关键技

术，对数据进行智能分析和决策，有助于解决物联网设备之间各种通信协议不兼容等问题，提高数据采集与处理的质量和人机交互能力。

区块链具有分布式存储、去中心化、数据不可篡改的特点，区块链上的数据按照时间顺序形成链条，具有真实、可追溯等特性。信任在任何时候都是商业得以进行的基础，区块链有助于人工智能实现契约管理，并提高人工智能的友好性。

从逻辑关系来看，物联网可以广泛感知与采集各种数据，起到了数据获取的作用；云计算可以提供数据的存储和处理能力，起到了数据设备的作用；大数据可以管理和挖掘数据，从数据中提取信息，起到了数据分析的作用；人工智能可以学习数据，将数据变成知识，起到了数据智能的作用；区块链则以技术构建了一个新的信任体系，使人们在素不相识的条件下，可以开展商业活动，进行价值交换，起到了数据信任的作用。

概而言之，物联网提供数据获取，云计算提供数据设备，大数据提供数据分析，人工智能提供数据智能，区块链提供数据信任，五项技术层层递进，构成了一个处理数据要素的密不可分的整体。

三、对五项技术的精简版解读

新基建的五项技术既有联系，又相互独立，有各自的历史渊源、发展脉络和关键技术，为加深理解，下面对五项技术略做介绍。

（一）物联网

"物联网"概念最早出现在比尔·盖茨 1995 年出版的《未来之路》一书中。1998 年，美国麻省理工学院提出了当时被称作 EPC 系统的物联网的构想。2005 年 11 月 17 日，国际电信联盟（ITU）发布《ITU 互联网报告 2005：物联网》，正式提出了"物联网"的概念。物联网是通过射频识别、红外感应器、全球定位系统、激光扫描器等信息传感设备，按约定的协议，把任何物品与互联网相连接，进行信息交换和通信，以实现对物品的智能化识别、定位、跟踪、监控和管理的一种网络。

人、机、物之间的信息交互是物联网的核心。从通信对象和过程来看，物联网的基本特征可概括为整体感知、可靠传输和智能处理三类技术。整体感知——可以利用射频识别、二维码、智能传感器等感知设备感知获取物体的各类信息；可靠传输——通过对互联网、无线网络的融合，将物体的信息实时、准确地传送，以便信息交流和分享；智能处理——使用各种智能技术，对感知和传送到的数据、信息进行分析处理，实现监测与控制的智能化。

（二）云计算

2006年8月9日，谷歌时任首席执行官埃里克·施密特首次提出"云计算"（Cloud Computing）的概念。但其源头可以追溯到1965年Christopher Strachey发表的一篇论文，该文提出了"虚拟化"的概念，而虚拟化正是云计算基础架构的核心，是云计算发展的基础。

云计算是一种通过网络将可伸缩、弹性的共享物理和虚拟资源，以按需自服务的方式供应和管理的模式[①]。云计算有三种服务形式：基础即服务（IaaS）、平台即服务（PaaS）和软件即服务（SaaS）。其基本技术包括虚拟化技术、分布式存储及资源调度和管理等，异构计算、微服务、边缘计算、智能融合存储和意图网络等技术是下一代云计算技术的发展方向。

经过多年实践，当前，云计算已经完成了对计算资源和存储资源的软件定义，发展成一种公共计算服务。

（三）大数据

随着计算机的普及和互联网的发展，大数据应运而生。20世纪90年代，数据库技术的成熟和数据挖掘理论的成熟，是大数据发展的基础。2006—2009年，谷歌公司发布《基于集群的简单数据处理：MapReduce》，主要技术包括分布式文件系统GFS、分布式计算系统框架MapReduce、分布式锁

---

① 引自全国信息技术标准化技术委员会发布的《信息技术 云计算 概览与词汇》标准。

Chubby，及分布式数据库 BigTable，大规模的数据集并行运算算法，以及开源分布式架构（Hadoop），标志着大数据的正式出现。

2011 年，麦肯锡全球研究所对于大数据的定义是，一种规模大到在获取、存储、管理、分析方面大大超出了传统数据库软件工具能力范围的数据集合。其技术特点是对海量数据进行分布式挖掘，但必须依托云计算的虚拟化技术、分布式处理和分布式数据库等。大数据的主要技术包括数据的采集、储存与清洗、查询与分析及可视化展示四类技术。随着技术的成熟，2013 年，大数据开始向商业、科技、医疗、政府、教育、经济、交通、物流等各个领域渗透。大数据的意义不在于掌握庞大的数据，而在于对庞大的数据进行专业化处理。

（四）人工智能

人工智能（AI）是一门结合了自然科学、社会科学、技术科学的新兴学科。人工智能的本质是完成机器对人的思维的模拟、延伸和扩展，体现在计算智能、感知智能与认知智能三个方面。

1956 年，马文·明斯基、约翰·麦卡锡和香农等组织了达特茅斯会议，会议确定了人工智能的名称和任务，这事件被认为是人工智能诞生的标志。

人工智能主要研究方法的发展可为以下几个阶段：20 世纪 40—50 年代，依托于大脑模拟，制造出使用电子网络结构的初步智能；20 世纪 60 年代，符号处理法出现；20 世纪 80 年代，子符号方法出现；20 世纪 90 年代，统计学法出现，90 年代后期，结合上述方法衍生出集成法；21 世纪至今，随着硬件计算能力的提升，以及自动推理、认知建模、机器学习、深度神经网络（DNN）、自然语言处理、专家系统、深度学习、语音识别、图像识别、自然语言处理（Bert）相关技术的提升及运用，人工智能开始在经历多次低谷后进入持续爆发期。

深度学习是人工智能的关键技术，而深度学习正是在物联网、云计算和大数据日趋成熟的背景下，才取得了实质性的进展，信息技术相互融合、相互依赖、相互促进的关系及重要性也由此可见。

算法、算力与数据是人工智能崛起的主要基础。目前，人工智能的智慧化、通用化程度仍有待提升，在跨领域等复杂场景中的处理能力仍显不足，与脑科学、神经科学、数学等学科的交叉研究，将成为人工智能进一步发展的重要方向。

（五）区块链

区块链也称分布式账本（Distributed Ledger），是由包含交易信息的区块从后向前有序链接起来的数据结构。区块链的概念，由比特币的创造者中本聪在其2008年发表的论文《比特币：一种点对点的电子现金系统》中首次提出。区块链是构建比特币区块链网络与交易信息加密传输的基础技术。

区块链不是单独的一项技术，而是现有技术的集成式创新，这些技术早已出现。例如，共识算法在20世纪60年代就已经出现，智能合约在20世纪90年代初开始探讨。2016年，工业与信息化部指导编写的《中国区块链技术和应用发展白皮书（2016）》中，提出了共识机制、数据存储、网络协议、加密算法、隐私保护和智能合约六类区块链关键技术。当前，区块链主要应用在数字货币、溯源、存证、供应链金融、跨境交易和资产数字化等领域。

区块链主要分为公有链、私有链、联盟链和许可链四类，已经发展成为一种新型基础架构和计算范式。但要实现区块链的规模产业应用，还需要在共识网络下高吞吐、低延时的交易处理能力，链上数据安全及隐私保护，低成本分布式存储，以及区块链之间的兼容性和可操作性等方面取得重大突破。

区块链在本质上构建了一个在数字经济时代以技术为背书的全新信任体系。

数据恒久远，价值久流传

遗忘是人的天性，但互联网可以帮你记忆，而且是以数据的形式留存，永不磨灭。虽然我们不知道未来数据的形式和内容，但我们相信，和现在自以为巨量的数据相比，未来的数据才是江河大海，取之不尽，用之不竭。

孤立的数据没有价值，数据的价值在于可计算、可量化和可流动。信用曾经是一种道德评价，现在变成了可以进行实时分析和商业利用的数据。当所有的经济活动、日常行为和社会管理，都转变成数据问题的时候，数据就不再是原材料，而是最有价值的商品和生产要素了。

在数字经济时代，数据恒久远，价值久流传。这里的"价值"，泛指人或物表现出来的正面作用和积极意义，而非专指经济学中商品的性质。具体来说，本书认为数据在数字经济中的价值和作用，主要体现在以下四个方面。

一、数据是数字经济的基础与核心

基础和核心是两个容易混淆的概念，但两者的指向意义不同，例如可以说支付是商业银行的基础业务，但不能说支付是商业银行的核心业务。实际上，大约十年前，商业银行是将支付等业务外包出去的，这也是我国第三方支付行业发展起来的重要原因之一，即便是现在，支付业务的收入也仅占商业银行利润的很小一部分，仍没有成为商业银行的核心业务。

对数字经济来说，数据既是基础，也是核心。没有数据，数字经济将成为无源之水、无本之木，数据和数字经济不可须臾离。新基建是数字经济发展的基本条件，起到支撑数据作为生产要素的作用，数据不但是数字经济发展的基础，也是新基建发展的基础。

就核心而言，数据可以赋能各类市场主体，发挥乘数效应，促进信息化的深入渗透，成为商品价值的有机组成部分，形成经济决策的数据驱动，催生新的经济形态和商业模式，激发组织变革和制度创新，数据不仅改变了经济增长结构，而且提升了经济增长质量。

二、数据是数字经济发展创新的动力与引擎

数据叠加新基建，极大程度地降低了数据采集、传送、存储、处理和应用的门槛，打破信息获取的时间和空间限制，促进技术创新跨地域、跨系统、跨业务高效融通，提升技术的创新速度和维度，形成发展新动能，推动新兴技术在各行各业的应用，为社会经济增长提供内生动力。

数据是企业和社会的重要战略资源，可以带来科学理论突破和技术进步，提高劳动生产率。作为引擎，数据驱动型创新正在向科技研发、经济社会等各个领域扩展，成为国家创新发展的关键形式和重要方向。

三、数据可以提升传统产业的转型与效率

第一产业构成了农业社会的主要经济形态，第二产业构成了工业社会的主要经济形态，第三产业构成了现代社会的主要经济形态。随着经济的发展和进步，大规模物质生产的经济增加值所占比重越来越低，传统生产要素对经济增长的拉动作用在逐渐减弱。从理论和实践来看，所有产业都会从数据的发展中受益，传统产业数字化转型产生的价值远远大于成本。数据不仅为数字经济服务，也可以为传统产业服务，提升传统产业的效率。

数据通过融入生产经营各环节，可优化企业决策和运营流程，提升劳动、资本等传统要素的投入产出效率和资源配置效率，实现传统要素价值的放大和倍增。以数据赋能为主线，对产业链上下游的全要素进行数字化升级、转型和再造，可提高传统行业的运营效率及其与市场动态接轨的能力，带动传统产业的升级和生产组织模式的转变，推动传统行业的改造和革新。

数字经济一定是市场经济，它不仅不会替代工业经济和农业经济，而且可以反哺工业经济和农业经济，提升商品品质和产出效率。

四、数据可以加强社会治理，增进民生福祉

2020年年初，突袭而至的新冠肺炎疫情给经济发展带来巨大冲击。一方面，数字经济在一定程度上对冲了新冠肺炎疫情对经济的影响，展现出我国经济发展的韧性；另一方面，数据在疫情监测、诊断治疗、资源调配等环节发挥的支撑作用，使居民、企业和政府机构都直接受益，数据已经深入到我们的日常生活和社会治理中。

事实上，数据也正在推动着国家治理体系和治理能力走向现代化。2015年2月15日，李克强总理在考察北京·贵阳大数据应用展示中心时明确提出，"把执法权力关进'数据铁笼'"。发挥数据的作用，让权力使用处处留痕，建立用数据说话、用数据决策、用数据管理和用数据创新的现代管理机制是未来的发展方向。

近年来，在各级政府的重视、支持和推动下，数据的即时处理和融合普遍应用在智慧教育、智慧医疗、智慧环保、智慧交通、政务、社区、物流等具体民生领域，使得基本公共服务供给能力显著提升，切实增强了政府决策科学化、社会治理精准化和公共服务高效化，增进了民生福祉，提高了人民的生活质量。

尤其值得一提的是，我国政府高度重视政务数据有效供给和合理开发，并先后出台了一系列指导性文件，取得了初步成效，在数据要素配置市场化的背景下，政务数据的流通、开放和共享，必将起到权威性的示范和引领作用。

数据在生产、生活中发挥作用的方式是隐性的，容易被人忽视，而且大部分数据的价值尚未实现，有待深入挖掘。笔者建议下一步应将着力点放在以下四方面：一是积极鼓励金融、信息通信等数据密集型行业发展，发挥其行业引领效应，促进传统产业增质、提效、升级；二是增强新基建等自主创新能力和核心技术的自主研发能力，加速推进前沿技术产业化进程；三是完善相关法律法规，实行包容审慎性管理，为数据创新留有纠错空间；四是加强顶层设计，构建更加完善的要素协同机制和市场化机制，加快将数据资源优势转化为竞争力，发挥数据要素价值，发挥数字经济优势，从根本上推动经济社会各个方面制度的完善，促进经济可持续增长与高质量发展。

  对于数据要素的价值来说，也许我们所能看到的作用与影响只是九牛一毛，我们暂时看不到的、意想不到的更多、更大、更强的作用与影响，将会以不同的方式和形态接连不断地到来，让我们惊叹，引我们思考。

2020 年 6—7 月

降费不应该成为支付产业政策目标

2020年全国"两会"期间，全国政协委员贺强提出，虽然支付行业在抗击新冠肺炎疫情中已陆续出台一系列支付降费措施，但是存在三方面的问题：一是支付手续费对小微商家仍形成不小压力，且其长期降费诉求未得到足够重视；二是支付机构对民生公共服务免收手续费，银行却对支付机构收取手续费，而且持续调升；三是"散点式"推进效果有限，支付降费工作亟须加大全局统筹力度。因此，贺强建议将支付降费作为长期产业政策目标，建立普惠的手续费定价机制[1]。因为和新冠肺炎疫情及为小微商家减负等热点有关，贺强的建议被媒体广泛报道，产生了一些影响。笔者认为，此建议似是而非，极易误导公众，因为支付降费是支付行业在突发情况下履行企业社会责任的应急之举，既不应该成为支付产业中短期政策目标，更不应该成为支付产业长期政策目标，任何一个产业，在任何一个国家，还没出现过把"降费"当作"长期政策目标"的。

贺强提到的三个问题，前两个与新冠肺炎疫情没有直接关系，是支付市场运行过程中产生的问题。所谓"长期降费诉求"，不单单是中国的小微商家（包括国外的小微商家），也是中国的所有商家（包括国外的所有商家）共同的"长期诉求"，费率问题的本质是商业利益之争，而商业利益之争是没有止境的，自银行卡诞生以来，费率问题就是世界性难题，至今无解。至于银行

---

[1] 贺强.支付降费工作需加大全局统筹力度[EB/OL].中国证券报·中证网，2020-05-25.

对支付机构收取手续费，和我国第三方支付起源与发展的过程密不可分，既有历史的原因，也是双方在市场经济条件下相互试探和妥协的结果，存在即有道理，即使是不合理的，其改变也应该由市场选择。一般来说，市场产生的问题应该交给市场，包括现在"有业务没收入"的网联定价标准等问题，均应通过市场协商解决，政府部门的过度介入往往适得其反，宏观的产业"政策目标"不需要针对具体的市场行为做出相关要求。

受新冠肺炎疫情影响，支付行业在自身业务遭受损失的情况下，为抗击疫情和复工复产提供了高效服务和多方面支持，做出了应有的贡献。笔者将其归纳为三个方面：一是全面开启绿色通道，确保社会资金高效流转，境内外救援和捐赠资金及时划拨到位，群众日常支付服务畅通无碍；二是商业银行与支付机构发挥平台和技术优势，除自发向湖北等地区捐款捐物外，还在跨国协调紧缺医疗物资全球采购、在线义诊咨询等工作中积极作为，为疫区群众的日常生活纾困解难；三是商业银行与支付机构自发出台相关优惠方案，加大对疫区小微商家提供"补贴计划"和服务优惠的力度，例如减免疫区电商支付手续费、免收疫区跨行代发工资手续费、返还聚合支付扫码交易手续费等，减轻小微商家的资金周转压力。

所谓"'散点式'推进效果有限"，指的应该就是第三种情况。但有两点需要明确：首先，为小微商家包括中小企业减负，按笔者的理解，应该还包括降低税负及精简各种政府部门审批流程等综合措施，如果仅依赖支付降费，那么"推进效果有限"在所难免；其次，新冠肺炎疫情中的支付降费，是商业银行与支付机构等市场机构根据自身实力，履行企业社会责任的自发行为，是市场行为，没有强制性和组织性，因此不存在"亟须加大全局统筹力度"，尤其是不宜将市场机构的献爱心之举，上升为全行业必须遵循的、中长期的"政策目标"。

2020 年 3 月

监管科技、金融科技与监管沙盒辨析

监管科技、金融科技、监管沙盒这几个名词都是舶来品，如果按照出现时间的先后顺序排列，则应该是金融科技、监管科技和监管沙盒。这几个名词之间既有联系，也有区别，很容易让人混淆，甚至发生误解。同时，一些关于监管科技的看法和观点，也存在误区，值得商榷。

金融科技（Financial Technology，FinTech）在21世纪初期出现，但直到2016年3月，全球金融治理的核心机构金融稳定理事会（FSB）才首次发布了关于金融科技的专题报告，对金融科技进行了定义，即技术带来的金融创新，通过创造新的业务模式、应用、流程或产品，推动金融发展提质增效。这个定义被广泛接受，人民银行2019年8月发布的《金融科技（FinTech）发展规划（2019—2021年）》即采用了这个定义。金融科技的发展过程大致可以分为互联网、移动互联网和人工智能三个阶段，在前两个阶段，金融科技在我国分别被称作第三方支付和互联网金融。

监管科技（RegTech）可以理解为将科技（Technology）运用于监管（Regulatory）。2014年，英国金融行为监管局（FCA）首次提到监管科技概念，将其定义为"运用新技术，促进金融机构更有效地达成监管要求"。国际金融协会（IIF）在2016年将监管科技定义为"能够高效和有效地解决监管和合规性要求的新技术"，其应用范围从金融机构拓展到监管机构。2017年6月，人民银行发布《中国金融业信息技术"十三五"发展规划》，提出要加强金融科技和监管科技研究与应用，监管科技开始进入我国监管层视野。一般认为，监管科技分为两部分，即应用于监管端的监管科技（Suptech）和应用于机构端的合规科技（Comptech）。

单从字面上看，监管科技是行政监管和科技的结合，涉及金融、工商、税务、海关、食品药品等诸多领域，但是在没有具体语境的前提下，目前专指金融领域。这不仅是因为监管科技在金融领域的应用与实践最为密集，还因为监管科技的产生与发展和金融科技相辅相成、相互促进，是金融科技的重要组成部分。同理，那种认为两者之间没有直接关系的观点，是望文生义、割裂了事实的观点，因此也是值得商榷的观点。

从实践应用来看，监管科技和金融科技是市场和技术发展到一定阶段的必然产物，它们的出现来自市场的力量，是市场的选择。虽然概念的提出、名词的定义来自国外，但发展情况在国内外并没有很大区别。在一些细分领域，我国已经处于领先地位，例如第三方支付和成为国家新名片的移动支付，均取得了举世瞩目的成就。技术的两面性，使市场能够自觉寻找创新和风险之间的平衡，这可以理解为前文提到的合规科技（Comptech）[1]。我国第三方支付和移动支付的成就，可以反证我国合规科技的成功；而当技术强大到市场不能对这种平衡做出有效反应的时候，应用于监管端的监管科技（Suptech）便应运而生。以科技应对科技，是市场的选择，也是政府的选择。

当然，此阶段的监管科技（RegTech）就已经具备了相对独立性，其所面对的，并非局限于金融科技业务，而是包括传统金融业务在内的整个金融行业，这个特点在其与金融科技之间的关系中应该加以明确。

监管科技是技术手段，监管沙盒是制度安排。

---

[1] 2005年8月1日，支付宝第一代智能实时风控系统CTU上线，可以视为我国监管科技的最早应用，因未查到国外类似应用的最早上线时间，无法做出比较，故本文暂对"监管科技最初是在发达国家出现的"提法存疑。

监管沙盒[①]（Regulatory Sand Box）最早由 FCA 在 2015 年 11 月发布的《监管沙盒可行性研究报告》中提出，其目的是通过有限地放开监管要求而形成一个安全空间，允许金融机构和金融科技企业在边界内测试其创新的产品、服务和商业模式，旨在通过试验探索理性且有效的监管方式。FCA 于 2016 年 6 月正式启动监管沙盒，成为全球首创。当前，新加坡、澳大利亚、中国香港、泰国、阿布扎比和马来西亚等国家和地区均相继推出了各自的监管沙盒计划。

监管科技和监管沙盒都属于金融监管领域，这是两者的共同点。不同点在于，前者是应用于金融监管的一项技术或多项技术集合，是技术手段；后者是针对金融科技创新业务的一种监管方式，是制度安排。监管沙盒或多或少会运用监管科技，而在监管科技的定义里，并不包括监管沙盒。

作为技术手段，监管科技（主要指 Suptech）近两年来在我国的研究和应用逐渐展开，取得了一系列成果。对此，有种观点认为，由于缺乏统一的发展规则和技术标准，目前还处在野蛮的、无序的发展阶段。这种评价过于负面，也不符合实际情况，不利于各行业、各部门、各地区积极地、因地制宜地发展监管科技。发展规则、技术标准的制定和完善，需要实践，需要过程，需要提炼和总结，因此，更应该鼓励和推动各行业、各部门、各地区进行相关的研究和应用，而不是相反，或者横加指责。

与上述观点相比，还有一种观点危害性更大，即认为监管科技与普惠金融发展背道而驰，其理由是监管科技应用带来的风险控制趋同，会造成部分小微企业、弱势群体在任何金融机构都无法获得金融服务。如果这个观点成

[①] 沙盒（Sandbox）本意是指在一个装满沙子的盒子里，可以随意地写、画或者做模型，无论结果好坏，轻轻一抹，即可恢复最初的平整状态。沙盒原理在计算机技术发展中得到广泛应用，即在开发软件的过程中建立一个与外界环境隔绝的测试环境（虚拟的沙盒），让被测试的程序文件在其中充分运行，如果遇到有害程序，沙盒能够将其删除而不会对整个系统造成损害。监管沙盒也被译为监管沙箱。

立，那么，监管科技存在的价值将大打折扣。可实际上，这个观点犯了一个很简单的逻辑错误。金融科技具有普惠金融基因，不是因为降低了信贷或者消费金融的风控要求，核心在于利用技术改变了传统风控的模式、流程和算法，将金融服务对象扩大到了小微企业和弱势群体等长尾客户，而监管科技正是在这个"核心"环节发挥了举足轻重的作用[①]，这和银行的传统风控做法"没有直接关系"。两种风控风马牛不相及，"趋同说"实在不知是从何说起的。因此，监管科技不但没有"与普惠金融发展背道而驰"，反倒为普惠金融保驾护航，更好地推动了普惠金融的落地和发展。

　　作为制度安排，监管沙盒在国际上受到了广泛关注，其理念和做法值得借鉴，但前提应该是以我为主。这一方面是因为英国等国家的经济体量、金融市场、监管制度和法律体系等各个方面都与我国有较大差异，其做法难以复制；另一方面正如前文所述，虽然相关概念来自国外，但在实践应用方面，我国金融科技发展处于全球领先地位，完全有能力、有实力充分发挥监管科技的作用，完善相关制度安排，创新性地建立适合我国国情的、具有中国特色的金融科技创新产品监管机制。

2020 年 4 月

[①] 定位是"小存小贷"的网商银行，其"310"模式（3分钟申贷，1秒钟放款，全程0人工介入）依托于蚂蚁金服的大数据风控体系，包括超过10万项的指标体系，100多个预测模型及3000多种风控策略等，将网商银行的不良率控制在1%左右。此可为例证。

GDPR 实施两周年记

2018年5月25日，欧盟《通用数据保护条例》（General Data Protection Regulation，GDPR）生效。同日，作为 GDPR 的执行机构，欧洲数据保护委员会（European Data Protection Board，EDPB）成立。据 EDPB 在 2020 年年初发布的评估报告统计，自 2018 年 5 月到 2019 年 12 月 30 日，各国监管机构已对 GDPR 下的违规行为进行了总计 785 次行政罚款，罚款金额累计超过 4.2 亿欧元。

处罚严厉、罚款金额高是公众对 GDPR 的普遍印象。事实上，GDPR 是区域性个人数据保护的重要立法之一，两年来，它的推出及实施效果在全球范围内引起了广泛关注和探讨。而且，对它的评价出现明显的两极分化趋势。

赞同者认为，GDPR 促进了网络安全性的提高和企业数据管理的规范化、制度化，在维护欧洲统一市场和加强消费者数据权利保护等方面产生了积极作用；反对者认为，GDPR 导致企业合规成本增高，破坏了市场竞争格局，阻碍了新技术的开发应用，过度监管使得欧盟在与中美的网络经济竞争中处于落后位置。

两种观点针锋相对，均有事实、数据、调查报告等多方面依据。虽然不乏相关利益集团和跨国企业出于商业目的"带节奏"的因素，但一项旨在保护消费者合法权益的法律制度，何以在实施过程中引来如此截然不同的两种评价，笔者尝试对此略做分析。

三个案例

在785次行政罚款中,影响大、具有代表性的分别是2019年1月法国国家信息与自由委员会(CNIL)向谷歌开出的5000万欧元罚单,以及2019年7月英国信息监管局(ICO)先后宣布对万豪国际酒店集团与英国航空公司处以逾9900万英镑与1.8亿英镑罚款(据悉,此次处罚不是最终结果,两家公司均表示提出上诉)。

这三个案例中,谷歌被罚的原因是违反了GDPR的个人信息处理透明性原则及共享有效同意原则,后两者被处罚的原因则均与大规模消费者信息数据泄露有关。同样,来自EDPB的一份报告显示,在整个欧洲经济区各个国家监管机构上报的206326起案例中,约1/3涉及数据泄露问题。大致在同一时期,美国联邦法院对Facebook罚款50亿美元,可见数据泄露俨然成为全球数据治理的痼疾。

万豪国际酒店集团与英国航空公司均是传统意义上的超大型企业,数据泄露事件暴露出其在企业管理、内控制度及信息安全的技术和组织措施等方面存在重大缺陷。谷歌是典型的互联网跨国企业,其遭到处罚的做法目前在互联网企业中仍然大量存在。仅举两例:①谷歌没有经过消费者同意,在首页预选了"同意提供个性化广告服务"的复选框,并把这个复选框隐藏在其他网页;②谷歌可以提供20余种互联网服务,所有服务共用同一隐私条款。而按照GDPR的规定,谷歌的每一种个性化互联网服务,都要制订有区分度的隐私政策,为使用不同服务的消费者清晰展示个人数据将会被如何收集及应用。

遭到处罚的三家企业事后是否采取了相应的补救措施,因未做调查,笔者尚不得而知。但从以上分析看,还难以得出GDPR"过度监管"的结论,至于隐私条款的细化、复选框的显示等改动，笔者也不认为会对谷歌的商业模式、市场地位和技术创新等造成影响。毕竟，无论是对传统产业，还是对新兴产业、跨国企业、初创企业来说，合规都应该核算在成本之内，都应该是必须履行的法律责任和社会责任。

一种趋势

不论是赞同者还是反对者，现在都要面对的一个事实是，GDPR 的示范效应正在显现。在全球范围内，多个国家或地区正在逐步制定和完善数据与个人信息保护相关法律法规，这已然成为一种趋势。

2020 年 1 月 1 日，颁布于 2018 年的美国《加州消费者隐私法案》（CCPA）正式生效。欧美两种数据法律范式为他国立法提供了可资借鉴的参考模板。

2020 年 1 月，英国出台《适龄设计规则》，明确了网络服务商对儿童在线隐私保护的具体行为标准，预计该规则将在 2021 年生效。

2020 年 1—3 月，我国在个人金融信息保护及个人信息安全保护等领域已经分别出台了新的适用标准。

此前，日本、韩国、新加坡、印度和泰国等国家均已着手制定各自的数据保护法草案。数据是重要生产要素已经成为全球共识。在此背景下，没有国家或地区愿意缺席国际数据秩序、标准和规则的制定与确立过程。欧洲互联网企业在国际竞争中处于落后位置，是多方面因素造成的，与 GDPR 没有逻辑上的直接关系。相反，笔者认为欧盟推出 GDPR，意在维护欧洲的单一数字经济市场，对外辐射欧盟的制度能量，在数字经济时代的标准和规则制定等方面占据先机，并已经初步实现了这一目标。

由于每个主权国家的法律体系、法律文化和立法传统都不相同，所以新秩序、新标准和新规则的制定和确立，需要坚持、融合、磋商和妥协，是一个需要时间和实践检验的过程。更何况法律是不断完善的，没有完美无缺的法律，只有相对合适的制度安排，而正是在这一点上，在立法层面领先一步的 GDPR，面对日新月异的现代信息技术带来的挑战，似乎应对得过于强硬和仓促。此或可为其他立法者戒鉴。

两大挑战

欧盟有严格的个人数据保护传统，GDPR 取代了 1995 年欧盟颁布的《数据保护指令》（Data Protection Directive，DPD），是对欧盟各国此前已经存在的数据保护法律的升级，是对已有经验的提炼和完善。

虽然与 DPD 相比，GDPR 更具有一致性和现代性，但两者的立法理念和思维方式是一致的，即均属于工业社会的管理者或监管者的模式。在信息社会，新技术的发展使得数据产生的关系更为复杂微妙，以单一视角的旧理念、旧思维规制尚在迭代更新的新业态、新经济，难免会出现顾此失彼、南辕北辙的窘况。这或许就是前文提到的产生两种对立评价的主要原因。

信息社会经济领域立法的目的是促进经济发展、增进社会福祉，好的法律法规需要从利益最大化的角度，平衡消费者、企业、管理者的关系，平衡个人、团体、国家的关系，平衡鼓励、保护、惩戒的关系，尽力避免或者减少对各方面产生负外部性影响，这是第一大挑战。面对这个挑战，GDPR 的表现平平。

第二大挑战是市场和法律的关系。面对新技术，GDPR 似乎在尝试为市场做出选择。例如它不但对原先由市场自行解决的数据处理者与数据控制者之间的权利义务关系做出专文条款（这些专文条款因与云计算生态的多样性相龃龉而落地尴尬），而且对数据画像做出具体规定，具体到要求数据处理者向数据拥有者解释算法运行原理，而罔顾算法技术本身的专业性、专利及其涉及的商业机密和商业利益。

新技术的发展常常出乎意料。GDPR 生效半年后，区块链横空出世，其去中心化的数据处理模式，与 GDPR 在规范起点上就无法兼容，两者能否调和共存、实现双赢，笔者无法给出结论，因为区块链的出现，包括今后其他具有革命性的新技术的出现，都不单是对 GDPR，也是对相关领域传统的法律法规范式的冲击和挑战，如何解决这些问题，考验的是各国立法者的智慧和包容的心态。

但是无论如何，法律可以规范市场，不可以凌驾于市场之上，也不可以替代市场做出选择，市场有其自身的运行机制、运行逻辑和运行规律，立法者并不能洞悉其中的奥秘。

因此，面对市场和法律关系这个挑战，笔者认为，GDPR 同样表现平平。

2020 年 5 月

两因素或影响《非银行支付机构客户备付金存管办法（征求意见稿）》实施效果

为加强对非银行支付机构（以下简称支付机构）客户备付金（以下简称备付金）的监管，切实保障消费者合法权益，2020年4月3日，人民银行发布《非银行支付机构客户备付金存管办法（征求意见稿）》（以下简称《办法》），以"部门规章形式"取代2013年6月发布的"规范性文件"《支付机构客户备付金存管办法》（以下简称原《办法》），向社会公开征求意见。

其实在《办法》的制定过程中，人民银行本着严谨、负责任的态度，"通过专题研究、书面征求意见、召开座谈会等多种方式，征求了相关部门、人民银行分支机构、支付机构代表、清算机构代表、商业银行代表的意见，并采纳了其中大部分意见。对于未采纳的意见，也与相关意见提出方达成了一致"[①]。因此，《办法》可以说是体现了多方共识，反映了行业诉求，切合备付金近几年来发展变化的实际情况。从舆情来看，《办法》的公布，得到了市场机构、专家学者和社会公众的支持和正确解读。

《办法》的公布，标志着对支付机构的监管进入新阶段，这是互联网金融风险专项整治工作取得的重要成绩之一。事实上，我国对支付机构的监管一直卓有成效，谢平曾表示，在金融科技监管方面，最成功的案例是对第三方

---

① 引自中国人民银行《关于非银行支付机构客户备付金存管办法（征求意见稿）》的说明。

支付（支付机构）的监管，而备付金即是中国人民银行对支付机构进行监管的重要抓手。

互联网金融风险专项整治工作开展以来，备付金存管模式、账户体系和监督主体都发生了根本性改变。尤其是网联的成立，切断了支付机构与商业银行直联的传统业务模式，这种事关千家万户的业务模式的变化，由于领导者、组织者和参与者的默契配合，居然使千千万万消费者的日常支付行为没有受到丝毫影响，确实是件了不起的事情。

而这些改变，通过对比《办法》和原《办法》，可以勾勒出清晰的发展轨迹。基于支付机构业务开展的现实考量和监管需求，《办法》在具体条款上理顺了备付金账户管理体系和业务开办流程，明确了支付机构、清算机构、存管银行等相关方的权责义务，进一步夯实了支付机构监管体系的理论基础。从实施效果上考虑，笔者认为行业保障基金和清算机构的定位和作用更值得关注。

尽快出台行业保障基金管理办法

《办法》明确支付机构应计提行业保障基金，用于弥补客户备付金特定损失及中国人民银行规定的其他用途。行业保障基金管理办法由中国人民银行另行制定。这是监管层面首次公开提出行业保障基金。2020年年初坊间流传的支付机构备付金计息一事由此得到证实。

2020年4月10日，来自媒体的消息显示，3月底已经有支付机构收到了时隔两年后的首笔备付金利息，"利息以0.35%的年利率按季结息，从中计提10%作为非银行支付行业保障基金。备付金利息从2019年8月开始计算"[①]。

---

① 程维妙.备付金集中存管满岁：有机构收到利息 新规能阻断违规吗[N].新京报，2020-04-10.

备付金计息和行业保障基金提取已悄然进入实操阶段。

考虑到全国抗击新冠肺炎疫情这一特殊的时间节点，备付金利息的按时到付，或许可以缓解目前部分支付机构的经营压力，稍显遗憾的是，此消息和年初的流言一样，不是由官方发布且暂未得到证实。备付金计息和行业保障基金是利国利民、利行业发展的重大事件，其规则和管理办法的制定发布，希望尽快有来自官方的声音，以避免市场的猜测和谣言的产生。而且，作为《办法》的重要组成部分，其尽快公布有利于维护《办法》的完整性和严肃性。

另外，备付金计息不是技术问题，而是法律和政策问题。支付机构从占有利息，到被取消利息，再到领取利息（或许以后还会有所改变），包括利息的比例确定等问题，这其中的法律依据和政策逻辑，徒有一些市场人士和专家学者按照各自理解发出的言论，尚缺乏一个权威的、来自官方的解释和说法。

清算机构业务边界仍待厘清

《办法》新增了清算机构在备付金监管中的地位，并明确要求支付机构选择一家清算机构作为备付金主监督机构，要求其他清算机构、备付金银行定期向备付金主监督机构报送客户备付金业务及风险信息。

目前，向支付机构提供清算服务的有银联和网联两家机构，两家机构的业务服务存在部分交叉和重叠。《办法》一旦开始实施，两家清算机构之间不可避免地会出现直接竞争。由于两家清算机构的特殊地位和历史原因，这种竞争对行业、市场、支付机构来说，恐怕并非幸事。

可资借鉴的一个例子是条码支付互联互通标准的制定工作。据媒体报道，一方面，"2020年春节前，网联牵头的条码互联互通已在宁波、杭州、成都三地试点城市成功完成收款扫码现场验证，平安付、现代金控、通联实现了付款扫码业务的互扫互认"[①]；另一方面，"中国工商银行日前宣布与中国银联、支付宝合作，率先实现工银 e 生活与支付宝主扫支付功能。春节前，中国银行、交通银行宣布，与中国银联、财付通合作，已实现手机银行扫描微信面对面二维码收款码的支付功能"[②]。而在 2019 年年底的"第八届中国支付清算论坛"上，民生银行呼吁，"以银联二维码标准为基础，共同推动条码支付统一标准"。两家清算机构在市场上各有拥趸，各自牵头条码支付互联互通标准的制定，不知道是推动了这项工作的开展，还是将形成新的服务壁垒，为条码支付技术标准的统一制造了更大的阻碍。

这种情况会在备付金主监督机构政策落实过程中重现吗？没有人能够准确地回答。而无论支付机构如何选择，可能都是一个非市场化的、多方利益因素的博弈过程。目前，两家清算机构已经在支付市场的多个领域形成了很难说是良性的竞争态势，如何彻底解决这个问题，中国人民银行副行长范一飞早在 2018 年年底出席"第七届中国支付清算论坛"时就已经给出了答案，"各个清算设施都要有自己的业务定位，业务边界模糊的要予以厘清"。这段话在当时应该不是无的放矢，现在看来，答案虽然有了，但落地却还是需要过程的，而且，也许是很长的一个过程。

2020 年 4 月

[①] 谢婧. 网联完成央行标准条码互联互通技术验证 此前已在 3 地完成现场验证[EB/OL]. 每日经济新闻, 2020-04-01.

[②] 佚名. 工行、招行、平安与银联、支付宝合作二维码支付互认互扫[EB/OL]. 移动支付网, 2020-04-03.

京东数科"金融科技下半场"与京东技术布局简析

2019年11月28日，京东数字科技集团（以下简称京东数科）首席执行官陈生强在"第八届中国支付清算论坛"上的演讲中提到，中国的金融科技已经进入下半场，由强线上属性的业务领域（支付、P2P等）向强金融属性、强线下特征的业务领域（资管、信贷等）渗透。因时间关系，他没有对此展开论述，本文结合笔者11月19日在京东集团主办的JDD-2019京东全球科技探索者大会（以下简称科技大会）上的见闻及对京东数科的了解，对此略做分析。

主打三大产品线

近一年多，不只是陈生强，京东数科其他负责人在不同场合也多次提及"金融科技下半场"，但这个提法，以笔者所见，似乎仅限于京东数科。

京东数科在"金融科技下半场"推出的产品可以概括为一个系统、三大解决方案：一个系统是构建一个开放的金融科技操作系统；三大解决方案是金融数字化解决方案T1、信用卡数字化运营解决方案和智能资管科技平台 JT^2，三大解决方案构成了一个系统的主要内容。其中，T1和信用卡数字化运营解决方案均是在京东全球科技探索者大会金融科技分论坛上首次亮相的。

T1 主要向金融机构提供涵盖 IaaS、PaaS、DaaS、FaaS 的整体数字化解决方案，包括针对科技能力建设的技术中台解决方案、数据中台解决方案，以及针对开放能力建设的移动开发平台解决方案和开放平台解决方案等。

信用卡数字化运营解决方案围绕信用卡行业在效率、场景、流动性三个方面的诉求，通过客户洞察和风险管理，帮助银行提升获客转化效率；通过场景化经营维持客户活跃度，提升资产质量；助力银行激活信贷资产，充分发挥银行效率和场景的优势。

在资管领域，JT^2 上线 8 个月以来，服务机构已近 200 家，用户数量超过 1300 个，覆盖银行、券商、基金、信托等多类金融机构的交易、投资、托管、研究等环节。并已在香港注册成立资管科技子公司，拟开展资管科技境外服务。

京东数科提供的数据显示，截至目前，T1 已累计支持合作银行的零售业务交易规模近 5000 亿元，保有量破 1000 亿元，并实现连续 18 个月持续高速增长。信用卡数字化运营解决方案已服务于 30 余家银行，助力金融机构风险识别能力提升 50%，审批时效提升 80%，审批人力节省 70%。JT^2 与农业银行携手打造的"智能托管平台"，上线首周交易量达 1.038 亿元。

通过简单对比可以发现，与网银在线、京东钱包、京东白条等"金融科技上半场"的产品和服务不同，"一个系统、三大解决方案"的着力点明显从 C 端转向了 B 端，从单一的产品和服务的提供者转向了技术输出、成果共享的合作者，而且与通常所说的"科技赋能金融"不一样的是，"一个系统、三大解决方案"更强调科技的共享、共建和开放，而不再仅是单方面的"赋能"。

利用数字技术，携手市场机构打破自我封闭，实现效率最优、成本最优，共同创造更大的产业价值和客户价值，也许这才是京东数科"金融科技下半场"的正确打开方式。

金融科技是京东数科业务版图的五分之一

京东全球科技探索者大会分为主论坛和零售科技、智能物流、金融科技、AI IoT 安全、智能城市 & 云、数字农业、数字营销七个分论坛，首次披露了京东集团完整的技术布局，实际是一场技术产品展示和推广大会。

京东的技术布局分为零售、物流、数科三大版块。京东通过组件化、积木化的敏捷开发体系，对原有的中心化技术系统进行了改造，可实现能力复制。目前，京东除对三大版块相关业务提供技术支撑外，还能够承接更多的外部需求，具备较强的响应能力与扩展性。

虽然京东数科产生于京东金科，但在此次大会上，给笔者的一个印象是，无论在集团层面，还是在京东数科公司本身，金融科技的色彩都在逐渐淡化。从金融科技（资管科技）到数字农牧、数字乡村、数字营销，再到智能城市，金融科技已经降到京东数科整体业务版图的五分之一。这种变化，是一家市场机构根据市场形势做出的市场选择，和"金融科技下半场"的提法一样，值得关注但无须过度解读。而从经济和技术发展的角度看，这种变化一方面实现了京东数科技术上的进阶，另一方面实现了科技与更多实体产业的融合，是一种好的、积极的、促进产业和技术发展的变化。尤其令人惊讶的是，完成这种变化，京东数科仅用了一年左右的时间，这是多么漂亮的一份年终总结。

据陈生强介绍，京东数科的五个产业数字化服务模块看起来各不相同，但实际上，所有模块都有着一样的底层逻辑，有着共同内核的数字化操作系统。其核心逻辑体现在三方面：一是以数字连接打通线上与线下；二是以数据和技术为最大公约数，重塑产业流程和决策机制；三是实现数据和技术应用在多产业、多链条的网状串联和协同。

三个方面可以归结为一个关键词——数字科技。如果说金融科技的本质是金融,那数字科技的本质就是科技,科技的目的是为人与产业创造价值,并实现人与产业的共同成长。至少从目前的实践来看,京东数科让我们看到了其在这方面做出的努力和初步成果,而且感受到了科技的美好和力量。

几点思考

第一,数字经济正在日常生活中的细微之处,以让人能够感受得到的速度,缓慢而坚定地走来,而且势必成为不可阻挡的时代潮流。在此背景下,无论在什么行业,技术都将成为争夺未来赛道的核心驱动力,对个人是这样,对企业是这样,对行政机关和政府监管部门也是这样。金融行业内曾有"得账户者得天下"的说法,在今后一个时期,则很可能变成"得技术者得天下"。

在时代潮流面前,先知先觉者引领,后知后觉者跟随,不知不觉者终将被遗忘,乃至淘汰。连从电商平台起家的京东集团都升级成了"以零售为基础的技术与服务企业"和"一家拥有技术思维方式的企业"[1],这对带有先天技术、创新基因的支付清算行业来说,应该尤其具有鞭策和警示意义。

第二,京东数科在"金融科技下半场"着力打造的"构建一个开放的金融科技操作系统",摆脱了单一产品、单一领域的限制,其本质是为金融机构提供底层互通、相互关联的数字化服务体系,帮助金融机构在系统建设、产品运营、风险管理、场景运营等环节实现数字化。如此庞大的架构和设计理念,对系统本身的技术、运维、管理及风险控制等方面提出了极其严格精密的要求,这对于京东数科这样仅有数年技术积累和沉淀的金融行业新面孔来说,是一个严峻的考验;对于市场管理者和监管部门来说,也是一个严峻的考验。同时,我们乐于见到越来越多的市场机构和技术依法、合规地进入金融领域,我们也乐于见到在创新、开放和公平竞争的市场环境下,越来越多

---

[1] 引自京东负责人在京东全球科技探索者大会上的发言。

的商业银行和其他金融机构能够紧跟时代潮流，切实提升金融服务实体经济的质效。

第三，发挥会员力量，做好会员服务。会员，特别是在各个领域具有重大影响力的会员，是协会的财富。机构（会员）可以没有协会，协会不可以没有会员。站在协会的角度，会员的作用不应该只是收缴会费，还应该发挥会员，特别是有重大影响力的会员的智慧和力量，参与到协会的治理和建设中来。对会员的意见建议，包括在公共场合提出的对行业发展的看法、表述，协会应该时刻关注并尽量做到有沟通、有回应。

政策的上传下达是一种服务，行业的规范治理（自律）是一种服务，市场有用信息的交流传递是一种服务。更好的服务应该是了解市场需求，协力解决痛点、难点问题，促进会员业务发展，推动行业壮大。

2019年12月

2018年，金融科技对支付行业的影响分析[①]

最新发展与挑战

2018年，金融科技在支付清算领域的应用渐趋成熟，对支付行业的发展产生了较大影响。大数据、云计算、人工智能和区块链等技术助推支付创新，进一步打破了原有的线上、线下金融服务边界，让支付业务与服务场景紧密关联。支付与其他金融、经济服务融合的趋势日益明显，行业发展出现新变化。

第一，金融科技极大地丰富了支付生态系统。一方面，科技创新推动支付产业链不断延伸，市场参与主体数量快速增长；另一方面，支付产品、支付方式和支付场景更加多元化，推动着支付清算向金融其他服务领域如理财、保险、信贷、投资等渗透，使得支付清算与其他金融服务融合发展。同时，传统交通、家居、医疗等领域智能化程度不断提升，逐步成为新的支付场景，促进了新产业形态的逐渐形成。

第二，金融科技创新助推支付行业资源整合优化。部分市场主体在业务体系稳步发展的基础上，凭借在金融科技方面的创新优势，不断进行资源整合与优化，引入战略投资者，在资本市场筹划上市，形成新的治理结构，进

[①] 本文节选自社会科学文献出版社2019年出版的《金融科技发展报告2019》相关章节，有删减。

一步实现了资源的整合与强化。与此同时，实体企业及其他金融和类金融机构以并购互联网支付机构等方式进入支付市场，希望通过支付接口达到资源整合的目的。

第三，金融科技提升了支付行业的效率。一方面，利用互联网、移动互联网、物联网打造平台经济模式，简化供需双方的交易中间环节，提升资金融通效率；另一方面，利用云计算技术构建跨层级、跨区域的分布式支付系统，提高支付业务的响应速度和支撑效率。大数据、区块链等技术也有望解决支付领域的一些痛点和难点，例如提升交易速度，降低交易过程中的沟通成本和运营风险等。

第四，金融科技提升了支付安全性。在支付行业快速发展的背景下，风险控制仍然是全行业的重中之重。人工智能、生物探针、知识图谱等金融技术手段的应用，使得支付过程中的风险防控更加自动化。风险控制手段逐步从人工审核、后验策略转向自动化决策、模型预测为主，通过基于多维度数据关联的用户行为分析，深度学习建模，开展实时监控，可有效监测用户交易行为，降低支付欺诈风险，提升支付安全性。

金融科技发展对支付行业带来的挑战主要表现在三个方面：

一是亟待从国家层面推动金融科技在支付行业应用的标准化建设。目前部分支付产品采用不同的支付标准，不仅影响客户体验，也为支付安全埋下隐患。为了更好地发挥金融科技引领支付行业发展的作用，打通各个支付机构之间的数据、标准鸿沟，建立统一的行业标准，要从国家层面努力推进和实现规则的标准化和技术的标准化。由全国金融标准化技术委员会主导的《聚合支付安全技术规范》在2018年8月开始征求意见，聚合支付标准呼之欲出。未来，包括二维码支付、聚合支付及生物识别支付等各个层面的支付标准化建设也需要持续深入推进，促进行业向标准化、规模化、规范化方向发展。

二是科技创新带来的支付安全隐患不容忽视。金融科技的发展使支付市场参与主体间的关联性越来越强、联动性越来越大，增加了单点风险演变为系统性风险的可能性。随着业务规模和客户数量的扩大，数据安全、隐私保护、交易安全、身份认证等问题更加突出，风险的传染性和不确定性更强。同时，当前诸多技术发展和应用还处于初级阶段，技术本身也蕴含着一些风险亟待攻克。例如生物识别技术被视为支付的天然密码，但在当前阶段，单一的生物识别技术还很难完全抵御黑灰产集团的恶意攻击，需要支付机构搭配多种不同的技术手段进行身份的识别和验证。

三是科技创新对现有监管规则和体系带来挑战。金融科技的应用对传统支付清算行业影响深刻，其参与主体更加多元化，支付媒介更加丰富化，支付手段更加智能化。这些变化都给现有的监管规则和体系带来挑战，首先，监管部门尚需进一步厘清金融科技的运行逻辑、风险易发环节及风险传导机制。其次，金融科技的技术性和专业性使得监管难度急剧加大，现行的监管手段很难防范高度虚拟化、网络化的支付手段带来的潜在风险，识别和防范支付跨界经营带来的衍生风险的难度加大。

支付清算行业的发展侧重点

第一，要持续增强业务支撑能力，优化用户支付体验。金融科技在支付行业应用的前半程，主要集中在前端产品、应用层面，未来，应探索利用分布式、云计算等技术重塑支付基础设施，提升计算、存储等资源的水平拓展能力，有效应对支付业务瞬时高并发、多频次、大流量的特点，保障支付清算高效稳定运行。依托物联网、生物识别、人工智能等新型技术手段，打通零售端的各个场景和环节，促进场景开放共享，全面拓展综合金融服务业务场景，为消费者提供投资理财、消费信贷、财务资金管理、供应链融资、营销服务等多层次支付服务解决方案和更广泛的便民、惠民支付服务市场空间。

第二，加强监管科技建设，以智能风控为核心，提高行业风险防控能力。监管科技旨在利用现代科技成果优化监管模式，提升监管与合规效能。当前，运用科技手段赋能监管已经在世界各国监管层达成共识。一方面，监管部门要增强自身的数据和技术能力，同金融机构及支付企业开展良性合作，逐步探索、实现监管数据的实时收集、监管报告的自动化更新、违反行为的及时监测和风险预警的准时送达；另一方面，有能力的市场机构应强化新技术合理选型，建立支付数据安全防护机制。以大数据分析为基础，以人工智能、生物识别、区块链等技术为支撑，加快提升智能反欺诈、智能身份认证、用户安全赋能、风险价值挖掘等能力，实现异常可疑交易和违规行为的精准化识别、自动化拦截和智能化处置，有效防范支付欺诈事件和非法洗钱活动，为支付行业提供高附加值的风险防控服务。

第三，积极响应"一带一路"倡议，推动支付服务国际化。"走出去"是我国支付行业具备并保持国际领先水平的必由之路。随着我国与世界各国的交流和合作越来越紧密，"一带一路"沿线大规模基础设施建设的渐次推进，使得沿线国家和我国相关主体的贸易需求和支付服务需求上升。当前，我国以移动支付为代表的新兴支付结算业务在市场规模、应用场景等方面的发展均处于世界领先水平，成为彰显我国金融服务产业国际竞争力的新名片。支付企业应深入研究相关国家的支付市场特点，积极谋篇布局，利用金融科技成果扩大服务、技术和标准的输出。同时，积极融入境外市场，提高跨境移动支付服务水平，着力打造开放式的合作平台，为"一带一路"沿线国家民众提供高质量、多样化、多渠道支付服务。

2019 年 4 月

消费者的知情权是用来被默认的吗

2019年3月15日,中央电视台2019年3·15晚会曝光银联闪付功能默认开通,存在隔空盗刷隐患。次日,银联发布声明称:①"隔空盗刷"是极少数个案,银行卡闪付既便捷又安全,在国际上已经得到广泛应用。②银联已联合各商业银行建立了"风险全额赔付"保障机制,对于客户发生的盗刷风险损失,持卡人挂失前72小时内全额赔付,超过72小时经确认为盗刷损失的,也将获得全额赔付。③小额免密免签是一项行业规则,中国银联和商业银行通过官网公告、领卡合约、发卡章程、持卡人权益告知书、手机银行、微信公众号、短信等渠道向持卡人进行了告知。知情权充分保障,用户用不习惯可自主关闭。④"隔空盗刷"是非法犯罪行为,银联全力配合公安机关继续加大对POS机非法买卖等银行卡犯罪行为的打击力度,持续督促收单机构加强POS终端管理。

一两天后,就有一两个专家站出来解释闪付功能在技术上的安全性,更有个自诩为支付专业媒体的网站力挺银联,号称"比隔空盗刷更可怕的,是对支付技术的无知"。同时,也照例有一些媒体对此做了一般性的转载和介绍。

这件事的关键点到底在哪里呢?不在隔空盗刷上,也不在技术上,而是在闪付功能的"默认开通"上。我是消费者,如果我在办理芯片卡的时候,银行没有告知我,就"默认"开通了免密闪付功能,即使这个功能只有"千万分之二"的风险比率和"风险全额赔付"保障机制,我也是要去投诉的，这不是用一句"行业规则"就可以推脱责任的。

从消费者的角度来说，银联没有权力这样做，银行也没有权力这样做，银联更没有权力要求银行这样做。每个消费者，包括那一两个专家，甚至包括银联和银行的工作人员，对自身消费行为的知情权都不是用来被"默认"的。从这个角度来说，银联的声明并不能令人满意。加强消费者权益保护要落到实处，也希望消费者的各项权益不要被企业或相关方有意无意地"默认"。

2019 年 3 月

BAT金融科技反洗钱实践引起的一些思考[①]

BAT通常指代我国最大的三家互联网公司（百度、阿里、腾讯），它们不是金融科技公司，但在金融服务领域，这三家公司对其旗下的百度金融、蚂蚁金服和财付通（以下用BAT代替，排序不分先后）的定位均是具备金融科技输出能力的金融科技平台。这三家金融科技平台的金融科技应用和实践，在国内处于领先水平，值得研究参考和学习借鉴。

本文分为三部分，一是金融科技在百度金融、蚂蚁金服和财付通反洗钱业务中的应用及效果，二是金融科技在三家公司反洗钱实践中遇到的问题及相关建议，三是在前两部分的基础上引发的一些思考，包括对目前反洗钱机制的分析与探讨等。

本文涉及的内容主要来自笔者对百度金融、蚂蚁金服和财付通反洗钱部门管理人员及技术专家的面对面交流和书面调研。因时间较为仓促，且搜集资料的渠道有限，或不能反映出三家公司金融科技反洗钱实践的整体面貌和成绩，笔者亦无意对三家公司的反洗钱业务做任何评价，仅出于研究的目的，提供一些案例与观点，以抛砖引玉。

---

① 马晨明. 基于BAT金融科技反洗钱实践的思考[J]. 中国金融家，2018（5）：125-127.

应用及效果

在百度金融，金融科技在反洗钱方面的应用主要体现在可疑交易监测、客户风险评级和客户身份识别、日常分析判断三个方面。

一、可疑交易监测方面的应用

2016年，百度金融完成"福尔摩斯"反洗钱系统一期的开发工作，上线了15个定制化的可疑交易监控规则，替代原有外部采购的反洗钱系统的可疑交易监控功能。2017年1月24日，"福尔摩斯"反洗钱系统二期上线，新增7个可疑交易监控规则（其中2个为根据类罪并结合百度自有业务场景制定的规则），支持以案件维度确认可疑、排除可疑操作，并新增筛选功能，便于反洗钱工作人员进行人工分析。

2018年，其"反洗钱可疑交易监测分析"系统三期在现有可疑交易系统的基础上，引入了优化后的可疑交易识别模型。在可疑交易识别模型方面，提炼自然人客户可疑交易识别特征92个，涉及交易地区、笔数、时间、金额、对手数、出入账、业务类型等；商户客户可疑交易识别特征54个，涉及交易地区、笔数、时间、金额、对手数、出入账、业务类型等。可以有效识别疑似涉毒、疑似地下钱庄、疑似非法集资、疑似赌博、疑似套现等异常交易。在系统功能方面，充分考虑监管要求，设计初审、复审及抽检工作池。

在可疑交易监测规则基础上，百度金融引入机器学习方法实现了可疑交易识别模型的建设，机器学习具有高特征维度、阈值自调整、性能自优化等特点。

目前，百度金融结合典型洗钱案例及监管机构风险提示和指引，设置了20多个监控规则。对于可疑交易识别模型，设计了100多个维度的特征库，涵盖了交易金额、交易笔数、交易集中度、交易时间、交易地点等多个维度特征，同时还提炼出手机被操控、账户被控制等可疑行为相关的监控模型特征。引入XGboost作为模型建设工具，XGboost算法属于Boosting分类器，其基本思想是把成百上千个分类准确率较低的树模型组合起来，成为一个准确率很高的模型。这个模型会不断地迭代，实现机器学习模型的不断优化，做出最好分类结果。

二、客户风险评级方面的应用

客户风险评级分为动态因子评分和静态因子评分。动态因子评分是通过交易记录对客户风险进行评估，主要评估维度包括异常交易时间、异地交易、交易集中度等；静态因子评分目前主要依靠客户基本信息，未来计划引入敏感词搜索记录、多头应用及大数据画像，实现从客户人生阶段、消费水平、兴趣等方面进行更全面的风险评分类。

百度金融持续对"反洗钱"客户风险评级系统进行优化升级和模型建设，2017年第3季度已完成模型优化及上线运行。目前，针对自然人客户设计动态评分因子9个，包括交易笔数、金额、出入账、账号数、对手数等；设计静态评分因子5个，包括国籍、用户等级、证件类型、年龄、省份。针对商户客户，设计动态评分因子13个，包括交易笔数、金额、出入账、账号数、对手数、跨境交易等；设计静态评分因子2个，包括省份和行业。"反洗钱"客户风险评级系统新增平台任务处理功能"加强尽职调查""人工确认""重新识别"。系统评价为高风险的客户将进入"尽职调查工作台"，由反洗钱尽职调查团队对客户基本情况、客户经营交易情况进行调查，并开展客户交易持续监控。系统重新评价后的高风险下调及上次评级评分变化大于30分的客户将进入"人工确认工作台"，由反洗钱尽职调查团队查询评分详情，确认是否接受评级调整。系统评价上次为中低或低风险、本次变化为中高风险以上和高风险半年内无尽职调查记录、中高风险两年内无尽职调查记录的客户，将进入"重新识别工作台",由反洗钱尽职调查团队对客户基本情况、客户经营交易情况进行调查,并开展客户交易持续监控。

三、客户身份识别与日常分析判断方面的应用

百度金融旗下支付机构北京百付宝科技有限公司严格按照《支付机构反洗钱和反恐怖融资管理办法》及《非银行支付机构网络支付业务管理办法》的相关规定,将个人支付账户分为Ⅰ、Ⅱ、Ⅲ类。为客户开立支付账户,对客户实行实名制管理,登记并采取有效措施验证客户身份基本信息。有权人员可通过"百度钱包财务系统""百度钱包商户管理系统"实时调取用户信息并由系统记录操作日志,辅助风控系统预警异常交易分析判断或用于公安机关等部门调证查询。

同时,百度金融对自身客户在开户环节进行制裁名单、恐怖融资名单、政要名单等"黑名单"校验,并根据内部风险策略,进行拒绝准入、经管理层审批后准入、确认高风险等差异化管理,还定期对存量客户进行持续识别并开展差异化策略处置。

在客户风险等级人工复核评级和可疑交易分析操作中,利用大数据信息进行辅助判断,通过搜索记录、应用App记录等信息,辅助判断客户交易异常和潜在风险。

百度金融认为,金融科技在反洗钱方面应用的效果体现在四个方面:①"黑名单"分类优化。优化前,所有名单类型一并处理,包括涉恐类、犯罪类、PEP类等,需要二次人工核实,不能及时发现和处理风险。优化后,从系统层面对命中名单进行了分类,并根据风险分层级安排人工处理,有利于及时发现和处理高风险类别任务。②反洗钱风险控制针对性加强。在客户开户阶段,根据"黑名单"分类,对命中涉恐类、犯罪类等高风险类别进行实时拦截,降低不法分子利用公司产品进行非法活动的风险。③客户风险等级模型优化。目前采用静态评价因子结合动态评价因子的模型对客户

进行分类，在客户身份特性风险的基础上，加入客户日常交易行为风险评估，虽然在流程和人力上优化较少，但在效果上有利于发现风险，发现客户异常交易行为，加强对此类客户的尽职调查和交易监控力度，以及时发现风险，采取管控措施。④可疑交易模型优化。优化前，使用规则进行预警，异常交易日预警量达到100件以上（一个案件包含多笔交易），处理耗时长，且90%以上为可明显排除的无效预警。优化后，日预警量平均在20件以内，基本能够实现每日完成初步分析，保证了及时性；且其中50%左右为有效预警，需要电话核实调查或使用其他调查手段进行分析判断，使分析员将更多的精力分配在调查分析阶段，减少人力浪费外，提升了分析水平和深度，并为复核阶段提供了充分理由，简化复核阶段工作，提高了可疑案件的报送效率。

在反洗钱领域，蚂蚁金服在用户身份识别、正常和异常用户行为的刻画和反洗钱业务流程的高效管理三个方面有针对性地尝试和应用了金融科技。

第一，在用户身份识别过程中，在基于模糊匹配的算法基础上，尝试使用光学文字识别技术，对用户提供的文档和证件进行信息提取。还在试验使用机器视觉技术，对用户提供的证件进行视觉校验，对用户提供的照片与证件照片进行视觉比对。

第二，在对用户行为进行刻画的过程中，使用包括深度学习在内的人工智能算法，对用户在交易和登录过程中的行为进行多维度特征提取、特征分析和特征模型化。

第三，在反洗钱业务流程中发挥重要作用的反洗钱智能分析产品，主要服务于公司内部的反洗钱业务，用于提高公司反洗钱业务的风险甄别能力和效率。

反洗钱智能分析产品利用大数据和人工智能，监控和分析可疑交易，主要有两个功能：一是反洗钱智能关系网络，它通过后台大数据计算后将与客户有关的资金链路和数据分析结果直观展示给可疑交易分析人员，用于快速定位和识别洗钱风险；二是智能审理，它能够智能学习可疑交易审理人员的经验，对可疑交易案件进行自动分析，并将分析结果提供给审理人员参考。

智能关系网络是识别业务风险分析和智能异动分析的一个有效实践，涉及资金关系、人际、媒介等多种关系网络特征。蚂蚁金服利用大数据和人工智能，建立了支持开放式接入的金融领域算法和深度学习框架，提供高效、易用的一站式机器学习 PaaS 平台，以及模型全生命周期管理。基于此平台，实现了反洗钱智能关系网络，其中包括关联分析、团伙分析、关系搜索等核心组件。

智能审理是通过机器学习技术学习人工审理沉淀的数据，例如赌博和非赌博的数据，抽取高维的判别特征，建立分类判别模型（如随机森林、深度学习等模型），当模型训练好以后，对于每个监控规则抓取的警报，模型自动对新警报进行判别，给出标签，并通过自然语言处理技术，给出相应的报文描述和证据。

整个产品的数据来源具有多样性，包括资金往来、同媒介、SNS 交互、通讯录等不同业务场景的数据。大数据类型包括交易数据、行为数据、地理位置数据、设备数据等，包含了结构化和非结构化的数据。

蚂蚁金服认为，其自主研发的反洗钱流程管理平台，依托集团的高性能数据库和云计算平台，极大地提高了模型算法技术实践、规则模型部署、运营信息透明化及信息反馈闭环等业务流程的效率。通过反洗钱智能分析产品，蚂蚁金服反洗钱中心将可疑交易人工分析的效率提升了 30%。对疑似涉嫌赌博、非法集资、传销等犯罪类型的识别时间从平均 30 分钟缩短到 5 分钟，并且识别的准确性始终保持在 90% 以上。

而在识别可疑资金的流向及可疑交易主体之间是否具有团伙关系等方面，蚂蚁金服依托金融科技做到了直观可见，完全不需要反洗钱中心工作人员手工绘制资金流向图，对业务效率的提高起到了显著的提升作用。

财付通的智能反洗钱系统，在满足合规的前提下，以风险为中心，结合移动支付业务的特点，充分利用大数据和AI来实现智能化反洗钱。财付通的反洗钱团队，除做好现有的支付业务的反洗钱工作之外，也将覆盖公司新型的金融产品，包括且不限于保险、基金、证券、银行等业务。不同领域的产品逻辑不同，目标用户群体不同，应用场景也不同。目前，财付通已经开始搭建各个金融业务的基础模型，同时对相关领域上游洗钱行为进行摸排和挖掘，随时对新型犯罪保持关注。其金融科技的应用主要涉及大数据平台、一站式机器学习平台和知识图谱（其应用效果并入相关技术的阐述中，不再单独列出）。

（1）大数据平台。腾讯大数据平台是一个基于share-nothing架构，具有高可用性和高可伸缩性，用于海量数据存储和海量数据分析的分布式数据处理系统。它向用户提供类似SQL的接口，可以提供PB级的存储和TB级的计算能力，来满足公司日益增长的海量数据分析需求，帮助发现更多用户价值，支持实现数据上报、存储、计算、统计、提取、分析、画像、精准推荐和深度挖掘等业务场景。

在反洗钱过程中，相关数据按照流程被存储、传输、清洗，并输入模型，几乎全部流程都由机器自动完成，特别是对于时效性要求较高的事中监控环节，大数据平台是做到高效与精准的重要保证。

（2）一站式机器学习平台。通过可视化的拖拽布局，组合各种数据源、组件、算法、模型和评估模块，让算法工程师高效、方便地进行模型训练、评估及预测。支持多种机器学习和深度学习等基础组件，并提供相应的常用算法，支持数据海量输入、处理、输出、模型训练及模型在线服务的全流程闭环。

可以简单理解为，这是一个智能建模平台。通过拖拽式任务流设计，灵活多变的运行模式，丰富的内置机器学习算法，支持多种机器学习框架，并提供可视化效果。同时还有强大的团队协作和分享能力，支持多种场景下的多实例调度，使数据分析师和算法工程师能够根据自己的需求自由选择模型搭建，可根据应用场景设计算法，自动训练模型并部署至线上环境。

（3）知识图谱。知识图谱是较有代表性的人工智能技术之一。简言之，是在搜索引擎的基础上，通过建立大规模知识库、爬取并整理互联网链接及文本数据，把不同实体通过关系联系起来的图库。知识图谱包括四方面的信息：type（类型）、subject（主体）、predicate（关系）、object（客体），简称TSPO。subject和object一般是实体，通过关系联系起来。知识图谱将不同维度的数据，通过既定的类型与关系进行描述，并最终连接起来。在不同的数据应用场景中，会有一系列逻辑主线将这些不同维度的数据联系起来，最终能够定义某一类行为，或者某一类主体。知识图谱的建设依赖于NLP及神经网络技术的发展。关系抽取（relation extraction）和知识推理（relation extraction）是知识图谱技术在反洗钱中较为重要的技术。前者通过句法分析来提炼抽取实体间的关系，决定了知识图谱中的规模和质量；后者通过不同三元组（一个实体通过一种关系指向另一个实体的最小组合）之间的关系，利用关联挖掘技术自动发现推理规则，生成更加复杂的关系链。

表现在反洗钱中，就是通过高效率的机器学习，用多维度的数据，来自动刻画一类人或者一类行为。知识图谱对于异步消息的整理，使定位"黑名单"变得前所未有的清晰，能够更加多元地对目标进行解释。

问题及建议

在技术层面，机器智能报文和人工报文虽然差别不大，但也存在不完全匹配的问题，人工报文的个性化更强，机器报文倾向于对犯罪事实进行描述，容易出现千篇一律的问题。近年来，人工智能和机器学习技术被广泛应用于自然语言处理中。其中，文本生成技术，是人工智能、机器学习和计算语言学的分支，其工作过程是从抽象的概念层次开始，通过选择并执行一定的语义和语法规则来生成文本。与现行文本生成技术不同，在可疑交易报告生成场景中，需要解决文本长度受约束问题、报文准确性问题和报文时效性问题。基于以上挑战，蚂蚁金服提出一种有长度约束的反洗钱机器自动报文生成算法，该算法能够在约定长度下自动生成可疑交易报告，满足报文的大信息量、高质量和时效性要求。

客户风险等级分类与可疑交易识别，依赖于客户身份识别的全面性和准确性。目前因为用于体验习惯及非面对面互联网信息识别准确性的原因，一定程度上影响了风险等级划分的有效性。百度金融提出，由于其支付业务场景的特点，目前已发现的可疑交易案例较为单一，训练集样本中案例种类相对较少，缺少其他未发生的犯罪类型的案例样本，导致对未发现的可疑的犯罪类型识别能力提升困难。蚂蚁金服同样提出，在反洗钱流程中，面临如何对大量交易信息和非交易信息进行有效筛选和甄别的挑战。洗钱分子在进行违规或不法交易的时候，会隐藏和混淆他们的行为特征，这使得将他们筛离出正常人群的工作面临很大挑战。蚂蚁金服认为，在甄别过程中，如何更好地为甄别所需要的信息提供工具支持也是一个重要问题。

在政策建议方面，百度金融建议加强案例信息及恐怖融资与洗钱风险人群数据共享，帮助各义务机构扩充自身反洗钱案例库，了解和学习全面的洗钱类型、当下洗钱手段等，引导义务机构将反洗钱知识应用到实际操作中。对于提报的案件，提供结论反馈，从而帮助义务机构完成模型优化。建议从法律层面解决反洗钱法律法规及个人信息保护法律法规之间的冲突问题，尽快颁布《个人信息和重要数据出境安全评估办法》及相关细则。

可疑交易识别是发现和追踪涉嫌洗钱线索的有效途径，是我国反洗钱领域的核心问题。由于洗钱活动越来越专业化,特别是现代金融体系越来越复杂,金融创新产品层出不穷,不法分子的行为呈现出高度的技术化和灵活化,给可疑交易识别带来了极大的挑战。对此,百度金融、蚂蚁金服和财付通均提出,利用大数据和人工智能等金融科技技术,提高可疑交易识别的效率和质量,将是金融行业的大势所趋,建议反洗钱监管部门支持有条件的义务机构加大金融科技在反洗钱领域的应用,在政策环境上对于金融科技在义务机构的应用,保持更加开放、鼓励和包容的心态,这些将对义务机构打击洗钱犯罪和欺诈等违法行为起到积极的作用。

的确,在洗钱与反洗钱的博弈较量中,技术的使用对双方似乎都是至关重要,但本文提出的一个问题是,金融科技的应用对反洗钱的作用到底有多大呢?

一些思考

一、金融科技没有改变金融的本质

目前阶段的金融科技,主要指运用大数据、人工智能、区块链等各类先进技术,实现金融行业在资产特性、交易机制、组织方式等方面的创新发展。在这个过程中,金融的本质没有发生改变,依然是经营风险。科技带来的变化,更多的是应用和实现方式上的,例如降低边际成本、提升判断效率、增强普惠程度等。

以大数据为例,在电子支付、线上线下场景交融的环境中,数据的获取不再是传统金融产品的单一维度,而是演变成融合了人们生活数据的多维度;数据的意义,也不再是单条记录、仅能描述一次交易的相关信息,而是成了可能足以建立行为画像的立体数据库。

二、金融科技的发展尚处于实验、推广阶段

人类能获取的信息已经足够丰富,但是如何对其进行全面的、高效的提

取与整理,目前的技术能力依然较为有限。以知识图谱为例,如何高效融合抽取自不同类型的数据,依然没有太先进的方法。关于人的情感、购物信息等非三元组形式的模糊知识,处理手段就更加有限了。

整体而言,AI(人工智能)目前虽然已经有一些进展,也应用于实际,但是还远远谈不上充分,依然处于起步的阶段,应用高级AI(强人工智能)的产品和场景还并未出现。

反洗钱对抗的是各种洗钱行为,随着技术的发展,对于违法犯罪者而言,犯罪的成本也不断降低。金融科技对洗钱和反洗钱的影响才刚刚开始。

三、对反洗钱机制的分析

目前主管部门的大致做法是,广泛收集反洗钱义务机构的报告,并将其分层整理,重点报告提交执法机关。反洗钱义务机构的大致做法是,当发现可疑交易时,对该用户及交易行为进行分析,如果确属可疑,则视情况做出关闭账号、冻结资金等决定,同时向监管机构报送。

技术的进步,使得反洗钱义务机构已经能产生大量的反洗钱报告。但问题是,其中仅有相当少的报告能够起到真实有效的作用:进入司法打击程序,或者触及司法冻结。主管机构更多在收集各类信息的层面费尽心力。

情报体系只有快速流转才有意义。据机构反映,目前绝大部分反洗钱数据只能起到数据沉淀的作用。其客观原因是,全国现有几千家反洗钱义务机构,每天都能产生大量的可疑交易报告,虽然其中有相当一部分依然是防御性报告,但是从另一个角度而言,由于不同机构的产品场景与数据维度都有不同,因此主管部门也确实难以制定统一的评定标准,标准的缺失大大增加了识别的难度。

这种情况带来的一个严重后果就是,对于单一义务机构而言,"发现可疑—拒绝服务—上报"是目前的通用做法。由于绝大部分的上报数据无法走入司法程序,那么对于洗钱犯罪嫌疑人来说,换一家金融机构继续犯罪,成本是极低的，这就难以起到挤压犯罪空间的目的。

虽然反洗钱犯罪的新方法和新手段层出不穷，但目前还没有行之有效的行业指导与交流。监管科技意味着提升监管能力，而义务机构的技术发展一般会走在前面，目前的反洗钱机制，也是以义务机构为主的。如果无法做到横向合作（跨机构或者跨行业），即便机构能够具备更强的发现能力，也依然难以有更高的破案转化。金融科技的基础作用在于提升反洗钱环节内的发现效率，更进一步的作用，可能在于提升反洗钱跨部门、跨行业的对接效率。

四、建议建立跨机构、跨部门、跨行业联动的反洗钱合作机制

金融科技的发展，能够提升可疑交易行为的发现质量。但是洗钱犯罪的本质，即在于利用信息不对称，拆解犯罪分工，隐藏犯罪环节、伪造合法环节，达到逃避监管的目的。换言之，洗钱犯罪行为的核心在于"分工"。电信诈骗犯罪分子用电话行骗、用银行卡或支付工具转账、在电商平台上销赃，这是一个非常简单而典型的例子。

"分工"便意味着犯罪场景的割离。对抗洗钱的要旨，则应该在于"穿透"犯罪分子的"分工"。但是受技术发展、人力经费等因素的限制，一方面主管部门的识别效率依然较低；另一方面，主管部门与执法机关的对接，也难以直接"穿透"至执行层面。这不是我国特有的问题，而是世界反洗钱领域内普遍存在的问题。

从前面的分析来看，主管部门情报机构的流转效率决定了反洗钱的监控能力。因此，应该由一个有监管权、执法权的主体来牵头建立合作机制[1]；由一个有强大分析能力的团体来进行资源的合法对接与分析；由一支高效的执法队伍来进行侦破及查处。这个体系，应当在合法的机制中，充分发挥跨机构、跨部门、跨行业联动的优势，有效融合执法部门、主管部门与反洗钱义

---

[1] 2002年，国务院批准建立了反洗钱工作部际联席会议，作为国务院反洗钱工作的议事协调机制，但在具体执行层面，尚有待落实。

务机构各自擅长的能力,切实提高不同主体间的沟通效率,实现反洗钱资源的优化配置,形成跨行业监管信息共享平台,防范不同机构、不同行业间洗钱风险的传染和扩散。

2018 年 4 月

抓住机遇积极推动 ATM 业务转型升级

2017 年 12 月 20 日,《人民日报》《工人日报》、中国新闻网及成方三十二等媒体均刊登了一条标题为《赶紧看!取款方式巨变!银行卡将消失?多家银行有重大发布》的新闻,介绍了 ATM 刷脸取款技术的应用情况。虽然该技术在此前也曾被报道过,但都不如这次集中报道的社会影响力大。

在层出不穷的网络支付、移动支付等产品夹击下,ATM 业务凭借新技术(刷脸取款)在 2017 年底似乎突然引起了媒体和公众的关注。实际上,随着我国商业银行智慧银行战略的稳步推进,利用智能化的技术和手段助力 ATM 业务转型升级的工作一直在进行。

为深入了解 ATM 业务的发展现状及前景,从 2017 年下半年开始,我们对农业银行、邮储银行、浦发银行、北京银行、恒丰银行、徽商银行、北京农商银行、花旗银行等不同性质的银行的相关业务进行了书面调研。综合调研结果和从其他渠道了解到的信息,我们认为,ATM 业务转型升级目前正处于关键时期,在功能研发设计、推广、成本核算及经营管理等方面,出现了一些新情况、新问题,需要企业、自律组织和监管部门重视和解决。

第一,综合化、智能化成为 ATM 自助设备的发展方向,但随之而来的技术方面、安全方面及政策方面等的风险考量未得到相应重视,特别是在相关技术不成熟的情况下,行业标准的缺失成为隐患。

极简和综合化是 ATM 自助设备的两个发展方向,从商业银行近几年的实践来看，后者和智能化结合，已经成为主流。指纹、指静脉、人脸等生物识别技术和智能交互技术的发展及运用，改变了以前ATM业务过于偏重现金存取服务的状况，业务范围涵盖存取现、转账、缴费、储蓄、理财、信贷、发卡、账户管理、生活服务等。一方面，与标准化的存取现、转账、缴费业务相比，理财、信贷等业务复杂程度更高，对风险和合规管理的要求更为严格；另一方面，由于支付行业快速发展，有关监管方面的政策法规、自律规范更新较快，如果在产品开发设计时只重视市场而忽略这两方面的要求，将会得不偿失。2017年下半年某商业银行ATM扫码取款业务被叫停即属于这种情况[①]。

目前商业银行ATM综合化、智能化转型升级基本上是八仙过海、各自为战。由于缺乏统一的行业标准和规范，在相关技术未成熟的情况下，不仅会造成重复开发、资源浪费，也会在资金安全方面形成隐患。行业自律组织和监管部门应站在规范、推动行业发展的角度，加强顶层设计，加强调查研究和交流合作，激发创新动能，释放发展活力，在满足行业监管、自律和银行自身风控要求的基础上，为新一代ATM产品功能及设备形态的拓展开辟更为广阔的空间。

第二，现金需求减少，收入大幅减免，建议ATM业务实行保本微利原则，并适当调高ATM日累计取现额度。

近年来，移动支付等第三方支付呈现爆发式增长，其转账、支付的便利性超过传统现金支付，在一定程度上改变了公众的支付习惯。现金交易需求受到抑制，使用频次逐步降低，对ATM业务产生了较明显的负面影响。从社会发展层面来看，这一趋势已不可逆转。

同时，我们在调研中发现，受相关政策影响，目前ATM业务收入大幅减免，无法覆盖成本支出。2014年以来，ATM业务收费标准经历两次大幅调降：

---

① 佚名.兰州银行首推微信、支付宝ATM扫码取款，仅1天被叫停[N].经济参考报，2017-09-07.

一是自 2014 年 8 月 1 日起，按照《商业银行服务价格管理办法》和《商业银行服务政府指导价政府定价目录》要求，大幅降低行内异地交易手续费；二是自 2017 年 1 月 1 日起按照《关于加强支付结算管理防范电信网络新型违法犯罪有关事项的通知》要求，全面免除行内异地交易手续费。这些政策对商业银行 ATM 业务收入造成较大影响。根据某大型商业银行的测算，免收行内异地交易手续费之前，考虑柜面业务替代收入，80% 以上的自助设备综合收入尚可覆盖成本支出；全面免除行内异地交易手续费后，几乎全部自助设备无法达到保本点，商业银行开展 ATM 业务的内在动力大打折扣。

与此形成对比的是，根据人民银行 2007 年发布的《关于改进个人支付结算服务的通知》，目前借记卡通过 ATM 取现每卡每日累计不得超过 2 万元。在调研中商业银行表示，从基层网点反馈情况看，2 万元以上的取现需求现在越发普遍，但是这部分业务只能通过柜面办理，耗时较长、体验不佳。

为此，多家商业银行提出，建议 ATM 业务实行保本微利原则。为了兼顾 ATM 业务的社会效益和经济效益，建议允许商业银行在一定范围内自主定价，总体上保证综合收入（含直接收入和替代收入）能够覆盖日常运营的成本支出，增强业务发展的可持续性。同时，在严格执行反洗钱工作相关要求的前提下，建议在条件成熟时将借记卡 ATM 取现额度调高至每卡每日 5 万元，进一步发挥 ATM 渠道优势，提高客户服务效率。

第三，抓住机遇，统筹规划，加强运维管理，优化布放结构，推动普惠金融发展。

在调研中我们发现，由于历史的原因，目前商业银行 ATM 业务还没有形成统一的经营管理部门，基本上是由总行一级的营运管理部、零售银行部、电子银行部、个人金融部、会计部及合规部等主管，甚至在某些商业银行是由数个部门同时管理。这种情况不利于 ATM 业务的宏观把控和长远发展，也是过去 ATM 业务中存在的机具区位设置不合理导致资源闲置、机具更新较慢、巡检和维护不力导致运行欠佳等问题形成的主要原因之一。

目前的 ATM 业务与传统的 ATM 业务形态截然不同，综合化、智能化的 ATM 自助设备作为线上线下渠道的交汇点，兼具物理渠道和电子渠道的优势，在满足客户需求和推进网点转型，以及金融科技成果转化方面大有可为。这就要求商业银行必须转变传统的经营方式和经营观念，充分发挥新业态的特点和优势，细化机具的运营管理流程，提升管理水平，积极探索 ATM 业务运营管理模式；丰富设备功能，改进业务流程，持续完善 ATM 服务网络；兼顾经济效益和社会效益，均衡城乡之间、区域之间的资源分配和设备布放，延伸金融服务触角，消除金融服务空白点，切实做好普惠金融服务。

不可否认，受市场环境和客户习惯变化影响，ATM 等商业银行传统自助设备的规模增速将会大幅放缓，但人民银行发布的《2016 年第四季度支付体系运行总体情况》显示，在 2007 年及以后布放的设备将在最近几年更新换代，替换需求将在未来几年里逐渐释放，同时，加上目前综合化、智能化 ATM 自助设备的迅速普及，我们认为，ATM 业务作为我国多层次支付体系的重要组成部分，仍将继续发挥支柱性作用，仍然具备相当大的发展空间和发展潜力。其中的关键在于商业银行和相关部门能否抓住机遇、开拓创新，使之在网络支付和移动支付的夹击中脱颖而出，焕发出新的活力，我们对此保持谨慎的乐观态度。

2017 年 12 月

翼龙贷模式分析

翼龙贷官网显示,截至2016年12月9日,该平台累计促成交易额456亿元,注册用户456万。从数据上看,这家旨在为"三农"提供借贷撮合服务的P2P(Peer to Peer)平台具有一定的行业代表性,本文通过实地调研,简单梳理了翼龙贷的发展脉络,并对其营运模式略加分析,希望有助于大家了解这个企业和这个行业。

起步阶段(2007—2009年)

翼龙贷创始人、董事长王思聪2000年起即开始从事民间借贷撮合服务,2007年创立中国在线贷款网,这是一个展示全国各地借贷信息的网络平台,2009年网站模式调整,转变为完全在线上撮合借贷交易,并正式更名为翼龙贷。

据翼龙贷提供的书面材料介绍,在这个阶段,翼龙贷(中国在线贷款网)的业务还没有明确的定位,就是单纯的信息撮合平台,对接民间各地的放贷机构和需要借款的用户,各地贷款信息都公布在平台上,用户获得信息后再线下联系,当时业务范围主要集中在京津两地。随着P2P网贷的兴起,王思聪发现,在城市开展P2P面临三大难点:①从业者多,利润薄,民间借贷的月利从2000年的平均8%~10%,急速降到2007年的3%以下;②由于国内的信用环境尚未建立等原因,借款人违约成本低,贷后管理难度大;③产品同质化严重。在这种情况下,翼龙贷开始另辟蹊径,从城市走向农村,将服务对象确定为"三农","把城里的资金通过互联网技术引进农村",并几经摸索,最终确立了以同城 O2O(Online To Offline)为核心的翼龙贷模式,进入 1.0 时期。

P2P 概念的引入,让我国从事民间借贷的人真正体会到了"互联网+"的魅力,那一段时间,P2P 平台几乎遍地开花,鱼龙混杂。起步阶段的翼龙贷(中国在线贷款网)并不起眼,虽然在业务上乏善可陈,但毕竟坚持下来,组建了团队,锻炼了队伍,重要的是找到了方向,搭上了互联网金融的顺风车。

1.0 时期(2009—2015 年)

翼龙贷在 1.0 时期有几件大事,按时间顺序排列如下:2012 年成为国家首个金融改革试点的互联网金融企业,也是首个在营业执照经营范围中加入"民间借贷撮合业务服务"字样的网络借贷企业;2013 年 5 月,登上中央电视台《新闻联播》,随后陆续被《人民日报》等多家主流媒体报道,成为行业标杆;2014 年 11 月,获得联想控股战略投资,后成为联想控股成员企业;2015 年 11 月 18 日,耗资 3.69 亿元成为中央电视台广告新标王,后受互联网金融专项治理影响退出。

这几件大事为翼龙贷解决了三个问题:一是身份,民间借贷在我国长期处于灰色地带,当时作为新生事物的 P2P 网贷行业更是处于无门槛、无规则、无监管的"三无"状态,政府层面的认可不但给企业吃了定心丸,也使企业更容易取得借贷双方的信任。二是声誉,对企业来说,身份很重要,声誉更重要,在行业陷入此起彼伏的倒闭、"跑路"等泥淖的时候,被主流媒体正面报道,形成了良好的口碑,传递了正能量,对企业自身乃至行业发展都起到了积极的促进作用。三是实力,获得战略投资并成为联想控股成员企业,是翼龙贷一直引以为傲的事情,联想的介入,无论在资金还是在管理、内控、人才及品牌建设等方面,均为其带来了重大改变。

从籍籍无名到脱颖而出,翼龙贷聚焦"三农"的定位起了很大作用,但起到更大作用的是以同城O2O为核心的翼龙贷模式。按照其提供的书面材料的解释,同城O2O"将线上信息撮合与线下风险防控完美结合",概括来说,就是借款人只能在设有翼龙贷加盟商户(简称盟商)的地区才可以申请借贷,盟商对借款人进行贷前尽职调查,入户家访,以家庭为单位全面评估其借款用途、信用情况、经济状况及还款能力等,并按需要完成贷后管理工作;县级盟商作为最基础的业务单元,可直接加盟总部;借款人与投资人之间的交易完全在线上进行。书面材料称,"这种模式难度大,可复制性极低,目前已经成为翼龙贷有别于其他P2P平台的最大优势和特色所在"。

王思聪亦曾在不同场合多次提到过盟商的重要性,"我们只做线上资金的撮合,线下交由当地盟商去管理,盟商既是老板,也是一线风控人员,承担经营风险,承担因违约而造成的债权回购风险"。事实上,加盟模式多应用于零售业、餐饮业、制造业等技术性较低、容易标准化的行业,但在金融行业还没有成功的案例。在P2P行业发展初期,也有几家企业尝试利用加盟模式推动业务的快速扩展,但均以失败告终。翼龙贷的加盟模式在1.0时期能够得到450多万用户的认同,是阶段性成功的个案,还是具有可持续性和推广的价值?值得认真做实证调查分析,不能轻易给出结论。

在这个时期,翼龙贷坚持合规发展,初步构建了多维度风险控制体系,完善了扁平化管理及贷后催收方式等制度,坚持小额信用贷款,投资端和借款端产品基本成型,业务范围覆盖了我国除西藏、新疆、青海之外的全部省(自治区、直辖市),盟商延伸到200多个市、1000多个县区、10000多个乡镇,涉农贷款始终保持在95%以上[①]。

P2P的本质是点对点,这个"点",可以是个人,也可以是企业,但不管

---

① 相关数字来源于翼龙贷提供的书面材料。

是个人还是企业，在国外其交易均是在线上完成。O2O 的本质是什么，是"同城"还是"将线上信息撮合与线下风险防控完美结合"？不管是哪种，总是离不开线下，这是国情所致，也是翼龙贷的中国特色。P2P 在这里只起到了一半的作用，就是资金的筹集，至于风险评估和还款，投资人要依赖平台，平台要依赖盟商，盟商要依赖谁？依赖技术、规则、人情，还是道德？中国是个熟人社会，这是民间借贷甚至高利贷者存在的前提，本文认为，翼龙贷模式正是这个思维 + 互联网结合出的果实，如果说这个果实在 1.0 时期还显得生硬的话，那么在 2.0 时期似乎发生了一些改变。

2.0 时期（2015 至今）

准确地说，翼龙贷的 2.0 时期是从 2016 年上半年开始的，因为有些改变从 2015 年底就着手调整了，所以本文将时间稍微提前了一点。

这些改变有些已经在做了，有些正在做，有些还没有做，只是一些想法。2016 年 8 月 4 日，笔者第三次去翼龙贷调研时，特意请王思聪就这个问题做了回答，其要点归纳如下。

（1）翼龙贷 1.0 时期，互联网金融才刚刚兴起，P2P 行业百花齐放，做什么的都有，包括加盟模式到底是否可行，他们一开始也没有把握。但在联想进来以后，他们确实想借助联想强大的管理能力，再固化和打造盟商商业模式，当时无论是对于投资人的费用、借款人能够承受的利息及利率，还是对于这个模式的成本到底是多少，他们都是在摸索着干。到去年底、今年初的时候，他们意识到翼龙贷的 1.0 时期如果要说成功的话，只是解决了一部分有金融需求的农民的借款难问题，还没有解决借款贵问题。他认为这种模式只是在整个体系当中做了 50%，无论是从能效还是从农村金融生态来看，这 50% 还是粗放的，谈不上对整个互联网金融有多大实质性的改变。在 2.0 时期他们希望全方位地满足"三农"互联网金融方方面面的需求。

（2）这次调整为国际化奠定了基础。2.0时期他们做了一些实质性的改变，把盟商变成合伙人，要选择优秀的盟商做股东，整合成一个利益共同体，由股东来独立负责一个地区的经营管理，独立核算，自负盈亏。在股权上他们要控股，其他股东都选社会上的。股权结构的改变，是要把总部的功能下沉，以省为单位来做一些具体的风险管控。

（3）通过互联网技术做风控，把大数据结构化。要利用互联网技术和移动互联网技术，来甄别客户的欺诈行为；大数据风控实际上只需要几个人做风控模型，然后通过IT技术将模型运用到每个业务环节就好了。传统金融推崇专家法，要求每个人必须是一个专家，而现在只需要一个模型，模型设计好了，每个人都可以使用，这是一个本质上的颠覆。

（4）落实信用成长计划，优化借款人的信用定位和还款方式。在1.0时期，借款人的利率和还款方式都相同，现在根据数据分析和信用情况，建立信用档案，可以有优惠利率和灵活的还款方式。同时，对于投资人也在尝试推出不同场景的、个性化的服务，提升用户体验。

据王思聪估算，目前翼龙贷放贷的综合成本在8%左右，随着各项改变的推进，2017年综合成本可以下降到6%。王思聪的小目标是，在解决部分有金融需求的农户贷款难问题的基础上，再解决部分有金融需求的农户贷款贵的问题。本文认为，这个小目标有点大，而且把盟商变成合伙人，涉及利益纠纷，若处理不当，难免伤筋动骨。

几点看法

（1）翼龙贷通过发挥互联网连接世界的力量，消除金融的地域歧视，吸引城市富余资金回流农村，以城市反哺农村，缓解了"三农"金融缺口，有利于盘活社会现有的资金资源，激发"三农"领域更多的金融需求。在这个过程中，企业不仅实现了一定的商业价值，还在建立"三农"信用体系、助力减少贫困、双创、助残及供给侧结构性改革中发挥了一定的促进作用。

（2）"三农"领域投入大、回报低，但做企业总是要追求利润，没有人一直做不赚钱的企业。关于盈利情况，翼龙贷提供的书面材料是这样写的，"由于翼龙贷采取了轻资产模式，而且最大限度地让利于盟商，优秀盟商的盈利能力十分可观，总部也逐渐走向盈亏平衡"。王思聪则在调研中说："1.0时期是投入期，一直在亏损，当然现在也还在亏损。2.0时期以后，盈利没有问题。"同时他也提到，有些盟商盈利得很早，山西第一年就实现了盈利，浙江两年也实现了盈利。总部是否亏损、如何亏损（即使从2009年开始计算，到现在也有七年了），盟商是否盈利、如何盈利，农村网络借贷的利润空间究竟是大是小，这些问题期待有心人通过实地调研和成本核算给出答案，这将对P2P网贷在"三农"领域的发展大有裨益。

（3）前文提到，我国民间借贷熟人社会的传统思维+互联网，形成了1.0时期以同城O2O为核心的翼龙贷模式。在这种模式下，资金来源实现了互联网化，但风控手段，尤其是对线上融资进行信贷审核的手段，似乎和互联网还关系不大，平台依然需要开展大量的线下业务，而翼龙贷是以盟商的形式完成这些线下业务的，这里存在两个问题：一方面"三农"金融之难做众所周知，如何保证众多的一线人员准确了解并掌握信贷业务知识，成本巨大；另一方面，作为信息中介，平台本身从信用审核转变为对盟商的资质审核，有监管套利、放宽信贷审核标准嫌疑。本文认为，如果翼龙贷能够在2.0时期，利用其积累的数据和互联网技术，真正建立起大数据风控体系和相关数据模型，则不但有利于其规模化和实现可持续发展，而且会为P2P行业的发展起到良好的示范作用。

（4）翼龙贷提供的书面材料提到这样一件事，从2007年成立至2013年，

6年时间一共只积累了上千个用户，交易额累计仅上千万，不足1亿元。2013年5月，其在被中央电视台新闻联播报道后的1个月里，新增1400个用户、交易额突破1亿元，到当年底交易额达到3亿元，自此走上快速发展轨道。翼龙贷相关部门负责人在接受调研的时候也多次提到，在我国农村地区，中央电视台的影响力无可替代。重提此事，自然不是为了凸显中央电视台新闻传播的强大力量，而是由此想到几个问题，为什么在业务模式、业务流程没有发生丝毫变动的情况下，前后业绩仅在1个月内竟有了天壤之别？用户信任一个P2P平台的标准是什么？为什么P2P行业在2013—2015年进入风险高发期？是用户（投资人和借款人）问题、平台（创办者、经营者）问题、行业（P2P行业规则设计）问题还是制度安排（监管政策、相关法律法规建设）问题？一个经手金钱的行业，竟然可以是个"三无"行业（见前文注释）；一个交易额几百万元、上千万元，甚至过亿元的P2P平台，注册资本竟然可能是几十万元、十几万元甚至几万元；一些承诺高额回报、高息保底、借旧换新等披着互联网金融外衣的投资产品，竟然可以在各类媒体上大肆鼓吹，竟然可以得到某些专家、学者的站台造势和摇旗呐喊……诸多乱象，足以引起市场、政府和学术研究人员更深层次的思考，这些思考虽属后知后觉，或可让将来者引以为戒也。

2016年12月

正确处理创新与风险的关系

近年来，移动支付已不再局限于传统的支付消费领域，正在向金融理财、保险、生活服务和资产管理等多领域不断拓展和延伸，呈现出巨大的发展潜力。

与此同时，随着市场的持续快速发展，随之而来的风险已初显端倪。特别是基于移动业务模式的复杂性、创新的多样性，以及与卡片、手机终端、可信服务管理平台、移动通信间的关联性，使得其具备一些与其他支付模式不同的特有风险。因此，必须正确处理创新与风险的关系。

行业各方应当理智地看待创新，理性地应对创新，理解地包容创新。创新必然会冲击和影响既有商业格局和体系，对于新兴事物，我们不仅要有包容失误的态度，更要有让市场在资源配置中起决定作用的坚定信念。当某些创新被过多关注、过热炒作时，我们也应当相信，随着监管政策明确，金融体系完善及市场格局的形成，其热度也会减弱，发展将更加趋于平稳有序。在这个过程之中，要充分依托市场的力量，汇集行业的集体智慧，尊重市场，呵护创新，在对既有明确的风险加强防范的前提下，尽可能地鼓励创新。

在鼓励创新的同时严守底线，及时排除隐患。针对行业发展中出现的利用支付平台提供担保、搞资金池、非法吸收公众存款等违规违法行为，应坚决打击，绝不姑息。引导移动金融产品在业务模式、业务流程、行业分工、市场策略等方面走差异化的发展战略，弥补行业发展短板，避免同质化倾向。确立安全发展的核心理念，切实保护消费者权益，树立行业威信和消费者信心，降低因风险带来的发展不确定性。

根据行业自身特点，探索更加适合移动金融的内控管理机制，切实提高移动金融的风险管理水平。移动金融的业务特点有其自身特殊性，要在风险防范和预防上加强管理，构建起涵盖组织保障、制度安排、信息系统及用户管理、商户管理、终端管理、系统安全、支付应用管理、资金管理和风险事件处置等内容的完善的风险管理体系。通过逐步建立健全风险管理制度，做到风险管理有规可循，有据可依。不断完善业务流程，明确业务操作各个环节的规范要求，弥补业务漏洞。

在移动金融的发展管理中，应更多地发挥行业自律的作用。要充分利用自律组织的优势，加强引导，促进规范，提升内控管理水平，推动行业理性发展。建立移动金融的自律规范体系，完善自律管理框架，加强自律与监管的承接。加强市场主体之间的利益协调，通过沟通、交流、协商、对话等方式积极协调关系、化解矛盾，消除行业中的不和谐因素。推动行业风险信息共享平台以及风险联防合作机制建设，共同打造支付市场良好生态环境，形成开放、合作和共赢局面。

2015 年 1 月

加强互联网金融行业自律管理

2014年3月5日,提请十二届全国人民代表大会二次会议审议的政府工作报告提到,促进互联网金融健康发展,完善金融监管协调机制。这是互联网金融首次被写入政府工作报告。标志着互联网金融进入决策层视野,体现了政府开放心态、实现包容性增长的执政理念,坚定推进金融改革的决心,和鼓励创新发展的总原则,也标志着互联网金融将正式进入中国经济金融发展序列。

在市场经济和新技术的推动下,我国的互联网金融业态从初期的互联网支付、P2P网络借贷、众筹融资逐渐扩展到网络小额贷款公司、网络保险公司、网上销售基金和以善融商务为代表的金融机构创新型网络平台,市场参与者日趋活跃,业务模式不断创新,市场规模及影响力日益扩大。

从目前的发展来看,一方面,随着互联网、云计算、大数据和移动支付等信息技术在金融领域的广泛应用,互联网金融极大地延伸了金融服务的时间和空间,缩小了普通用户和金融服务市场的距离,为传统金融带来了新理念、注入了新活力,对于促进商业银行转型、提高金融体系效率提供了新的契机,互联网金融成为金融改革的助推器。另一方面,作为互联网精神与传统金融行业相结合的新兴领域,正因为发展速度快,与之相配套的法律法规尚未出台,与行业发展相适应的监管体系尚未形成,互联网金融的一些业务发展缺乏规范,蕴藏着一定风险,市场主体开始逐渐探索成立一定区域一定范围的自律组织，以期加强行业自律，规范行业发展，从这一角度看，加强互联网金融行业自律管理已经成为行业参与者的迫切需要和共识。

互联网金融行业的健康发展，有赖于正确处理政府和市场、市场和社会的关系。完善的互联网金融监管体系，在宏观上应该有足够的灵活性和弹性来容纳市场创新，划清底线，防止系统性金融风险；在微观上应该能够给市场参与各方以平等保护。加强互联网金融行业自律管理，通过设立全国性互联网金融行业自律组织，发挥企业和监管部门之间的桥梁纽带作用，制定统一的自律规则、行业标准、业务规范，开展业务交流和培训，提高行业风控和服务能力，既有利于建立公平开放透明的市场规则，尊重市场主体的活力和创造力，推进政事分开、简政放权，也有利于保护行业参与者的正当利益，保护消费者权益，发挥正能量，促进行业向规范化、专业化发展。

互联网金融首次被写入政府工作报告，意义重大。互联网金融作为新生事物，在其发展的过程中，既需要政府部门和社会舆论的关注、支持和包容，也需要积极发挥行业自律作用，加强行业自律管理，以开放进取的心态促进实体经济发展，让更多小微企业和普通消费者享受到金融服务，进一步改善我国金融服务实体经济的整体能力，提升我国在互联网金融领域的国际竞争力。

2014 年 3 月

支付清算行业与普惠金融

2013年支付清算行业出现了很多新的变化,例如支付企业在小微商户收单市场的异军突起、微信支付的推出和跨境支付试点的启动等,但最令人惊奇的市场表现是余额宝的横空出世,它在短短几个月内,让一只名不见经传的基金,一跃成为国内第一只规模突破千亿元关口的基金,并直接引发了互联网金融概念的风行。

近十年来,支付清算一直是金融领域中创新最频繁、生命力最活跃的行业,我们将其原因归结为科技的进步和市场的力量。毫无疑问,余额宝是市场的产物,虽然它和支付业务本身没有直接关系,我们也无意对它做出评价,但这个商业案例以其短时间内获得的巨大成功,非常典型地反映出目前支付清算行业的两个突出特点。

一是现代支付方式的多元化发展提升了金融体系的包容性,扩大了支付清算的路径和范围。电子货币的出现使支付行为发生了变化,支付企业在完成自身的优化配置后,逐步拓展支付的应用领域,向投资理财、网络融资、消费信贷和资金管理等综合金融服务领域延伸,并渐成气候隐然有不可阻挡之势。

二是创新将迅速拉低金融产品和金融服务的门槛,传统金融机构的"二八法则"也许会依然存在,但支付业乃至商业的未来,不是给少数人带来高品质的享受,而是通过对海量碎片化信息的洞察和提炼,为普通大众的生活带来实实在在的好处和根本性的改善,尤其在互联网时代和正在到来的移动互联网时代,这将同样是大势所趋,不可阻挡。

我们认为,这两个突出特点代表了支付清算行业的发展方向,而这个发展方向与国家正在提倡的普惠金融的理念相吻合。党的十八届三中全会通过的《中共中央关于全面深化改革若干重大问题的决定》中明确提出:"发展普惠金融。鼓励金融创新,丰富金融市场层次和产品。"这是我国改革开放35年来,普惠金融首次出现在党的纲领性文件之中,是党中央对金融业提出的新要求。

根据联合国的定义,普惠金融是有效为社会所有阶层和群体提供服务的金融体系,专家认为,普惠金融应至少包含四层含义,即服务对象的包容性、服务渠道的便捷性、服务产品的全面性和经营模式的商业性。实际上,从银行卡的出现,到第三方支付的崛起,普惠金融和创新一样,已经成为我国现代支付清算行业的共同基因。

市场化改革和普惠金融发展的潮流势不可挡,在十八届三中全会精神的指引下,我们相信,具有先发优势的支付清算行业在满足消费者的需求、扩大金融服务范围、提高支付体系的开放性、包容性、增进社会福利等方面市场广阔,大有作为,并迎来新的发展机遇和空间——而这一切,都应该建立在支付市场的参与者必须怀有对规则的敬畏之心,和以风控为核心的金融思维基础之上。

2013年12月

对互联网金融的几点认识

互联网金融是互联网与金融相结合的新兴领域，其提供的服务从单纯的支付开始，逐步渗透到支付清算和信贷等银行核心业务，在有限的领域内显示出强大竞争力。近年来，互联网金融创新屡屡引发关注，同时给传统金融业带来一定的冲击和挑战。

事实上，商业银行和互联网金融企业的竞争并不在同一个层面上。我国的银行业由于体制的原因，其业务重点是服务于大企业、国有企业与高端零售客户，对其他领域尤其是个人和小微企业存在金融供给不足，而这正是互联网金融企业发力的重点及优势所在。从这一角度看，目前我国互联网金融的存在，恰恰是对银行业服务的一种有益补充。

因此，现在把互联网金融等同于直接融资和间接融资之外的第三种金融模式，可能为时尚早。而且，互联网金融模式未来发展趋势如何，还需要进一步观察、研究。在这种情况下，市场中关于互联网金融将彻底颠覆商业银行传统的经营模式、盈利模式和生存模式的担忧未免夸大，商业银行存在的根本原因，更不会因为互联网金融的出现而消失。

但是，交易信息相对透明化、交易成本显著降低，以互联网精神为核心的互联网金融，确实可以使金融市场的格局，包括商业银行、电子商务公司，甚至社会企业的金融行为和业务处理方式发生重大变化。互联网金融正在成为推动我国银行业、支付清算业创新的重要驱动力量。而关于互联网金融的发展，及其对银行业的影响，我们认为以下两点尤其值得注意。

首先，互联网金融的市场主体是非银行金融机构，其前身大多是互联网电子商务企业，市场嗅觉灵敏而风控相对较弱。如果仅依靠非银行金融机构的单兵突进，来推动互联网金融发展，势必将积累、放大其自身及其所在行业的风险。随着影响的扩大，非银行金融机构的创新与合规问题、资金监管问题、反洗钱及安全和风险管理等问题日益凸显。这些问题的解决，既需要相关市场主体加强自律和自我约束，也需要政府管理部门尽快完善相关法律法规，适当引导和规范市场竞争。

其次，互联网金融与传统金融的区别，不仅在于所采用的媒介不同，更在于对互联网精神的理解和实践不同。互联网金融既不是商业银行传统业务的电子化，也不是商业银行物理网点的网络化，而是应按照开放、平等、协作、分享的互联网精神，全面认识技术变革对业务带来的影响，提升客户体验，增强客户黏性，整合内部资源，优化管理流程，实现产品创新和精准营销，通过业务转型和战略转型，为客户提供更加全面、快捷、便利的金融服务。

市场生态的多样性，是一个行业保持活力和可持续发展的重要前提。互联网金融带来的一个重要启示是，未来金融支付领域的创新将更加突出地表现为多行业、跨领域和综合性等特点。各参与主体只有精诚协作，优势互补，才能从根本上更好地满足用户日益多元化的支付需求，更好地服务和促进社会经济的发展。

2013 年 9 月

加强支付行业创新顶层设计

安全和效率是整个支付体系发展所追求的目标。对于网络支付来讲，安全和效率更集中地体现在风险和创新两个方面。正确认识、处理风险和创新的关系，用发展、辩证的眼光在两者之间找到平衡点，是网络支付持续健康发展的前提条件。

任何支付都有风险，这些风险可能与创新有关，也可能与创新无关。从某种角度看，我国网络支付的发展过程也是在创新的基础上，风险管理体系及技术不断完善的过程。一个应市场需求而产生的行业，如果缺乏一定的风险管控能力、数据管理能力和自我纠错及修复能力，不可能在短短十几年间，实现从零增长到数万亿的行业规模。

创新使行业形象得到改善、行业基础得到巩固。同时，创新往往涉及新领域，而新领域从来都是机遇和风险并存。在金融电子化、信息化时代，越是简单的支付行为，越需要复杂、精密的后台技术支持。但如同网络支付的风险更多的是来自互联网的开放属性一样，市场主体的增多和产业链的延伸，使得支付业所面临风险的多样性和不确定性大大增加。

交易行为的识别和监控，是支付技术创新的重要收获之一，目前已成为网络支付风险管理的核心内容。值得注意的是，技术上的创新可以最大限度地转移和分散风险、降低损失，却无法完全避免和消除风险。

在行业发展达到一定规模的时候，寄望于像从前那样单纯依靠市场自发调节，来完成行业整体的风险管理已不现实，必须跳出部门利益囿限，加强行业创新顶层设计，从全行业视角出发，以科学严谨的态度，推动自下而上的创新实践与顶层设计的紧密结合，提出解决行业风险的整体思路和框架。

加强行业创新顶层设计，要从三方面着手。

第一，要正确评估目前的支付风险水平，从制度层面尽快确定更合理、更健全的相关规则，建立多层次的行业自律管理制度，充分发挥自律制度在防范创新风险中的保障作用。要加大对新兴支付方式的基础设施、终端环境的保护，完善网络支付安全生态环境。

第二，要坚持行业创新的市场主导地位，完善以企业为主体、市场需求为导向的创新体系。要按照风险与收益对称原则，鼓励开展与行业自身风险管理水平相适应的创新，加大包括战略决策、组织架构、制度安排、管理模式等多重内涵的行业性、系统性创新，保护市场主体的创新热情。

第三，无论是在创新还是在风险控制方面，市场主体要以更加开放、合作的心态积极交流和互动，以形成行业共识和共同行动。要加强消费者权益保护，逐步建立充分保障消费者权益的风险承担机制，让消费者和市场主体共同成长，共同分享行业成长的喜悦和成果。

2013 年 6 月

支付创造价值

大约 15 年前，当卡基支付出现时，我们开始体验到支付方式转变带来的便捷，但还没有认识到这种便捷改变了什么。

大约 10 年前，当网络支付出现时，网上购物成为时尚。除了基于互联网的电商平台，也逐渐出现了基于互联网的生活平台。这时候的支付已经开始从服务生活向改变生活过渡，但我们还不能肯定这种过渡意味着什么。

大约 5 年前，当移动支付作为一种概念产品出现时，我们坚信移动支付一定蕴藏着巨大的市场商机，并因此对之寄予厚望和憧憬。这时候我们已经对支付的本质有了更深刻的认识。

而现在，当各种新兴支付方式经过大浪淘沙般的市场洗礼，渗透、融合到经济社会生活的方方面面时，支付行业的社会、经济价值日益凸显。这时候我们才知道，支付创新改变的不仅是交易的方式，支付创新带来的也不仅是经济利益，它在一定程度上甚至影响到了人们的生产生活方式和行为观念。这时候，"支付就是简单的收付款"的观念早已成为历史，"支付创新在服务国民经济的过程中创造价值"的观念开始深入人心。

支付是经济活动的起点和终点，是其他金融服务得以开展的基础和平台。事实上，支付手段及服务方式的电子化、信息化和多元化，促进了金融与现代科技的融合，为金融创新提供了更加便利的平台和机会，而支付创新本身也构成了金融创新的重要内容。

从这个层面来说，支付创造价值在未来无疑具有更加广阔的应用领域和发展空间。一方面，对商业银行来说，支付清算逐步由后台业务向中前端业务渗透和延伸，与银行各个条线的业务流程日益融合，支撑作用显著增强。目前，商业银行为了向社会提供优质支付清算服务，其业务系统普遍运用系统优化和统筹管理的理念，开展了业务流程的改造、优化。这既有助于提高商业银行的营运效率和经营水平，也有助于充分利用和发挥现代支付手段的作用，在整体上推动支付清算业务的合规和创新。另一方面，城镇农村市场和小微企业是我国国民经济和社会发展的重要基础，它们对金融支付服务的需求日益迫切，却往往因为种种原因处于被忽视的尴尬地位。对视创新为生命的支付企业来说，应该在依托各自的技术、产品优势，实现差异化竞争，深入传统行业，致力于为产业链提供支付解决方案，推进实体经济和传统行业的电子商务化转型的同时，对城镇农村市场和小微企业投以更大的热情和关注，助力城镇农村市场完善金融服务体系，加速小微企业实现产业转型和服务升级，架起城镇农村市场和小微企业与商业银行之间的桥梁，促进金融服务功能和社会管理功能的不断完善。在服务经济，服务社会，服务民生的过程中，实现支付企业自身的经济价值和社会价值。

支付创造价值，支付创新在服务国民经济中创造价值，无论是现在还是未来，我们对此深信不疑。

2012 年 6 月

积极发挥行业协会的自律作用

也许已经有人注意到，2012年年初，时任国务院总理温家宝同志在全国金融工作会议部署今后一个时期的金融工作，在谈及"加强金融基础建设，改善金融发展环境"时，提出要"积极发挥行业协会的自律作用"。这在每五年一次的全国金融工作会议的报告中尚属首次，对国内金融类行业协会的工作具有重要指导意义，对以崭新姿态出现的中国支付清算协会来说尤其如此。

在2011年，支付行业发生了很多重要事件，例如中国支付清算协会的成立和中央银行第三方支付牌照的发放。前者宣告我国支付清算力量开始以一个行业整体的形象出现，后者则使第三方支付企业摆脱灰色生存状态，正式成为支付市场的合法参与主体和有机组成部分。

如同协会的成立一样，加强行业自律也是市场经济发展的必然选择。作为金融行业的基础设施和金融服务的重要领域，虽然支付清算行业发展迅速，创新产品层出不穷，极大地改变了人民群众的生活方式和消费习惯，有力支持了国家促进消费、扩大内需、推动经济结构转型的发展战略，但我们必须承认，支付行业自律总体上处于初级阶段，行业自律文化建设刚刚起步，支付主体的自律意识有待进一步提升，行业自律工作体系和机制需要进一步加强和完善。

加强行业自律事关行业长远发展，是为了从根本上维护行业整体利益和成员个性利益。对支付行业来说，应该在以下两个方面达成共识。首先是自律与监管的关系。行业监管是行业自律的前提和保障，行业自律是行业监管的配合和补充。但我们认为，自律、他律和法律的排序应该是一个行业的理想状态，我们希望支付行业能够达到并保持这种状态。其次是自律与创新的关系。我们认为，创新是经济发展的动力，自律则是行业发展的基础。自律的目的不是扼杀创新，而是为了在制度框架内更充分地发挥个体和行业的创新优势，开拓更加广阔的业务模式和市场空间。

有鉴于此，中国支付清算协会在成立初期即全面启动行业自律制度建设。统筹规划，分类推进行业自律公约、各项业务规范、自律工作制度等多个层面的制度建设，并结合履职需要，对预付卡企业开展了首次自律管理监督检查。目前协会自律管理制度体系已初步成型，自律工作正在逐步深入展开。

行业协会是行业自律的当然监督机构。但是，当行业协会代表广大会员单位将反映行业整体诉求和利益的自律制度制定完成并公布以后，能否得到全行业的认真贯彻落实就成为一个现实问题。毕竟行业自律不只是行业协会单方面的事情，在支付行业，还存在很多原先不在监管范围内的非金融机构。对接下来推动相关工作开展可能遇到的困难和阻碍，我们既有清醒的认识，也有坚持的决心和勇气。当然，我们更希望行业自律能够成为支付行业的自愿、自觉和自动行为。

2012年的中央经济工作会议将2012年定调为"稳中求进"。中国支付清算协会应站在行业发展全局的角度，按照全国金融工作会议的明确要求，团结广大会员单位，积极发挥行业协会的自律监督作用，"稳中求进"，切实防范支付风险，规范经营行为，大力推动支付创新，提升行业管理水平，促进支付行业进入健康有序的良性发展轨道。

2012年3月

未来取决于我们现在所做的事情[1]

《中国支付清算》是中国支付清算协会的会刊。

早在中国支付清算协会（以下简称协会）筹备之初，筹备组就有了办一份刊物的想法。在协会筹建过程中，我们又不断收到来自发起人单位和会员单位代表以书面或口头方式表达的，希望协会要有一份自己的刊物的意见和要求，这些意见和要求引起了筹备组的重视。有关领导多次明确表示，要把会刊尽快办起来。

经过认真考虑，我们决定第一期会刊（创刊号）的主要内容以协会成立前后的相关资料为主，这样既有助于会员单位、社会各界更全面深入地了解协会成立的背景、性质、职能及作用等，同时也在表达一种声音，为协会留存一份珍贵的原始记录。

创刊号的推出，在一定程度上反映了我们的办刊宗旨，那就是：服务中国支付清算协会工作，加强会员联系，展示行业成就，反映行业诉求，推动行业发展。

金融发展的本源之一，是支付的创新。现代支付体系作为经济和金融的大动脉和管道系统，相当敏锐地吸收和借鉴着科学技术和生产力发展的最新成果，并在潜移默化地改变着我们的生活理念和生活环境。

我们敬畏商业的力量，更相信以互联网、移动通信等为代表的科技的力

---

[1] 本文是作者为内刊《中国支付清算》拟写的发刊词。

量可以改变和弥补现实中的粗陋和缺失。有象征意味的是，这两种力量恰恰在现代支付清算领域结合起来。作为国家战略性新兴产业的重要组成部分和网络经济的核心基础设施，从 C2C 到 B2C，再到 B2B，层出不穷的创新和利润增长点交集在第三方支付，传统交易模式的时空限制被打破，现代支付体系在被注入巨大活力的同时，也开始面临诸多机遇和挑战。

从这个角度来说，中国支付清算协会工作空间广阔、大有可为。作为会刊，《中国支付清算》一方面要成为协会研究成果的展示窗口，另一方面要充分发挥桥梁和纽带作用，密切会员联系，加强有用市场信息交流，倡导创新理念，树立行业典型、抨击不良行为。在定位上，要争取成为支付清算行业的形象窗口、业务交流平台和重要舆论宣传阵地，争取成为协会品牌。

《中国支付清算》的办刊理念是：汇聚行业智慧，表达市场声音，记录成长过程。我们将在刊物的编辑出版工作中切实秉承这一理念并永不懈怠。

当然，面对蓬勃发展的金融业和支付清算行业，《中国支付清算》的创刊只是一个小小的细节，但它的出现也许意味着一个崭新的开始。

希望我们的劳动和付出，可以成为今后中国支付清算行业发展历史的注脚和证据，也希望《中国支付清算》的创刊，能够像江河之源的涓涓细流，伴随着经济社会的发展和时代的进步，以容纳百川、兼收并蓄及百折不挠的精神和气势，共同走向未来。而未来，取决于我们现在所做的事情和正在从事的事业。

2011 年 6 月

后 记

金融与科技从来就不是两条平行线，时有交叉。但直到21世纪初，英文单词Fintech在欧美的出现，才引起了全球广泛关注并逐渐成为流行趋势。

Fintech在国内被译为金融科技。巧合的是，早在1991年，中国人民银行科技司成立的时候，就叫金融科技司。如果有人据此举证金融科技源于中国，则难免会因"解字"而致人嗤笑。

"解字"出自宋儒陆九渊。陆主张"心即理"，其友朱熹主张"性即理"。或问心与性之区别，陆答曰："今之学者读书，只是解字，更不求血脉。且如情、性、心、才，都是一般物事，言偶不同耳。"反对"只是解字"而"不求血脉"的读书方法，认为是"举世之弊"。

"解字"可以理解为对事物语义、概念的辨析考证，"求血脉"可以理解为寻找事物的本质及内在联系。陆的话虽然针对的是"读书"，但这个道理同样适用于治学、研究等方面。

从"血脉"讲，金融科技在国内首先以第三方支付的形式出现，2013年前后，第三方支付并入互联网金融。互联网金融是国内独有的名词，在国外没有产生与之相对应的名词。此词一开始被国内学者定义为与直接融资、间接融资并列的第三种融资方式，曾被各方寄予厚望，但随着P2P清零，互联网金融行业信誉降至冰点。从2016年开始，此词在国内一步步式微，终被"金融科技"取而代之。

从全球来看，支付是金融科技应用最早、最广泛和最有生命力的行业，这点在我国表现得尤为明显。无论是第三方支付、移动支付、信用支付，还是中央银行数字货币，我国的实践与应用探索均走在世界前列，可以为世界提供中国智慧和中国经验。

本书收录的文章，最早一篇写于2011年6月，最近一篇写于2021年9月，时间跨度较长，而且，金融科技行业目前仍处于持续发展与创新过程中，部分文章已成明日黄花，但可作为流行趋势的一个注脚或者补白，故未做增减，存以原貌。同时，囿于笔者个人的学识及眼界，文中持论或有失中和，敬待读者指正。部分文章参考了诸多文献资料，虽尽可能注明了出处，亦难免疏漏，在此一并对原作者表示谢意及歉意。

没有人能生活在流行趋势以外。本书定位为大众读本，希望能够相对简练、通俗地介绍金融科技在我国的发展历史及得失，如果能进一步引起读者对金融科技的兴趣，并激发更专业、更技术性和理论性的学习和研究，则实为笔者之所愿焉。

马晨明

2022年1月